国家自然科学基金项目（42001170）；国家自然科学基金项目（41801142）；
教育部人文社会科学研究青年基金项目（20YJCZH237）。

中国三大都市圈城市规模与旅游增长的互动关系及其机制研究

张 毓 著

中国财经出版传媒集团
中国财政经济出版社

图书在版编目（CIP）数据

中国三大都市圈城市规模与旅游增长的互动关系及其机制研究／张毓著． --北京：中国财政经济出版社，2021.7

ISBN 978 - 7 - 5223 - 0613 - 1

Ⅰ.①中… Ⅱ.①张… Ⅲ.①城市 - 规模 - 关系 - 旅游业发展 - 研究 - 中国 Ⅳ.①F592.3

中国版本图书馆 CIP 数据核字（2021）第 119658 号

责任编辑：蔡　宾　　　　　　责任校对：张　凡
封面设计：陈宇琰

中国三大都市圈城市规模与旅游增长的互动关系及其机制研究
ZHONGGUO SANDA DUSHIQUAN CHENGSHI GUIMO YU LYUYOU ZENGZHANG DE HUDONG GUANXI JIQI JIZHI YANJIU

中国财政经济出版社 出版

URL：http：//www.cfeph.cn

E - mail：cfeph@ cfeph.cn

（版权所有　翻印必究）

社址：北京市海淀区阜成路甲 28 号　邮政编码：100142
营销中心电话：010 - 88191522　编辑部门电话：010 - 88190666
天猫网店：中国财政经济出版社旗舰店
网址：https://zgczjjcbs.tmall.com
北京财经印刷厂印刷　各地新华书店经销
成品尺寸：170mm×240mm　16 开　15.25 印张　253 000 字
2021 年 8 月第 1 版　2021 年 8 月北京第 1 次印刷
定价：60.00 元
ISBN 978 - 7 - 5223 - 0613 - 1
（图书出现印装问题，本社负责调换，电话：010 - 88190548）
本社质量投诉电话：010 - 88190744
打击盗版举报热线：010 - 88191661　QQ：2242791300

前　言

现代社会的城市化与城市的旅游化趋向，促使城市规模与旅游发展之间形成了相互关联。随着城市发展进入都市圈时代，京津冀、长三角、珠三角已成为我国都市圈发展的代表，也是我国城市化与旅游经济发展的高地，其内部各个城市担负着不同的职能，既分工又协作，形成新的空间组织方式。城市规模是探索区域空间结构的重要抓手，城市旅游发展是区域经济的关键引擎，然而对二者关系的研究较为薄弱，城市规模与旅游发展是否匹配以及如何匹配，关系到都市圈的结构优化及区域旅游的有效合作。因此，本书以中心地理论、城市规模分布理论为基础，围绕"城市规模与旅游发展关系"这个核心命题，探讨两者之间的关系及互动机制，从我国三大都市圈近20年的发展历程中归纳总结共性规律。本书在理论上，是对城市规模分布理论的丰富和验证；在实践上，为优化区域旅游发展、推进区域旅游分工合作提供经验参考。

本书选取京津冀、长三角、珠三角三大都市圈为案例地，依据城市地理学、旅游地理学、区域经济学以及统计学等学科理论，搜集20年来三大都市圈城市—旅游发展系列指标及相关数据，综合运用数学建模、相关分析、空间网络分析及多层次因子分析等方法，借助Excel、Origin、ArcGIS等统计软件与地理信息系统技术手段，探索以下三个重要命题：①城市规模与旅游发展的关系是什么，是否存在共性规律？②城市规模与旅游发展关系是如何演变的，20年来有着怎样的形变轨迹？③形成这种关系的互动机制是什么，大城市给旅游发展提供了什么，旅游发展如何促进城市规模的变化？

通过深入系统的研究，笔者主要形成以下三个重要观点：

（1）从静态实证分析角度，结合我国东部地区三大都市圈城市规模与旅游发展实际，发现两大规律模型：①城市规模与旅游发展的关系模型，即三大都市圈人口规模大、级别高的城市，城市旅游发展水平一般也较高；经济规模大、级别高的城市，城市旅游发展水平也较高；旅游发展水平高、级别高的城市，城市人口规模与城市经济规模也较大。这种双高或者多高现象，对于高级别的城市是普适的，这里所提到的高级别城市是指直辖市、省会、副省级、特区等类别的城市。非高级别城市中，个别因其资源禀赋以及区位等因素表现出独特差异性。②城市规模与旅游发展的分布模型，即在"城市规模—旅游发展"金字塔结构中，位于塔尖的城市分布数量最少，城市级别最高；位于塔底的城市分布数量最多，城市级别一般最低；整体空间分布数量关系呈梯度变化。此部分研究回答了上述第一个问题。

（2）从动态时间推移角度，根据指标属性特征，关注二者关系演变的轨迹与方向，结合三大都市圈四个发展阶段的变化过程，发现并构建城市规模与旅游发展的演变模型，即Ⅰ类城市一般是直辖市、副省级城市以及省会城市或者旅游中心城市，Ⅳ类城市一般是地级市、县级市、城镇等；城市发展与旅游成长匹配，逐渐完善功能，规模扩大，从时间演变上表现为Ⅳ类城市一般向Ⅲ类、Ⅱ类转变，再转向Ⅰ类城市的动态过程，之间是单向转换与演变的关系，在空间上表现为分布结构在变化过程中的阶段性，并且第Ⅳ类城市的数量最多、分布地域最广，Ⅰ类城市分布地域较小。20年来的演变轨迹与形变方向进一步明晰了案例地城市规模与旅游发展空间地域分布以及组合规律。此部分研究回答了上述第二个问题。

（3）从双向互动机制层面，依据要素禀赋理论分机制进行定量分析，结果较为显著。大城市能够更好地推动旅游发展，主要是通过六大作用机制，包括：①城市人口增加与本地市场旅游需求增强机制；②基础设施建设与旅游通达度和接待能力提升机制；③经济环境建设与商业贸易增多机制；④城市地位与制度变迁和资源集聚机制；⑤历史文化底蕴与旅游资源禀赋增大机制；⑥城市知名度与旅游行为选择倾向增加机制。旅游发展主要通过四大机制驱动城市规模的变化：①城市旅游服务经济与经济增长的支撑机制；②旅游拉动消费与经济繁荣的推进机制；③旅游促进就业与人口增加的潜在机制；④旅游文化传播与城市提升的媒介机制。规律模型中城市分布之所以会呈梯度结构主要表现为六大因素指标的综合差异，在城市旅游职能层级基础上，不同规模城市的旅游经济联系度不同，规模大的城市的旅游经济影响力也较大，空间网络关系的区域指向性也较为明显。

本书主要有以下三个方面的创新：

（1）从理论模型与实证一体化层面，根据我国东部地区三大都市圈城市规模与旅游发展的地域特征，提出"城市规模—旅游发展"的关系模型、分布模型以及演变模型，验证和丰富了相关城市规模分布理论，进而深化有关区域结构和旅游发展的研究路径。

（2）突破传统城市规模单维度研究方式，以"城市规模—旅游发展"二维关系为命题起点，构建测量指标体系，从城市体系结构、集散分布、年际差异等角度，探索三大都市圈城市规模与旅游发展的关系以及时空分异规律，发现大城市通过六大因子的作用机制能够促进旅游更好地发展，旅游通过四大驱动因子作用城市规模的变化，为相关城市旅游研究提供新的视角。

（3）在动静结合的研究中发现新的逻辑结构。在静态分析中，发现城市规模与旅游发展关系的共性规律，同时个别城市因资源禀赋、地理区位等因素表现出差异性；在动态分析中，发现二者关系随着时间推移表现出"极强者恒强，极弱者恒弱，中间梯度变化"的现象，整体Ⅰ、Ⅱ、Ⅲ、Ⅳ类城市的阶段转变和象限分布规律性明显。全书采取适宜的数学建模、相关分析、定量测量的复合模式，揭示指标在时间序列范围内规律的稳定性，体现动静结合实证研究的合理性。

作 者

2021 年 3 月

目 录

第1章 绪论 ……………………………………………………（ 1 ）
  1.1 研究背景与意义 …………………………………………（ 1 ）
  1.2 研究目标与内容 …………………………………………（ 7 ）
  1.3 案例地选取与数据来源 …………………………………（ 9 ）
  1.4 研究方法和技术路线 ……………………………………（ 15 ）

第2章 理论基础与文献评述 …………………………………（ 19 ）
  2.1 概念界定 …………………………………………………（ 19 ）
  2.2 研究理论基础 ……………………………………………（ 24 ）
  2.3 国内外研究进展 …………………………………………（ 36 ）

第3章 城市规模与旅游发展的关系 …………………………（ 46 ）
  3.1 二维关系构建的可行性分析 ……………………………（ 47 ）
  3.2 城市规模与旅游发展二维关系的构建 …………………（ 82 ）
  3.3 城市规模与旅游发展的关系模型 ………………………（ 95 ）
  3.4 小结 ………………………………………………………（ 99 ）

第4章 城市规模与旅游发展关系的演变过程 ………………（100）
  4.1 二维关系阶段性演变分析 ………………………………（100）
  4.2 "城市规模—旅游发展"的演变模型 …………………（134）
  4.3 20年来二维关系空间演变轨迹分析与形变比较 ………（136）
  4.4 小结 ………………………………………………………（164）

第5章 城市规模与旅游发展的双向互动机制 ………………（167）
  5.1 城市规模与旅游发展因素作用模型 ……………………（168）

5.2　城市规模对旅游发展的作用路径 ……………………………（181）
　5.3　旅游发展对城市规模的驱动 ……………………………………（188）
　5.4　不同规模城市旅游职能等级差异 ………………………………（200）
　5.5　小结 ………………………………………………………………（212）

第6章　结论与展望 ………………………………………………………（214）
　6.1　主要研究结论 ……………………………………………………（214）
　6.2　研究创新 …………………………………………………………（219）
　6.3　研究的不足及展望 ………………………………………………（220）

参考文献 …………………………………………………………………（221）

第 1 章

绪 论

1.1 研究背景与意义

1.1.1 选题背景

改革开放以来,我国政府主导性的推进旅游业发展,随着旅游业的快速崛起,旅游观念已深入人心,旅游业的发展对城市经济、社会以及发展结构产生了深远的影响。新时期大批量的旅游者涌入城市,包括短暂性介入以及旅游移民性的长期居住,影响着城市整体的空间结构和分布规模。现阶段,如何优化规模分布,实现旅游业的良性发展是重要的研究议题。

1. 社会的城市化与城市的旅游化,促使城市规模与旅游发展之间存在密切关系

20世纪80年代以来,城市逐渐成为现代旅游的重要目的地,城市各要素的发展成为推动城市旅游发展不可或缺的因素[1],城市空间是旅游活动的重要载体,其规模结构与分布是旅游发展水平的基石投影,经济新常态下,城市的变迁与旅游成长密不可分。我国城市旅游的地位与功能逐步提高和完善[2],旅游业发展正在由单一观光时期向多元休闲度假时期升级转型,当前的旅游业已经从以景点、景区为核心,逐步转移到以城市为载体的慢旅游、深体验的时代。城市在一定的经济基础上,尤其是省会城市,凭借相对完善的基础设施,较高的资源禀赋,较好的交通区位等优势,成为旅游活动的客源地、依托地、目的地以及核心地,我国省会城市以及直辖市的旅游发展势

头迅猛,增长迅速,2014 年我国省会城市游客接待量及其综合旅游收入平均增长 13.70% 和 17.25% (见图 1-1)。在旅游发展过程中不仅担负着重要的集散功能,城市本身及其文化表征也是重要的旅游吸引点,依据相关统计资料显示,在 2012 年我国就已有 370 个城市创建成为中国优秀旅游城市,占当年我国城市总数的近 55%。可见,当前城市的旅游化发展趋势越来越明显。

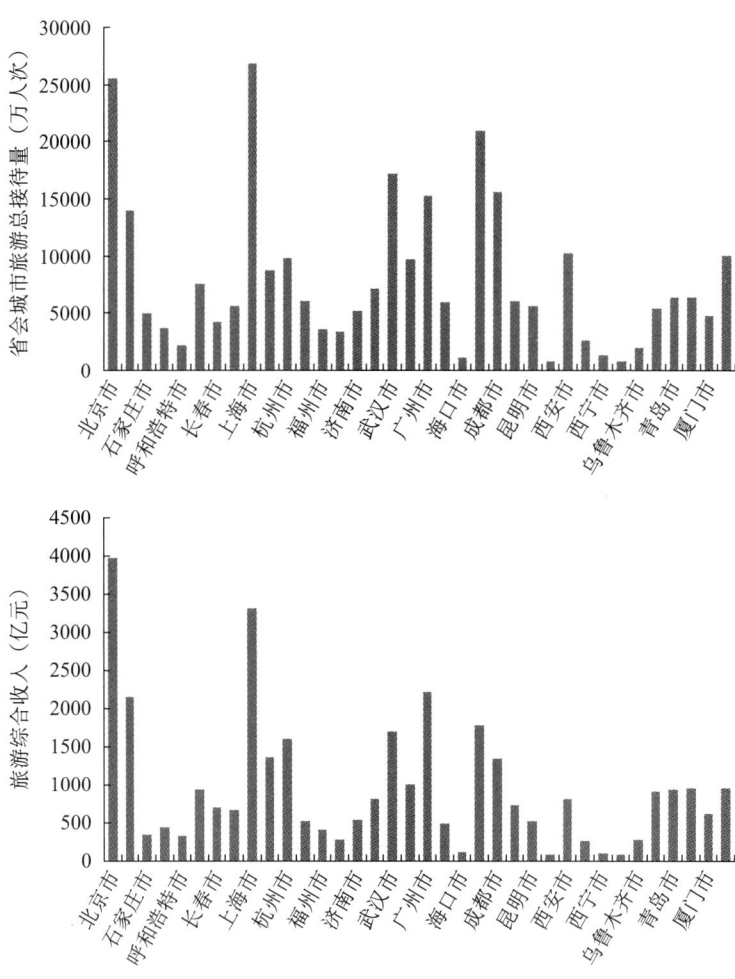

图 1-1 2014 年我国主要省会城市旅游总接待量以及综合旅游收入

Fig. 1-1 Total tourists of the main capital city and comprehensive tourism revenue in 2014

1933年，国际建筑协会提出《雅典宪章》，在此中明确提出游憩是城市的四大职能之一。我国目前已有部分城市选择旅游职能作为城市的主导职能[3]，城市的旅游职能主要是指城市在全国或者某一地区所担负的能够满足旅游者进行完整旅游活动的任务和主要作用，体现了城市旅游深层次的、本质的属性。旅游正在推动城市的发展，旅游的发展现阶段已成为城市经济发展的重要引擎和增长极，城市中的游憩功能不管是对本地居民还是外来旅游者，都具有双重价值：首先，游憩功能是与城市的生产、生活等功能并存的基本职能，也是衡量区域城市经济、社会、文化水平的重要指标，是城市居民生活环境质量的重要体现；其次，围绕游憩功能所形成的城市游憩产业，在新时期已经成为城市经济结构的重要组成部分，表现为城市规模越大，其城市服务水平越高。可见，旅游经济与城市发展的关系越来越密切，内涵着旅游发展与城市规模的双向互动。

2. 都市圈成为城市发展的走向，案例地城市规模扩大与旅游业高速增长并存

新时期，单一城市独立发展业已成为过去，都市圈成为城市未来发展的趋向，各个城市在圈层内部担负不同的功能，规模大的城市有着更高的服务水平。1957年法国学者戈特曼提出"大都市圈（带）"的概念，现今大都市圈被视为衡量一个国家或地区社会经济发展水平的重要标志[4]。大都市旅游圈是以大都市为中心和节点，联合周边城市形成的空间范围，它是区域旅游合作的有效空间组织方式。截至2015年年底，中国大陆共提及30多个旅游圈，包括环渤海旅游圈[5]、长三角旅游圈[6]和中部旅游圈[7]等。但是按照戈特曼的观点，大都市圈的形成需要在人口、城市密集度、核心—边缘城市的联系度、交通网络以及国家尺度范围内的综合枢纽等方面达到标准。依据此标准，我国现今名副其实的"大都市圈（带）"的地区分别是京津冀都市圈、长三角都市圈和珠三角都市圈，并且三大都市圈已经形成，综合发展迅速。都市圈内部不同规模的城市组织分工不同，担负的职能也不同，不同规模的旅游职能城市构成区域城市旅游合作体系，在空间上呈网络分布，即聚集来自全国其他高级别城市，辐射是向次级中心的辐射。

1995—2014年，20年来三大都市圈的城市人口规模平均增长了1.36倍，其中珠三角地区增长倍数最大，达到1.54倍，其次是长三角地区，人口增长1.37倍，京津冀地区为1.16倍。城市GRP规模20年来快速增长（见图1-2），三大都市圈平均增长倍数分别为11.5倍、13.44倍以及14.39倍。旅

游发展呈现出持续高增长的态势：总体来看，随着我国经济水平的不断提高，我国旅游业获得了快速的发展，依据国家旅游局统计资料，国内客流量由1994年的5.24亿人次增长到2015年的40亿人次，21年来增长了7.63倍；国内旅游收入由1994年的1023.51亿元增长到2015年的34195亿元，增长了33.4倍。入境客流量从1978年的180.4万人次增长到2015年的13382万人次，37年来增长了74.17倍；入境旅游收入从1978年的2.63亿美元增长到2015年1137亿美元，37年来增长了432倍。2014年，三大都市圈国内旅游和入境旅游的人次与收入，占据高地，20年来国内旅游人次分别增长了10.21倍、14.29倍、12.98倍；入境旅游人次分别增长了10.27倍、23.01倍、13.11倍。三大都市圈的城市规模与旅游发展不断增加，是我国当前经济发展的一大重要现实情况，具有典型性和代表性。

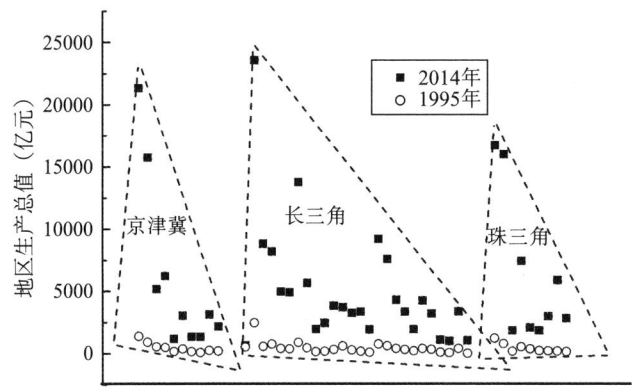

图1-2 三大都市圈1995年与2014年GDP增长比较

Fig. 1-2 GDP growth of three metropolitan areas in 1995 compared with 2014

3. 结构性改革视角下城市规模与旅游发展的关系亟需重新审视

当前我国旅游业的发展进入到快速增长时期，正在向第3个S型周期迈进[8]，长期以来，我国旅游客流的扩散路径一般以核心城市向一般城市或者景区、景点为主，城市作为重要的旅游目的地，依托旅游开发带动经济的新发展，不断加大基础设施和服务设施建设投入力度，提高接待能力，以增强旅游者满意度，获得更高的旅游人次和旅游收入，促进城市经济的转型和升级。然而现阶段大批量的旅游者进入到城市空间，其数量甚至是城市常住居民的数倍，一方面成为城市人口增加的可能诱因之一，另一方面城市为满足日益增长的旅游需求，逐渐调整原来的城市功能结构，城市土地利用问题因此变得尤为复杂，增长边界问题引起各界关注。一直以来关于我国城市发展的方针政策问题，也一直是争论的焦点[9]。

城市不断提高建设水平，改善人居环境，对本区百姓和外来旅游者具有益处，也是区域经济发展的必然之举。但是从系统动力学以及供需关系角度来看，现如今城市规模是不是越大越好，内涵式城市建设与外延性建设在空间上能否协调一致，旅游人次是不是越多越好，二者的关系是不是应当不断被相互无限制的匹配，供给结构与需求变化能否灵活适应，这些问题值得我们在新时期重新思考，也是新时期建设旅游引擎机制的基础问题。

4. 城市规模与旅游发展二维关系的研究较为薄弱

关于城市规模的研究已有 80 多年的历史，早期关于城市规模与旅游发展的研究是围绕土地利用与旅游关系问题展开的，城市规模理论概念等引入中国后，尤其是进入 2000 年以来，我国诸多研究者发表了一系列关于城市位序规模分布的论文，将城市规模理论应用在城市旅游发展方面，提出了许多富有价值的方法和理论，对我国旅游业的发展意义重大。但是在案例地以及指标选取上，难以反映我国城市系统的全貌，基于航空客流量、人口规模、行政级别的部分研究则显得维度略有单一，对于城市规模与旅游发展二维关系及其演变过程的研究关注度相对较为薄弱，相应的理论体系存在更多探索空间，相关研究的深度和广度仍需要挖掘和拓展。

总体来说，关于都市圈内部城市规模与旅游发展的研究素来是城市地理与旅游地理中的热点问题，城市规模是探索区域结构的重要议题，旅游发展是区域经济的关键引擎，但是二者往往被分别研究。伴随城市的快速崛起以及旅游业的高速发展，城市的发展实际表明城市规模与旅游发展的匹配，关系到都市圈的结构优化升级以及区域旅游发展的长效合作，因此二者的空间关系形态需要重新审视，其演变过程与互动机制问题同样需要进行系统的探讨，这也是本书的核心问题。

1.1.2 研究的理论与现实意义

城市规模是区域结构研究的重要议题，旅游发展是区域经济发展的关键引擎，城市规模与旅游发展之间具有互动发展的关系，二者的匹配度关系到都市圈结构的优化升级以及区域旅游发展的有效合作。城市是旅游活动的重要功能载体，城市规模的大小是区域旅游发展出现差异性的重要影响因子，一般意义上，规模较大的城市，经济水平、区位交通、资源禀赋以及商贸活动等优于城市规模较小的城市，更能够驱动旅游业的发展；改革开放以来，随着我国政府主导性地推进旅游业的发展，旅游观念已深入各个环节，旅游活动甚至成为百姓生活中的一部分，大量的旅游者涌入城市空间，包括短暂性游览介入乃至旅游移民的长期留居，对地方当前城市规模以及未来规划调控产生深远影响。现阶段随着旅游业的快速崛起，城市规模分布以及经济社会发展结构正在潜移默化地发生变化。城市规模与旅游发展相互协调发展是一项复杂的系统工程，涉及城市地理学、旅游经济学、城市规划学、区域经济学以及系统科学等众多学科，对其展开系统研究，尽管要素众多，困难重重，却是不可回避的核心科学命题。

城市规模与旅游发展到底呈现怎样的关系结构？研究者在现有中央高校支撑项目以及国家旅游局万名英才项目的研究过程中发现，长江三角洲都市圈城市规模与旅游发展在时空上具有很强的规律性和梯度演化节律，表现为二维静态上的特有位序关系、动态上的演化形变轨迹以及"极强者恒强，极弱者恒弱，中间梯度变化"的现象，两者存在广泛而深入的发展关系，且在不同时序和地域上表现出关系的差异性。那么我国东部的京津冀、长三角、珠三角都市圈城市规模与旅游发展是不是都呈现如此关系，本项目以我国东部三大都市圈为研究对象，在过往研究的基础上，以"揭示现象、验证规律、解决问题"为研究的逻辑起点，展开研究。

1. 理论意义

城市规模与旅游发展是两大重要研究议题，本书以中心地理论和城市规模分布理论为基础，揭示20年来三大都市圈城市规模与旅游发展的空间关系，构建规律模型；利用相关模型和统计数据，分析二维矩阵下的演变轨迹，研究共有节律和地域差异性。国内相关研究起步较晚，相对薄弱，结合分析内容，本书研究的理论意义主要表现在以下方面：

（1）以三大都市圈城市规模与旅游发展关系为研究命题，归纳总结出理论模型，并且对20年来空间关系以及演变轨迹进行研究，开拓并深化了有关区域结构和旅游发展的研究路径和研究深度；

（2）传统的研究多针对于城市规模或者旅游规模单一指标，本书突破城市规模、旅游发展单维度的研究，构建二维结构关系模型和演变模型，总结区域发展规律，该模型不仅反映静态关系格局，也涵盖时间演变的阶段属性，在理论上丰富了旅游地理学和城市地理学的相关研究内容；

（3）借鉴并构建模型，引入资源丰度、经济水平、交通区位等中介变量，定量解释二维空间关系、演变过程机制，在方法上提高了研究的科学性；同时传统有关城市规模与旅游发展的研究基于截面数据现状的分析和评价较为集中，较长时间尺度上考察其规律的研究存在更多提升空间，本书系统收集了三大都市圈 44 个城市近 20 年来的城市相关数据与旅游发展数据，揭示时空变化规律及地域差异性，弥补截面数据的不足。

2. 现实意义

本书深入挖掘影响城市规模与旅游发展空间关系与演变轨迹的影响因素，定量分析形成机理；在协调发展理论、匹配理论以及区域结构理论基础上，提出三大都市圈不同规模城市的旅游职能体系。具体而言，本书的实践意义表现在以下方面：

（1）揭示三大都市圈城市规模与旅游发展的空间关系、演变过程及其形成机制，构建三大都市圈城市规模与旅游发展二维关系模型和演变模型，为案例地城市规模与旅游发展合理匹配，优化区域发展结构，推进区域旅游合作等提供指导，也为我国类似经济区或城市群提供借鉴，对政府以及旅游企业制定相关政策措施，推进我国旅游业的可持续发展具有重要的现实意义。

（2）搭建案例地不同规模城市旅游职能联系结构，明确都市圈内城市空间组织形式，促进城市规模与旅游协调发展，为区域结构良性发展奠定基础。

1.2 研究目标与内容

1.2.1 研究目标

本书综合运用城市地理学、旅游地理学、经济学、统计学等多学科理论知识，围绕"城市规模—旅游发展"关系问题展开系统研究，研究目标主要包括以下方面：

（1）探索三大都市圈城市规模与旅游发展的关系，明确二维矩阵关系，构建关系模型与分布模型，揭示二维关系规律；通过案例地"城市规模—旅游发展"演变轨迹及其形变的分析,构建二维演化模型,揭示动态演变规律。以此提高研究的理论高度。

(2) 以三大都市圈城市规模与旅游发展关系为研究命题,解释两个问题:一是解决规模较大的城市为何旅游发展水平也较高,二是旅游发展水平高的城市如何反哺城市规模的变化。系统分析驱动机制,探明三大都市圈稳健发展的长效形成机制,为区域构建合理的网络组织提供依据,以此增强案例地关联研究的深度以及研究的合理性。

(3) 通过测算案例地不同规模城市旅游职能层级、旅游经济联系以及优化提升,以促进区域城市规模与旅游的协调发展。

1.2.2 研究内容

本书选取我国东部京津冀、长三角、珠三角三大都市圈为研究案例地,以此为平台,根据中心地理论、位序—规模法则、核心边缘理论、协调发展理论、匹配理论、区域空间结构理论,采用模型构建、数理分析、GIS 等研究方法,综合考察城市规模与旅游发展的空间关系、演变轨迹以及演化机理,探明城市规模与旅游发展二维结构分异规律,搭建案例地二维矩阵系统优化模式,探索区域稳健发展的长效机制。本书的核心内容主要包括以下几个方面:

1. 三大都市圈城市规模及旅游发展位序关系

主要内容包括:采用理论分析和专家咨询等研究方法,分别测量三大都市圈的城市规模等级以及旅游发展的等级结构,进行三大都市圈的综合比较,分别总结出单维关系下每个都市圈的特征和属性。系统分析三大都市圈城市规模与国内旅游、入境旅游发展的二维关系,综合分析三大都市圈二维空间关系下的分异规律,系统考察城市规模对旅游发展的影响分析,提出概念模型,征询有关专家意见,对关联因素进行调整。最终构建"城市规模—旅游发展"的关系规律概念模型以及分布模型。

2. 城市规模与旅游发展二维关系的演变过程分析

主要的研究内容包括:在前述分析基础上,实证分析三大都市圈"城市规模—旅游发展"20 年来演变轨迹及其分异规律,明确总体演变过程和演变特征,按照时间过程分段,从直接观测、系统分析与动态模拟三个维度构建演变模型,并对 20 年来二维矩阵空间的演变轨迹进行分析与形变比较,总结特征规律。

3. 城市规模与旅游发展的双向互动机制

此部分在以上研究的基础之上，依据系统动力学，探求形成上述空间关系以及演变轨迹的关联影响因子，清晰分析单项指标与总体的相互关系。引入中介变量，揭示新时期三大都市圈旅游成长度的时序差异，构建中介变量与原始变量和结果变量的综合关系模型，明确阐述原始变量和结果变量关系形成机理。系统回答三个问题：①城市规模较大的城市，或者行政级别较高的城市，旅游发展为什么较强？②旅游的不断增长，对城市规模的扩大有何驱动作用？③"城市规模—旅游发展"理论模型中城市分布为什么会呈梯度结构？

围绕这些核心内容，本书试图解决以下问题：依据三大都市圈城市规模与旅游发展双重指标发展实证，构建二维关系的概念模型、数理分布模型以及动态演变模型，揭示普适性规律；研究案例地城市规模与旅游发展的空间关系及其动态演变过程，明确二维关系现在及其动态分异规律，引入区位交通、资源禀赋、经济发展水平等中介作用因素，揭示新常态下城市规模与旅游发展的内在关系机制及其匹配过程；探明经济新常态下不同城市规模的旅游职能层级以及旅游经济联系程度，为构建区域合理分工体系和优化区域空间结构奠定基础。

1.3 案例地选取与数据来源

1.3.1 案例地选取

城市规模与旅游发展关系的研究极具有理论意义和实践意义，本书的落实与推进需要明确选定典型案例地。本书选取京津冀都市圈、长三角都市圈、珠三角都市圈作为案例地，对涉及的 44 个城市进行实证研究，具体选择案例地的缘由主要有以下几个方面：

1. 三大都市圈是我国城市发展的战略高地

城市群作为一种特殊形态的城市体系，成为城市地理学的核心研究内容[10]，现今大都市圈被视为衡量一个国家或地区社会经济发展水平的重要标志[11]。大都市圈的形成需要在人口、城市密集度、核心—边缘城市的联系度、交通网络以及国家尺度范围内的综合枢纽等方面要达到一定的标准,我国的京津冀都市圈、长三角都市圈和珠三角都市圈分别形成了以北京、天津,上海、南京、杭州、广州、深圳等为核心的都市连绵带。都市圈是21世纪国际竞争的基本单元,是一个国家经济社会发展的主要平台,在国家的经济社会发展中发挥着巨大的作用[12]。三大都市圈是中国经济格局的三大高地,其现今和未来的发展都将对区域格局产生重要影响。2016年是十三五规划实施的开局之年,《"十三五"时期京津冀国民经济和社会发展规划》以及《长江经济带发展规划纲要》等开始逐步印发实施,意义重大。

京津冀都市圈的概念是由京津唐工业基地以及首都经济圈的概念发展而来,地理位置处于环渤海湾地区和东北亚的关键区域。按照《京津冀都市圈区域规划》中的界定,采取"8+2"的模式制定,即京津冀都市圈包括北京、天津两个直辖市以及河北省的石家庄市、唐山市、秦皇岛市、张家口市、沧州市、廊坊市、保定市、承德市8个地级市。京津冀都市圈的区域面积约占全国国土面积的2.30%,人口约占全国总数的7.23%。2014年全区GDP总值占全国的9.50%。

依据2008年9月16日出台的《国务院关于进一步推进长江三角洲地区改革开放和经济社会发展的指导意见》,以及根据国务院2010年批准的《长江三角洲地区区域规划》,长江三角洲地区包括上海市、江苏省和浙江省,即包括上海、南京、杭州、宁波、无锡、徐州、常州、苏州、南通、连云港、淮安、盐城、扬州、镇江、泰州、宿迁、温州、绍兴、舟山、金华、台州、嘉兴、丽水、衢州、湖州。其中,上海市于1949年设立直辖市,南京、杭州、宁波于1994年成为副省级城市(中央机构编制委员会19941号文件),同时南京和杭州分别是江苏省与浙江省的省会城市。值得指出的是,2016年6月3日,国家发改委网站发布了《长江三角洲城市群发展规划》,该规划涉及城市范围包括上海、江苏、浙江、安徽等地的26个城市,由于该范围选取的特殊指向性和国家战略的需求性,同时新时期都市圈城市功能分化重组阶段性特征突出,为了确保样本区域的行政区位完整性,以及出于传统城市功能组合典型性的考虑,终以《长江三角洲地区区域规划》涉及城市为研究范围。从GDP总量来看,长三角地区仅占全国10%的人口,GDP总量占全国的近30%;全国综合实力百强县(市)中,长三角地区占了近一半;2014年,其核心城市总GDP突破了10万亿元,伴随着中国与世界的逐步接轨以及国民经济发展的需要,20年来我国政府在政策制度、权力配置、资金支持以及资源配给方面,对长三角地区加以倾斜,本区城市基础设施更加完善,投资环境有益于招商引资,全国世界500强企业中有400多家在该区落户。

"珠三角"的概念最早起源于20世纪90年代初,首次正式提出是1994年10月8日,广东省委在七届三次全会上提出建设珠江三角洲经济区。2008年12月,国务院正式批复《珠江三角洲地区改革发展规划纲要》。现今珠三角都市圈,即珠三角经济圈或者珠三角经济区,是指位于珠江三角洲区域的由9个地级市组成的经济圈,这9个地级市是指广州市、深圳市、珠海市、佛山市、惠州市、肇庆市、江门市、中山市和东莞市,总人口约4230万,土地总面积为41698万平方公里,其中建设用地面积约6640平方公里。2013年,珠三角都市经济圈9个地级市加港、澳的国内生产总值(GDP)为73429.74亿元,约占中国经济总量的13%,现已经成为仅次于纽约都市圈和东京都市圈的世界第三大都市圈。

三大都市圈是中国城市发展的高地,也是城市发展的示范区。本区的城市受国家政策倾斜力度较大,城市经济水平较高,交通区位条件优越,资源禀赋价值比较高,基础设施和服务设施相对完善,城市功能结构优越于其他地区。本书选择三大都市圈作为案例地进行研究,在学术意义上突破传统单维度衡量都市连绵区的发展现状,在时间尺度上给予演变过程阐述,在实践意义上具有典型性、代表性以及示范性。

2. 三大都市圈旅游发展较为成熟,具有代表性和示范性

都市圈旅游空间结构和旅游发展模式及效应,对周边地区乃至全国范围产生示范和辐射带动作用,都市圈整体旅游地的打造,是增强都市圈旅游吸引力和提升中国旅游竞争力的重要途径[13]。三大都市圈位于我国的东部地区,是我国改革开放的前沿,也是我国旅游业率先发展的战略阵地。三大都市圈入境旅游发展起步较早,近20年来旅游发展在全国的地位逐渐攀升(见表1-1),作为入境旅游的核心和集散中心,入境旅游总人次由1995年的989.72万人次,增长到2014年的5403.86万人次,20年间增长了5.46倍,平均增长率为9.66%,超出全国水平4.2个百分点;相应地,外汇旅游收入,由1995年的45.07亿美元增长到2014年的386.14亿美元,20年间增长了8.57倍,平均增长率达到13.63%,超出全国水平6.12个百分点,入境旅游进入平稳发展期。同时,三大都市圈国内旅游发展迅速(见图1-3、图1-4),20年来国内旅游人次平均增长速度达到16.73%,国内旅游收入平均增速达到17.28%,超出国内旅游发展的平均水平。

中国三大都市圈城市规模与旅游增长的互动关系及其机制研究

三大都市圈作为我国改革开放的门户区,在政府主导下,凭借优越的地理区位、较高的经济水平以及高资源禀赋价值等因素,入境旅游和国内旅游获得快速的增长,其发展水平都高于全国的平均发展水平,相比较内陆地区具有典型的代表性和示范性。

表1-1 三大都市圈入境旅游人次占全国比例

Tab. 1-1 Inbound tourists for the proportion of the total of the three metropolises

| 年份 | 入境旅游人次（万） | | 比重（%） | 年份 | 入境旅游人次（万） | | 比重（%） |
	三大都市圈	全国			三大都市圈	全国	
1995	989.72	4638.65	21.34	2005	3379.07	12029.23	28.09
1996	1028.74	5112.75	20.12	2006	4465.59	12494.21	35.74
1997	1266.79	5758.79	22.00	2007	4393.10	13187.33	33.31
1998	1324.01	6347.84	20.86	2008	4680.37	13002.74	36.00
1999	1492.23	7279.56	20.50	2009	4670.15	12647.59	36.93
2000	2018.80	8344.39	24.19	2010	5214.50	13376.22	38.98
2001	2116.63	8901.29	23.78	2011	5418.62	13542.35	40.01
2002	2386.50	9790.83	24.37	2012	5387.75	13240.53	40.69
2003	2007.56	9166.21	21.90	2013	5374.45	12900.00	41.66
2004	2817.48	10903.82	25.84	2014	5403.86	12800.00	42.22

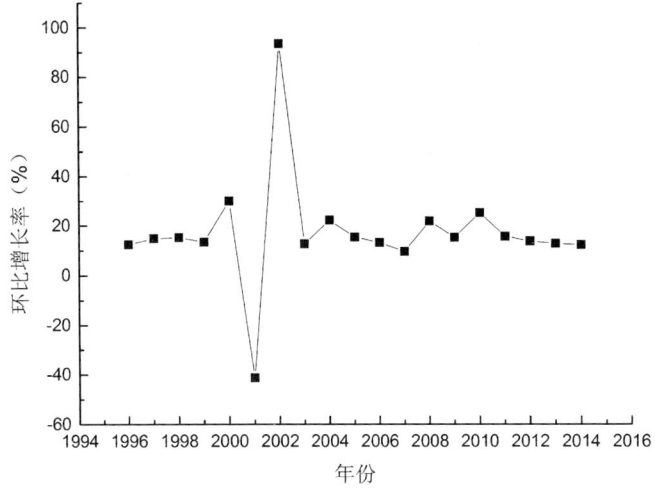

图1-3 三大都市圈国内旅游人次环比增长率

Fig. 1-3 Domestic tourist growth rate of the three metropolises

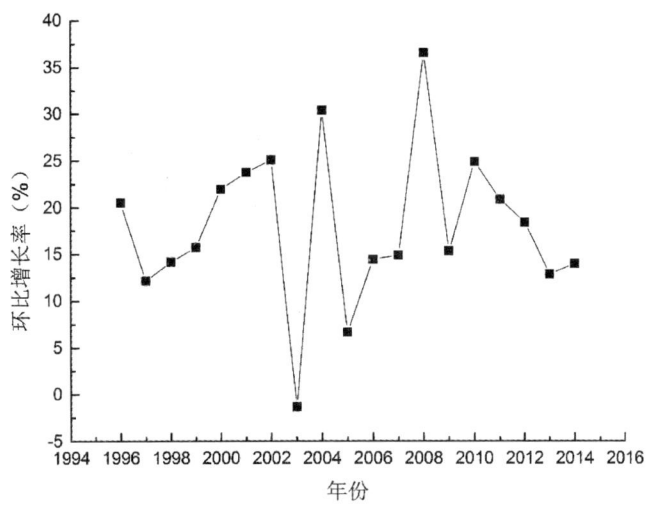

图 1-4 三大都市圈国内旅游收入环比增长率

Fig. 1-4 Domestic tourism income growth rate of three metropolises

3. 三大都市圈城市体系结构特征具有典型性

城市体系的形成与发展是区域经济社会发展达到一定阶段的必然产物，是特定区域内相对独立的有机整体[14]。城市体系要素之间具有地域上的链接性，整个系统具有开放性，表现为时空动态网络结构特征，具备集聚与扩散的综合功能。新中国成立以来，中国大陆城市体系空间格局发生了深刻的变化[15]，城市等级结构分布东西差异明显，受行政级别、地理区位、经济发展等因子的影响，呈现金字塔型结构[16]，高等级中心城市大多分布在东部沿海，部分以长江为轴线分布，这与我国国土开发和经济布局的 T 字型结构相符合[17]。

三大都市圈位于我国东部地区，地理区位得天独厚，是高级别城市的聚集地，也是核心城市的密集区，都市圈内部圈层结构明显：京津冀都市圈囊括首都北京、直辖市天津、省会城市石家庄、沿海开放城市秦皇岛以及唐山等 5 个地级城市，其中天津也同是沿海开放城市和国家自由贸易试验区；长三角都市圈城市体系中，上海市于 1949 年设立直辖市，是国家自由贸易试验区，南京、杭州、宁波于 1994 年成为副省级城市，南京和杭州分别是江苏省与浙江省的省会城市，其中上海、宁波、温州也属于沿海开放城市，宁波为计划单列市；珠三角都市圈体系中，广州为副省级城市、省会城市以及沿海开放城市，深圳和珠海于 1980 年被批准为我国的经济特区，也是计划单列城市。可见，三大都市圈城市行政级别结构具有代表性，在这种层级背景下研究区域城市规模与旅游发展的关系具有典型性。

1.3.2 数据来源

考虑到南京、杭州、宁波是在1994年成为副省级城市，1996年宿迁和泰州成为地级市，本书选择1995—2014年的相关数据，对城市规模和旅游发展进行相关分析。需要说明的是，所研究的城市在时间序列范围内存在级别变更的处理：如泰州由县级市升格为地级市，以及2001年江苏省政府实施"三淮一体"战略，原地级淮阴市更名为淮安市，对此本书采取"复原法"，以最大限度恢复研究时间范围内区域城市规模与旅游发展的基本情况，对于泰州，1995年的数据采用其县级城市的常住人口和国内生产总值数据，对于淮安市，则按照1995—2000年的转变历程进行数据恢复使用。另外，丽水是2000年撤销行署建制设市，同样按照原属县级市以及区的数据进行恢复补增；对于极少数缺失的数据，采取省市均值插补的办法或者进行数据剥离；对于数值某年突增或者骤减，查明原因，给出必要说明，如东莞2002年旅游客流量数据突增，主要原因在于2002年东莞市会展业大发展，促使统计数据当年猛增；对于极少数外汇旅游收入从地市旅游总收入剥离出来，采取当年国家汇率指标转算，并按照增长或者减少百分比进行核算对比。如此以确保三大都市圈相关数据的一致性和可比较性，以使本书更具有合理性和科学性。本书所需的数据资料比较庞大，大致有以下几个数据系列：

（1）城市人口数据与城市国内总值（GDP）数据。城市人口数据主要包括1995—2014年三大都市圈44个案例城市每一年的城市全市数据。该数据主要来自《中国城市统计年鉴》（1996~2015）[18]。

（2）样本地国内旅游与入境旅游的客流量及旅游收入数据。旅游人次以及旅游收入的基础数据来源于《中国旅游统计年鉴》（1996~2015）[19]以及部分城市发展的《统计公报》[20]。

（3）城市交通客运量与城市投资数据。城市交通客运量包括各个城市在研究时间范围内的总客运量、铁路客运量、公路客运量、航空客运量；城市投资数据主要是每年当年实际项目投资完成额。这些基础数据来源于《中国城市统计年鉴》[18]以及《中国区域经济统计年鉴》[21]。

（4）旅游资源丰度数据。包括44个城市A级以上景区数量。该数据主要来自国家旅游局网站的统计数据以及公布的《全国 A 级景点名录》。

1.4 研究方法和技术路线

1.4.1 研究方法

研究方法是揭示事物内在属性以及规律的手段和方式，按照从高到低、从抽象到具体的视角涵盖彼此相互联系的基本方法和具体技术与工具，基本方法主要包括文献法、观察法、调查法等，具体技术与工具法主要包括统计分析、计量分析等。本书主要采用了以下研究方法：

1. 资料文献分析法

文献分析法，文献分析法又称为历史文献法，主要指针对研究内容，通过搜集、鉴别、整理相关问题的文献，进行系统性的分析，以能够形成对事实科学认识的方法[22]。结合文献资料，获取有效分析信息，筛选经济新常态下相关因素，架构理论模型。具体来讲，本书利用学校图书馆馆藏书目、中国知网（期刊、学位论文、会议、报纸、学位论文、年鉴），读秀学术搜索，超星数字图书馆，Elsevier ScienceDirect 外文数据库，CALIS 外文期刊网等网上论文数据库，对有关城市规模与旅游发展的中英文文献资料进行检索。此外，本书还利用省图书馆、中国期刊网年鉴数据库、检索国家统计局网站（http://www.stats.gov.cn/）、国家旅游局网站（http://www.cnta.com/）、各省市相关统计局官方网站与旅游局网站、新闻网和地方报刊媒体网站等，以及公开出版的地方管理部门主编的统计资料、报告、统计汇编等，广泛查阅有关三大都市圈数据资料，分析二维关系与分布特征，探讨三大都市圈二维关系特有形成机制，并借用相关模型，分析城市规模对旅游发展的影响过程。

2. 二手数据收集法与样本数据的选择

二手数据的收集是指那些从相关渠道搜集已经生成的统计资料。相比较原始数据，二手数据信息量大，较为容易获取，时间的成本以及价格成本较低，可以成为原始数据获得的基础信息。但是二手数据的可靠性相比原始数据较低，更新时间周期较长。本书采用大量数据运算，通过数据整理与数理统计分析，对旅游产业成长及城市规模各项指标进行汇总，建立基本数据库并分类管理，为后续 SPSS、ORIGIN 以及 GIS 分析等定量研究提供基础信息。系统收集城市规模与客流量、旅游收入数据，分析其时空变化规律、地域差异及其相关关系；引入交通客运、资源禀赋、经济发展水平等多元中介变量数据，解释城市规模与旅游发展的二维关系及其机制。针对二手数据的缺点，本书的数据主要从国家权威机构获取，如国家统计局、国家旅游局、中国统计数据库以及各省市的官方统计网站，一方面获取数据信息，另一方面进行多方比对，以确保数据的真实可靠性以及可比较性。

3. 数学建模与模型构建

系统收集相关资料，分析三大都市圈城市规模与旅游发展关系与演变过程，进行规律总结，模型构建；利用近20年相关数据，采用点、线、面结合的方法，构建模型，划分体系等级，揭示其时空分布规律及地域差异；在此基础上，利用 GIS、动态模拟（ORIGIN 软件）等研究方法，对二维空间关系与演变过程进行分析，揭示动力机制及新常态下的区域梯度结构。

4. 定性分析和定量分析相结合的方法

定性分析法是指在一定的环境下，采用文献分析、实地调查、案例分析、访谈等方法对社会现象进行研究，以归纳法为主要的方式，对相关研究假设进行检验或者证伪的一种研究方法[23]。定量分析法是依托统计数据或者调查数据对研究变量进行解释说明的方法，定量分析与定性分析之间是相辅相成的关系，定性分析为定量研究提供基础，定量分析是对定性判断进行的检验。本书将两种分析方法相结合，在定性分析的基础上，定量阐释城市规模与旅游发展的关系、时空分布及变化规律；并利用中介变量法等，建立相关模型定量分析城市规模对旅游发展的影响，以使相关研究更加具有深度，使研究结果更具有科学性，为区域旅游的有效持续发展提供参考。

5. 时空地理分析方法

时空地理分析法，即从时间层面考察地理事物现象的时空演变规律，从空间区域层面分析研究对象的空间分布格局、空间动态、相互作用关系及其相关的理论和模式，一直是地理学的重要研究手段[24]。时空地理分析方法素来是解决区域旅游发展的关键思维方法。就本书而言，三大都市圈城市发展与旅游发展在时间和空间的分布上各具有不同特征，并且存在着差异性，将时间和空间两个维度结合起来进行分析，探求其动态变化过程，能够更好地把握研究主题的核心要素，可以更深入认识事物的时空变化和地域组合规律。

6. 归纳与演绎法

归纳法和演绎法都有着悠久的历史渊源，他们作为逻辑思维的基本方法，和分析与综合、具体与抽象并存[25]，最早是古希腊哲学家亚里士多德在其逻辑学中关于推理方法的思想，他主张在推理中采用演绎法[26]。归纳法又称归纳推理，是指从特殊到一般，即从个别性的事物总结出一般性的结论，反映出事物共生的规律性；演绎法又称演绎推理，是从一般到特殊，即从一般性的事物推理出个别的特性，反映出事物的特殊性。就本书而言，基于三大都市圈城市规模与旅游发展关系的基础上，归纳出二维理论模型，在研究动态变化轨迹的基础上，提出"城市规模—旅游发展"演变模型，是典型归纳法的应用。而在研究二维关系形成的机制以及在区域旅游职能等级联系的过程中，是在相关基础理论的指导下，研究三大都市圈的这种二维关系的形成原因，探索其合理的区域旅游协作体系，这是对演绎法的应用。

1.4.2 技术路线

本书的技术路线如图1-5所示，围绕1个问题，展开3个方面的研究，即回答了城市规模与旅游发展的关系问题，这种关系是如何变化的，形成这种关系的缘由有哪些。从整体上将其具体划分为4个阶段：

第1阶段，基础理论与数据收集整理阶段。归纳总结理论基础，构建ORIGIN与GIS相关数据库；

第2阶段，分析城市规模与旅游发展的空间关系。基于城市规模以及旅游发展的位序，探索二维关系，提出关系模型和分布模型；

第3阶段，研究城市规模与旅游发展关系的演变过程。通过对这种二维关系发展变化的研究，提出演变模型，并进行轨迹以及形变分析；

第4阶段，探索其二者关系形成的机制。在要素禀赋理论基础上，研究三大变量之间的关系，揭示成因及其机制；在此基础上，研究区域不同层级规模旅游联系结构。

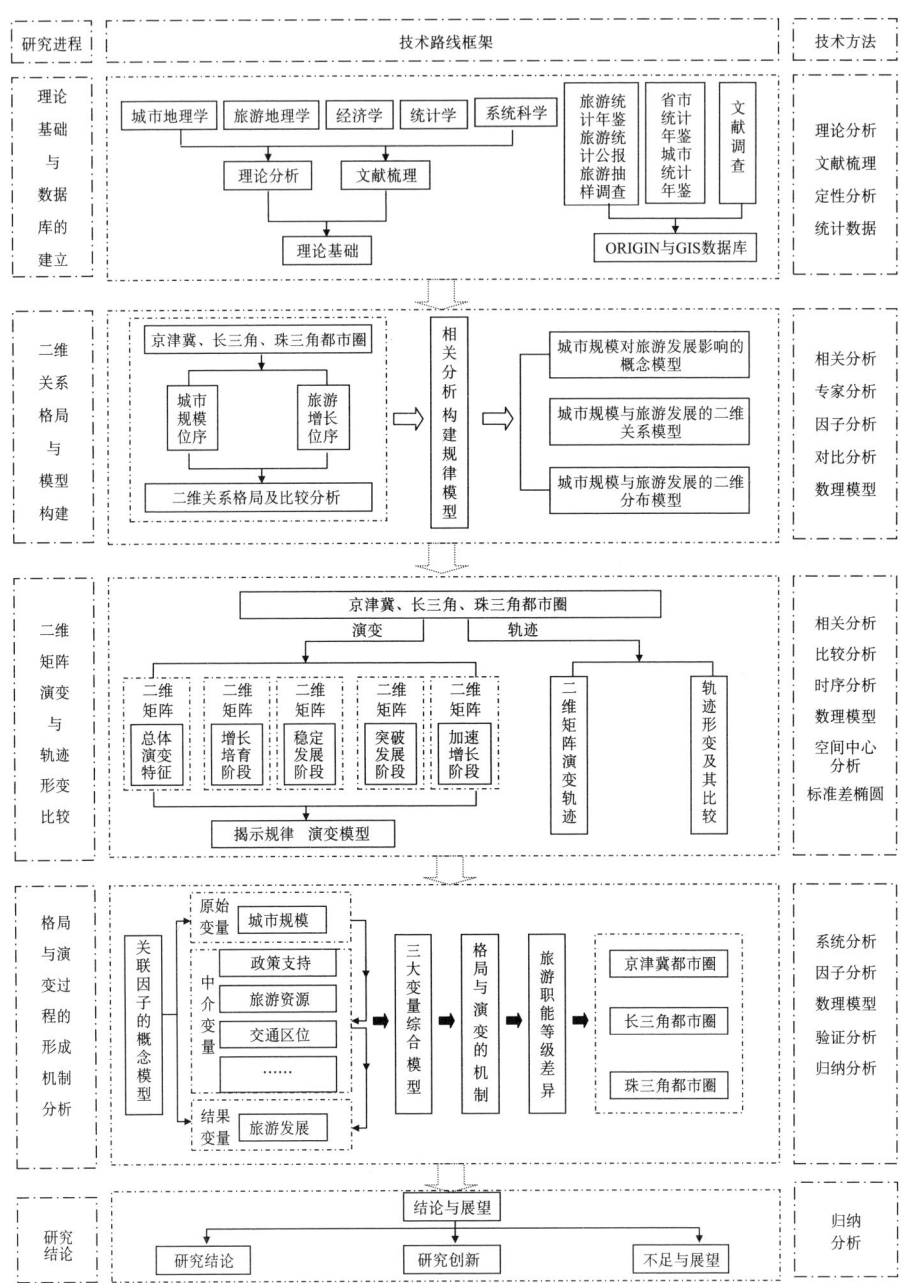

图 1-5 研究技术路线

Fig. 1-5 Research technical route

第 2 章

理论基础与文献评述

2.1 概念界定

2.1.1 城市与都市圈

明确界定城市的范围和都市圈属性特征对于本书具有逻辑上的重要意义。如果没有明确界定旅游者进入城市目的地的边界,则无法清楚认识到旅游者在城市范围内的行为选择特征和活动模式,对此概念的明确是深入理解城市旅游的基础,也是研究城市规模与旅游发展关系的必然,作为基础研究,有助于提高本书架构研究的科学性。

1. 城市

城市经济学中关于城市的概念界定并不明确,区域经济学家在研究基础上大致提出以下两个方面的解释,即:行政性城市和功能性城市。行政性城市主要是指以行政区划为依据来界定城市概念,功能性城市主要是指以区域的同质性概念来界定城市。早在 1850 年,英国学者托马斯·巴宾顿·麦克莱(Thomas Babington Macaulay)和弗雷德里克·恩格斯(Frederick Engels)就已提出城市与乡村的界限[27],巴顿[28]提出城市是在有限空间内各种市场经济交织在一起并与外界联系的网状系统,后来学者一般以人口规模、密度为依据进行划分,也有以经济因素、社会功能以及行政管理的差别化进行界定[29]。在中国,城市和城镇这两个概念有着严格的界定,只有那些经国家批准设有市建制的城镇才称为城市,不够设市条件的建制镇称为镇[30],即城市的概念相对应着乡村以及城镇化区域而存在。另外,从城市功能角度,城市是具有法定边界和行政功能的人口聚集区,建制区是包括城市主城区以及辖区等[29],具有城市功能波及范围的边界性,这是广义上的城市界定。旅游业的发展对城市的经济社会以及空间结构产生了深远的影响,考虑到城市与旅游的密切相关性,本书对城市范围界定的选取,则是定位在广义的层面上,从城市功能地域出发,主要原因包括:一是旅游资源分布的客观性,旅游资源包括自然旅游资源与人文旅游资源,其形成过程受地理变迁以及经济社会文化等综合因素影响,有的分布在乡镇区、有的分布在城镇区,也有部分分布在主城区,这就决定着旅游者的活动范围不仅仅是城市的主城区,在城市基础概念的基础上,选择其广义上的城市概念,即应包括其辖区;二是从旅游者行为选择规律来看,旅游者进入旅游目的地后,其活动范围受旅游吸引物、基础设施、服务设施等因素的影响,随着旅游业的快速发展,分布在城镇的旅游区基础设施同样能够满足旅游者的需求,在行为选择上,城市主城区并不是唯一的。同时旅游者进入目的地后的行为走向具有连续性和空间分布上的连绵性,所以广义上的城市界定也是实属必然了;三是旅游相关指标统计数据的指向性,总体数据来源于景区、旅行社、宾馆、饭店等口径的集合,多以广义城市概念为出发点统计客流量和旅游收入。那么基于这种城市概念的基础上,都市圈的概念、城市旅游以及城市规模的概念又如何界定也是非常关键的,这些概念之间具有紧密的相关性。

2. 都市圈

"都市圈"一词起源于日本,20世纪50年代,"都市圈"的意义是指中心城市人口在10万人以上,周边地区能够在一天的时间内提供或接受中心城市服务的地域范围[31];1957年,法国学者戈特曼提出"大都市圈(带)"的概念,1961年,相关城市群的理论在《城市群——城市化的美国东北海岸》一书中系统阐述,他认为大都市圈的形成需要在人口数量、城市密集的程度、核心—边缘城市的联系度、交通网络以及国家尺度范围内的综合枢纽等方面达到标准[32]。20世纪80年代,都市圈的概念引入中国后,张京祥、邹军、张伟等对"都市圈"的概念进行了详细界定[33-35],认为"都市圈"是指一个或多个核心城市,以及与核心城市具有紧密社会、经济联系的,具有一体化倾向的临接城镇与地区构成的圈层式结构,这个结构是以发达的交通为依托,促进中心城市与周边城市的联合以及带动发展;李国平等将"都市圈"定义为,跨越城市界限而和都市在景观上连为一体,或者在职能上具有紧密联系的区域[36]；我国一些知名学者，如周一星、姚士谋、顾朝林、陆林等在中国发展实践的基础上提出相关概念，分别强调都市圈的城乡一体化、高级化以及都市圈的战略引领性等观点。

这些学者共同认为都市圈是城市群发展到一定阶段的高级空间组织形式，由若干个不同层级以及不同功能的城市组成，所形成的空间联系是复杂的系统，内部城市在区位条件、要素功能、资源禀赋等方面存在差异性，并且之间存在着竞合关系。在发展过程中，圈层内部的城市之间主要通过物质、能量、人员和信息等交流实现相互联系[37]，城市作为基本构成单元，会形成庞大的城市体系结构[38]。新时期，都市圈以其发展的综合性和开放性成为创新资源配置和创新活动开展的空间载体[39]。

都市圈的概念在理论与实践中，尽管以中心城市为核心，有着较高的区域发展效应，但是这种发展势能所能波及的范围是有限的，因此都市圈的概念更强调圈域发展的结构性。这种结构性不完全受行政界线束缚，它与城市群以及城市连绵区有着不同的概念属性。本书所涉及的京津冀、长三角、珠三角都市圈，已经符合戈特曼所提出的都市圈标准，满足新时期都市圈所具备的特征，是我国经济全面发展的代表区域。

2.1.2 城市旅游

由于城市牵涉的内容广泛而复杂，而不同的城市具有不同的特色，其城市旅游的内涵也不尽相同[40]。关于城市旅游的界定，口径比较多元化，最早研究城市旅游业的是美国的学者斯坦斯费尔德（Stansfield），1964年他在《美国旅游研究中的城乡不平衡》一书中，明确提出城市旅游研究是一个非常重要的领域。之后以加拿大学者为代表的研究大多聚焦于城市旅游事件、城市旅游接待业以及旅游规划等方面。20世纪80年代起，我国开始广泛关注城市旅游，在相关理论、城市旅游供给与需求、城市旅游影响、城市旅游开发建设以及结构系统等方面形成了一系列成果。目前国内外关于城市旅游概念的界定大致有两种角度，一种是从需求角度，即从旅游者选择行为出发，研究人们选择城市作为旅游目的地的缘由，分析旅游者行为的社会心理，特别是旅游者的动机[41,42]；另外一种是从供给角度，即从城市功能以及城市地理范围的角度进行界定。其中于英士在20世纪90年代就指出城市发展与旅游业密切相关，保继刚在《城市旅游原理·案例》一书中，从经济学角度和地理学角度界定了城市旅游概念,彭华认为城市旅游是指发生在城市的各种游憩活动及以城市为目的地、以城市为旅游吸引物吸引游客的各种旅游活动的总称,是旅游者在城市中所有物质与精神消费活动[43],他同时认为城市的旅游功能日益成为城市的重要功能之一。也有部分学者将城市旅游等同于都市旅游,认为城市旅游主要是以城市的商务、会展、节事以及休闲等活动为依托的旅游活动,城市旅游依托活动项目本身无可厚非,但是将城市旅游等同于都市旅游确有不可取之处,过于强化了城市本身的功能性。

对于城市旅游的界定,无论是从供给角度还是需求角度,应在旅游系统中强调城市旅游的基本属性,这种属性要能够区别于其他概念,因此在现阶段对城市旅游的界定应当把握以下核心内容。

首先,相对乡村,城市在经济水平、产业发展规模、主导运行机制、管理体系、区域功能、设施设备以及市场秩序等方面明显优于乡村,具有经济意义上以及功能上的区分性质。同时,城市旅游在地理范围上以及功能地域上就有明确的边界性,在行政管理权限上也具有统筹性,城市旅游是发生在城市地界当中以及功能属性波及范围内的所有活动总和,这也是本书首先明确城市定义的初衷。

其次,关于城市旅游的吸引载体,不仅是依托城市核心区的商业、会展等活动以及城市主城区的历史遗迹、公园等自然人文资源,新时期城市辖区范围内的旅游资源也是城市旅游的重要支撑,相关旅游活动大多是以中心市区为暂住地,市域内外景点为旅游活动范围。

最后,从供给角度来看,城市旅游能够顺利的开展,需要强大的城市功能为依托,包括基础设施、服务设施等,一定程度上城市的功能也具有旅游吸引等多重效用;城市旅游相关数据在统计过程中,中心市区与周边市域范围并未完全剥离。

2.1.3 城市规模

在界定城市、都市圈以及城市旅游概念的基础上,对城市规模概念的明确界定,对本书具有基础意义。城市地理学中关于城市规模的界定大致有两种,一是城市规模即是指城市的大小,一般用城市人口与用地规模两个指标来衡量[44,45],且以人口指标为主[46]。二是城市规模是指在一定的城市地域空间范围内,聚集的物质与要素在数量上的差异及层次性,它主要包括城市人口、经济活动及其能力、建成区土地面积这三个相互关联的有机组成部分[47,48]，即内涵着人口规模、经济规模和空间规模三方面的含义[49]。

从人口规模的角度来说，一般情况下人口的规模与经济规模和空间规模呈现正相关，即人口越多，所占用的土地资源越多，因此产生的经济规模也就越大。但是在城市有限的空间范围内，人口的快速或者过度集聚带来诸如基础设施不足、社会保障跟不上、资源供需失衡、环境质量下降等问题。改革开放以来，我国政府主导性地推进旅游业的发展，随着旅游业的快速崛起，旅游观念已深入人心，旅游活动甚至成为生活中的一部分，大批量的旅游者涌入某一区域，对行政意义上城市整体空间的结构和分布产生影响，涉及旅游者全部活动踪迹的空间，包括短暂性介入空间以及旅游移民性空间。现阶段，如何优化人口规模分布是重要研究议题。

从经济规模的角度来说，城市的经济规模主要指城市的经济综合容量，同时也涵盖城市内部不同产业的经济规模[50]，一般可以用国民生产总值GDP来表示，是本地区所有常住单位在一定时期内生产活动的最终体现。随着城市人口的增加，包括户籍人口、常住人口、流动人口等数量的变动，加之城市的地理区位、城市主要功能等要素的差异，所产生的经济规模也是截然不同，也将引起居民收入以及生活水平的差距。旅游业的快速发展为地方经济带来了明显效益，甚至部分地区的旅游业已成为区域经济的支柱性产业，是城市规模构成要素中不可或缺的一部分。

从空间规模的角度来说，城市空间规模的扩大是人口规模扩大、经济发展、基础设施建设等多种因素共同作用的结果[49]，但是土地资源是有限的，人口规模和经济规模不能够无限制扩大，具有明显的空间和行政上的边界性。旅游经济的迅速发展，依然构成地方收入的重要来源，进而诱发城市不断增加基础设施和服务设施的建设，导致城市空间的无序扩张，即旅游者进行旅游活动所需要的空间，在城市发展空间中已经开始占据一定地位了，比如主城区宾馆饭店的建设、景区服务设施的建设以及旅游交通等的修建。空间规模与人口规模和经济规模指标是密不可分的，人口与经济的综合指标可以一定程度上反映出空间规模及其密度效应。

在众多研究中，由于城市人口与国民生产总值、城市用地指标之间存在着密切的关联性，同时人口的数据较为容易获得和相互比较，所以一般用人口数量作为城市级别基础划分的依据，这种方法最为常见，依据《关于调整城市规模划分标准的通知》中关于城市常住人口划分的标准，结合城市常住人口数量特征可以划分为Ⅰ（1000万人以上）、Ⅱ（500万—1000万人）、Ⅲ（300万—500万人）、Ⅳ（100万—300万人）、Ⅴ（100万人以下）五个级别。虽然人口数量可以作为衡量城市规模的主要指标，但是在城市实际发展过程中，人口数量多的，GDP数值不一定最高，反过来，GDP指标高的城市，人口也不一定是最多的。正如所有的都市中心都是大城市，但并非所有的大城市都是都市中心[51]。

不同的国家、地区在不同的发展时期，其对于城市规模的界定以及划分的标准参照是不同的，一般来说，经济发展阶段较高时，其城市规模的划分标准也会订的高一些。城市的形成及其规模变化发展，是多种因素共同作用和影响的结果，同时也是因素逐渐累积的结果，决定城市发展规模的因素主要包括历史因素、自然因素、社会因素、行政因素等几个方面，其中因素作用较为明显的有：①本区的资源，如土地资源、水资源和能源等；②地理区位，包括交通区位和经济区位；③城市设施，包括城市基础设施、服务设施等；④经济实力水平。关于城市最优规模的问题，有的学者认为城市是自由发展的，不存在最优规模，也有的学者认为在迅速发展过程中应控制大城市或者特大城市的发展等。

本书从广义城市定义角度出发界定城市规模，认为城市人口与空间规模之间有着密不可分的联系[52]，因此，本书对于城市规模的定量测量[53,54]，分别从人口规模和经济规模两方面讨论城市规模与旅游发展的关系以及二者的动态变化过程。本书中的城市人口规模和经济规模是某城市主城区以及辖区内所有人口以及GDP的总和，认为城市的发展存在合理适用的规模，这种界定对于本书具有实际意义。

2.2 研究理论基础

2.2.1 中心地理论

20世纪初，西欧国家正在经历工业化和大规模商品经济的发展期，城市化迅速发展。在此经济背景下，德国地理学家瓦尔特·克里斯塔勒（Walter Christaller）通过对德国南部几百个城镇居民点的考察和分析研究，发现在城镇居民点的空间结构和城镇与农村的关系上存在着一定的规律性[55]，他于1933年发表的著名《德国南部的中心地》一书中，提出了中心地理论[56,57]。1940年德国经济学家奥古斯特·廖士在《区位经济学》中更多地从企业区位论出发，提出与克里斯塔勒学说相同的区位模型，为中心地理论树立了更牢固的基础[58]。1941年，通过美国地理学家、运输和城市地理专家厄尔曼（E. L. Wman）的文章，克里斯塔勒的中心地理论首次被介绍到美国的地理学界[59]。20世纪50年代末60年代初，中心地理论在美国得到重视和应用。德国波鸿鲁尔大学城市地理学家绍勒尔（P. Scholler）评价认为："没有克里斯塔勒的中心地学说，便没有城市地理学，也就没有居民点问题的研究。"[58]中心地理论被广泛推广以后，各国诸多学者不断在经济、地理、文化等方面去应用、实践、修正这个理论模型。1958年，贝里（B. J. L. Berry）和加里森（W. L. Garrison）发表论文对中心地理论进行了新的理解[60]。1944年，英国学者斯梅尔斯（A. Smailes）首次验证了中心地学说。目前它已是揭示空间结构形成与演变规律的基础理论之一[61]，是地理学科的重要理论基石，成为城市地理学中一个重要的研究领域。

克里斯塔勒深受杜能的农业区位论和韦伯的工业区位论影响，该理论建立在"均质"的假设基础上，假设中心地均匀地分布在一定区域上，服务范围都是同一半径的圆形区，此时不同中心地之间存在着空隙或者存在着重叠，而实际上通过各中心地的相互竞争，边界区域分别为相邻的3个中心地平分[62]（如图2-1所示）。该理论从经济学角度，进行了严格的理论假设和逻辑推理[63]，其主要的以及影响深远的理论概念包括中心地、中心度、服务范围以及门槛等，认为城市的主要职能是为周边腹地的人口提供服务的，在这些条件概念的基础上，克里斯塔勒依据市场原则、交通原则、行政原则分别构建相应中心地的等级体系，认为行政原则、市场原则和交通原则支配着中心地体系的形成，级别顺序严格，其中以K=3时六边体系最为典型（如图2-2所示）。在这个原始理论基础上，贝里和帕尔[64]研究中心市场的等级结构时，发现其与城市等级结构具有很高的相似性，这一验证在10年后也得到了博彻特的合理性认可[65]。

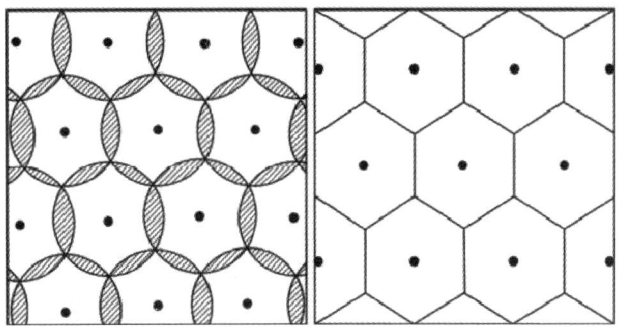

图 2-1 中心地服务范围由同心圆形向六边形的转换（陆玉麒，2011）

Fig. 2-1 Centre services range from concentric circular to hexagon (Lu Yuqi, 2011)

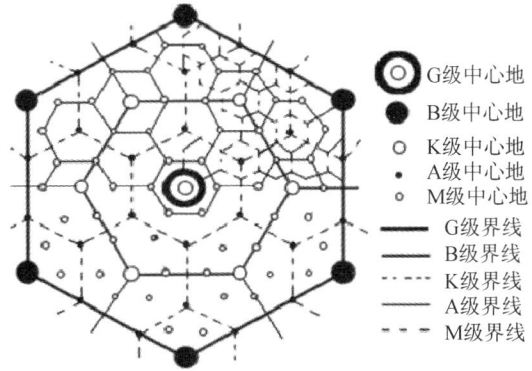

图 2-2 克里斯塔勒的 K=3 体系的形成（源于许学强，1977）

Fig. 2-2 Christakis, K=3 system formation (Xu Xueqiang, 1977)

事实上按照中心地理论推导出的区域城市结构体系，随着区域经济活动范围的扩展，在区域其他地方会产生新的经济中心，进入快速动态增长期后，二级和三级中心城市逐步成长，演变为非单一核心的结构，城市的等级体系便开始形成[66]。一方面表明区域城市随着时间推移具有其独有的等级结构关系，另一方面延伸出某既定的区域中，大的城市之间要有足够的空间距离，并且区域中的小城市要比大城市数量多。那么将中心地理论与我国国情相结合，本书所探讨的我国东部三大都市圈城市规模与旅游发展的关系中，京津冀都市圈是以北京、天津两个直辖市为核心发展区的城市群，石家庄市、唐山市、秦皇岛市、张家口市、沧州市、廊坊市、保定市、承德市 8 个地市等共同构成了区域等级结构；长三角都市圈是以直辖市上海为辐射核心区的城市群，江苏、浙江两省在南京、杭州等地构成了区域等级关系；珠三角都市圈则是以广州、深圳两个副省级城市为核心点，珠海市、佛山市、惠州市、肇庆市、江门市、中山市和东莞市7市构成了区域层级关系。三大都市圈的行政历史具有明显的传承性，其经济地位和区位地位在中国产生着深远的影响。而本书在研究城市规模与旅游发展关系过程中，发现其二维关系模型也符合中心地理论中提出的关于城市分布的内容，即三大都市圈城市规模、旅游发展都具有明显的等级关系，且二维在分布上，小的城市分布数量多于大的城市，不同时段二维演变阶段特征不同。中心地理论为本书案例地的选取提供了支撑，也为构建"城市规模—旅游发展"关系理论模型和演变理论模型提供了方法论基础和理论基础。

2.2.2 城市规模分布理论

在一国家或者地区中，由于各个城市的行政地位、历史环境、区位交通、资源禀赋、经济水平等因素的差别，城市在区域关系中承担的职能也有所差别，会形成不同规模的城市结构。城市规模分布理论是和用什么方法、指标来衡量城市规模结构或规模分布特点联系在一起的理论[67]，主要包含城市首位度（Law of the Primate City）、4城市指数和11城市指数、城市金字塔、二倍数规律（2^n）以及位序—规模法则（Rank - Size Rule）等，其中主要普遍使用的是城市首位度、城市金字塔以及位序—规模法则[68,69]等。

城市首位度是马克·杰斐逊（M. Jefferson）于1939年从人口角度提出来的[70]，是对国家城市规模分布规律的总结，在一定程度上代表了城市体系中所需求的发展要素在最大城市的集中程度。杰斐逊依托51个国家的发展实际，以此案例实验表明"领导城市"与排列第二位的城市在规模上差距巨大，这样的城市既能够吸引来自全国其他城市的很多人口，同时在国家或者区域的政治、社会、经济、文化等方面也同样有着重要地位[68]，这里的"领导城市"也就是我们常称作的首位城市。同时杰斐逊曾指出这些是"大得异乎寻常"城市，随后马歇尔（Marshall）对他的这种提法进行了具体的量化，认为这样城市比较合理的指数是2.00，只有首位度指数在2.00以上的城市才能称其为首位城市，而首位度大于2.00的情况又可以具体划分为两类：大于2.00且又不大于4.00的属于中度的首位分布，大于4.00的属于高度的首位分布。艾迪斯（Ades）和格莱泽（Glaeser）研究了城市首位度的影响因素，认为政治因素比经济因素更重要[71]；Mooniaw 和 Shatter（1996）在对90个国家的面板数据进行分析后发现,如果首位城市是行政中心,那么这个国家的首位度一般是增长的[72]。此外,Luisito bertinelli 和 Eric Strobl 对 39 个发展中国家城市首位度进行了实证性质的研究[73]。我国对城市首位度的研究最早的学者是严重敏、宁越敏(1979),其在研究中提到:"中华人民共和国成立以来,城市发展进入高速阶段,26 个省级行政中心城市中有 22 个是省域内人口最大的市,省会城市一般都是该省的首位城市"[74]。城市首位度与国家或者地区的城市历史因素、经济因素、地理因素以及政府对城市空间布局规划的行政导向密不可分,该理论也广泛被应用于城市规模、区域城市建设等相关研究当中。

按照"位序—规模"的一般原理,相比较"四城市指数"或者"十一城市指数"所测量出来的城市规模特点,相关研究也指出"两城市指数"的优点,事实上,在实际测算过程中,"两城市指数"的方法相对来说更为简单。四城市指数和十一城市指数是对城市首位度(两城市指数)的改进,即:

两城市指数:$S = P1/P2$。

四城市指数:$S = P1/(P2 + P3 + P4)$

十一城市指数:$S = 2P1/(P2 + P3 + \cdots + P11)$

城市金字塔是以人口数据为支撑,用以分析城市规模分布的简易方法。城市金字塔是把一个国家或区域中许多大小不等的城市,按规模大小分成等级,就有一种普遍存在的规律性现象,即城市规模越大的等级,城市的数量越少,而规模越小的城市等级,城市数量越多,把这种城市数量随着规模等级而变动的关系用图表示出来,形成城市等级规模金字塔[68]。在一个国家或者区域内,小城市的分布数量远多于大城市的分布数量,这些小城市则位于金字塔的底端,首位城市或者少数几个大城市则位于金字塔的顶端,如此构成了金字塔式的这种等级关系。一般可以用每一层级上的城市数量与其上一级的城市数量相除得到的商来表示不同规模层级城市数量之间的关系,这个商值可能是常数,也可以是变化的。在分析问题的时候需要采用统一的等级划分标准,这样对不同时段、不同区域或者不同国家的城市规模进行对比研究,发现出的属性、特征、未来变化走向以及比较问题等才具有适用性和科学性。

位序—规模法则依然是以人口数据为基础,是指一个城市的规模和该城市在国家所有城市按人口规模排序中的位序关系所存在的共性规律[75]。这是城市体系结构特征的规律性表现,部分学者将城市位序—规模法则与分形学理论结合研究城市规模问题，有的学者认为分形理论是位序—规模法则的本质，现今部分研究对此规律进行了改进，更加适用于特定地区的规律性分析。目前所普遍使用的位序—规模法则主要经历了以下阶段（如表2-1所示）。

表2-1　　　　　　　　位序—规模法则的研究历程

Tab.2-1　　　　　The research process of rank-size rule

研究者	提出时间	公式	分析备注
奥尔巴克 （F. Auerbach）	1913年	$P_i R_i = K$ P_i 是城市按人口规模大小排序的第 i 位城市人口数，R_i 是 i 位城市位序；K 是常数	以五个欧洲国家和美国城市人口为研究对象
罗特卡 （A. J. Lotka）	1925年	$P_i R_i^{0.93} = 5000000$ P_i 是城市按人口规模大小排序的第 i 位城市人口数	以1920年美国的100个大城市为例，贡献在于对位序变量允许有一个指数
辛格 （H. W. Singer）	1936年	$\lg R_i = \lg K - \lg P_i$ P_i 是第 i 位城市人口数，R_i 是 i 位城市位序；K 是常数	推进转换公式
捷夫 （G. K. Zipf）	1949年	$P_r = \dfrac{P_1}{R}$ P_r 是第 R 位城市人口；P_1 是规模最大城市人口，R_i 是 i 位城市位序	较好的刻画城市规模分布，尤其是经济发达国家
罗特卡 （A. J. Lotka） 模式的一般化	目前广泛使用	$P_i = P_1 \cdot R_i^{-q}$ P_i 是第 i 位城市人口数，R_i 是 i 位城市位序；P_1 是规模最大的城市人口，q 是常数	对国家和区域的城市规模分布具有相当普遍性

备注：主要整理资料来源于《城市地理学》，许学强著（2008）。

综上所述，城市规模分布理论是衡量城市规模结构及其分布关系的理论和方法。本书所讨论的是城市规模与旅游发展之间的关系，准确来说是二维关系的探索，城市规模分布问题是其中重要的一维，在分析三大都市圈城市规模位序关系时采用了首位度以及位序—规模法则辅助分析，其二维数理分布关系模型符合"金字塔"式等级关系，在研究三大都市圈旅游发展的过程中，也借鉴了城市规模分布的主要理论和方法。因此，城市规模分布理论不仅是研究目的地城市规模与旅游发展二维空间关系的基本理论依据，而且也为相关分析提供了研究方法以及思路参考。

2.2.3 空间网络理论

关于空间分析的理解在哲学和自然科学中具有不同的释义。美国人类学家 Edward Hall 在《隐藏的维度》（The Hidden Dimension）一书中首创了空间关系学和私人空间的概念，他认为人与人之间的空间关系主要有公众关系、社交关系以及亲密关系等[76]。本书研究中所涉及的空间分析，是在地理空间数据库的基础上，在地学背景下，通过分析计算，从空间数据中得到有关研究方面的空间分布、位置、空间表现形态、距离以及在空间上的变化过程等信息。在地理信息系统研究中，空间分析的理论基础主要有空间认知理论、空间网络理论、空间推理理论、空间数据模型理论、地理信息不确定理论以及地理信息机理理论等。在本书中主要是以空间网络理论为作为基础支撑，该理论在 GIS 空间数据建模、空间推理、空间制图及查询等研究中发挥着重要作用。空间网络关系是关于研究对象在空间中的位置与层级、对象间的距离、连通等关系的理论集合，其中空间位置是描述对象在空间中的东西南北顺序的关系，即方位关系等；对象间的距离关系是度量关系的典型描述；目标的连通关系是拓扑关系的重要内容之一。

由中心地理论和城市规模分布理论的形成过程来看，都是建立在对大量实际城市等空间调查基础上，总结出来的规律性的科学结论，表现出人文地理学科中的绝对空间和相关空间的概念，绝对空间是一个自然而真实的实体，相关空间是对几何形态空间从经济、社会等方面寻求合理解释的空间。本书所依据的空间网络理论是建立在绝对空间和相对关系基础上，所谓相对空间阐释的是两要素间的一种关系状态，包括静态的和动态的两种表现形式。换言之，本书以空间网络理论作为重要支撑，是对城市规模与旅游发展空间关系的进一步动态空间演化阐述，是深化研究的重要部分。

具体到本书的研究中，在分析城市规模与旅游发展二维矩阵在时间序列范围内地演变中，以空间网络理论为基础，构建地理空间数据库，分别研究三大都市圈阶段性的演变分布特征、年际动态变化，其中演变分布特征是对三大都市圈城市规模与旅游发展二维关系的空间位置及其分布的研究，年际动态变化的研究是关于二维关系演变的方位变化、偏移的距离、偏移的方向及其同步关系状态的分析。因此，该理论不仅是深化本书的重要基础支撑，而且为研究城市规模与旅游发展关系的演化分析提供了基本思路以及研究方法的参考。

2.2.4 城市规模驱动旅游发展的四重动力理论

城市规模与旅游业的发展存在驱动关系，二者是一个系统中的两个方面关系，可以从供给与需求的视角给予阐释：从供给角度上讲，经济新常态下，城市规模的变化一般意义上具有不可逆性，内含着城市人口、城市交通、宾馆饭店、城市资源风貌等方面的增加或者转变，不仅是改善本地居民生活环境的基础，这些也为旅游业的发展提供了功能性保障；从需求角度来说，在一定程度上规模较大的城市，居民国内旅游需求相对更多，即城市中的居民收入增加，文化水平以及对外界的认知程度提高，想去了解更多外部世界的动机就更为强烈，也就具有更高的旅游需求。随着城市规模的扩大，城市居民不断增加，就会发生由地区发展结构变化引起的旅游需求转变。

本书主要从供给视角出发，构建了城市规模与旅游发展的四重动力理论（如图2-3所示）。

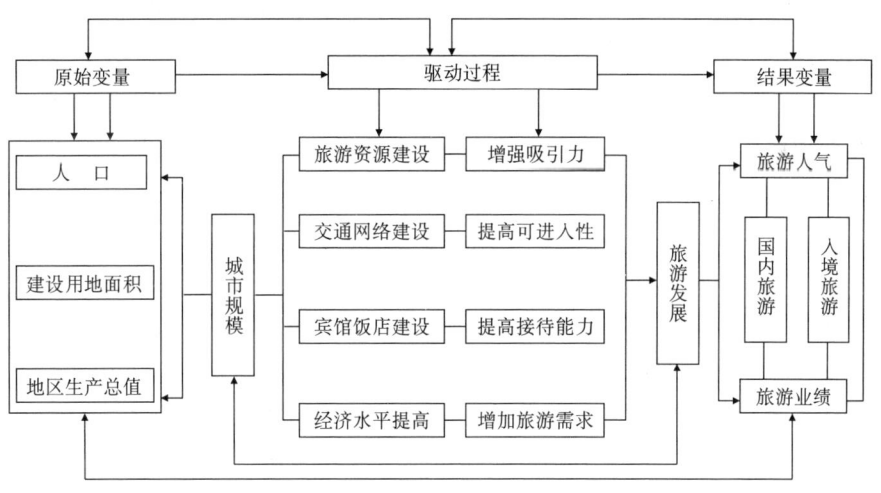

图2-3 城市规模与旅游发展的四重动力理论

Fig. 2-3 The quad dynamic theory of city size and tourism development

1. 旅游资源建设与吸引力增强理论

随着生产力的发展以及社会经济文化的进步，城市担负着越来越多的功能，包括基础功能和提升功能，其中基础功能主要是生产功能、聚集扩散功能、服务与管理功能等,提升功能主要是协调、创新、主导等功能。在我国当前经济新常态下,城市的空间不仅仅是居民的生产生活功能区,也是游客在进入后进行旅游活动的重要目的地,随着城市"宜居宜游"的理念的推广和深入,在城市建设方面更加注重空间功能的以人为本以及城市的整体吸引力。关于城市旅游资源的开发建设一般涵盖两个方面:一是城市本身具有的自然风貌资源与历史人文资源开发及其提升性建设,每一个城市都具有属于自身的地域特征以及"一方水土一方人"的独特气质,也都有各自形成的历史过程,并且传承至今;二是存在于城市空间中的景观以及标志性建筑等资源的建设,此类开发建设不仅能够提升居民的生活环境水平,也成为吸引游客进入城市的刺激点,如上海世博园、迪斯尼乐园等。北京在2014年新建30余处绿地公园,使北京五环以内的微小公园覆盖率上升到80%,城市更具有生态性。总体表明,旅游资源条件日渐成为旅游者选择出游目的地的客观基础[77,78]。

总之,新时期城市景观的新建与改造是城市规模变化的重要体现。在城市资源建设中形成的园林以及地标性的建筑除了具有基本功能外,独特的设计本身也具备吸引力,乃至成为国家级精品旅游景点,影响范围更加大。因此,城市旅游资源的有序开发建设,不仅能够促进城市自身建设,使城市的整体吸引力得到增强,同时良好的城市印象能够使游客的重游率以及城市停留时间提高和延长,这也是目的地城市形成潜在拉力的重要部分。

2. 交通网络建设与进入性提高理论

完善的交通网络是城市对于人、财、物等实现集聚扩散功能的重要基础,一直以来交通运输业在社会经济发展过程中担负着重要功能。城市交通的通达性在新时期成为城市经济社会地位提升的重要部分,包括城市的内部交通和外部交通建设。同样,交通产业作为旅游业得以充分发展的先决条件,其发展的水平和程度对旅游目的地能否持续发展影响深远,在现实发展中实践表明若是旅游资源、旅游吸引物、旅游环境氛围、住宿业服务水平等是决定城市旅游发展的关键因素[79,80],那么城市的交通可达性或旅游目的地可进入性研究就是这些关键要素发挥作用的前提[81],研究结论说明空间距离以及交通的可达性是影响旅游者选择出游目的地的关键因素[82]。20世纪90年代以来,我国各区域城市不断加大交通运输业的投资力度,交通运输业的发展逐步加快,轨道交通发展尤为迅速,旅游交通也不断纳入城市全域发展建设当中,包括基础道路交通和旅游专项交通,基础道路交通担负着各个区域以及各种人群实现流动的功能，旅游专项交通则是面向游客，具有旅游特殊职能。我国交通业的发展在过去的五年里取得了突破性的进展，随着多条铁路、公路的建设，地区经济结构和百姓社会生活发生了巨大转变。2015年，中国铁路的实际固定资产投资达到8200多亿元，全年新建铁路线9500多公里，创下了历史新高。海南环岛、合福高铁、丹东至大连、上海至哈尔滨等高铁项目成功建设，通达度显著提高；同时，我国公路实际完成投资额比2014年增长了6%，攀枝花至大理、巴广渝高速广安段等项目逐渐落地；布局合理、层次分明、功能完善的机场体系已初步建成，这些都为地区经济和旅游发展奠定基础。

城市交通网络的建设与发展在旅游功能方面，要能够满足游客"进得来、散得开、出得去"的基本需求，其中航空运输业的建设和改进能够提高入境旅游者的可进入性，铁路和高速公路网的建设主要能够增强省际游客的进入性，城市内部交通的完善可以促进游客在城市内部的流动。城市交通的建设与发展势必会增加城市建设用地的面积，促进城市规模的扩大，或者城市规模的扩大，也要求交通运输业的匹配，随着交通网络的完善，城市以及区域通达性得以提高，继而使得客流量增加。

3. 宾馆饭店建设与接待能力提升理论

旅游学科自有的理论体系还较为薄弱，但从旅游业"三大支柱"和"五大部门"说以及"旅游六要素"说来看，都认为住宿业和餐饮业是旅游发展的重要支撑内容。从供给角度来说，宾馆饭店的建设水平反映城市的接待能力，从需求角度看，事实上目的地接待条件已成为影响旅游者行为选择的因素，游客进入目的地之后，宾馆饭店的硬件设施和软件服务管理影响旅游者的停留时间和体验质量。随着城市经济的发展和旅游业的快速增长，大批游客进入城市，并且以城市为核心向周边景区扩散，这对城市的接待能力提出了新的需求，表现在量上的增加和质上的提升，两者相辅相成，为国内旅游和入境旅游的发展提供保障。

从数理关系角度，定量衡量宾馆饭店与旅游发展的关系，以我国上海市为例，结合旅游星级饭店数、客房数以及相关旅游数据[83]，采用SPSS17.0软件进行相关性分析，发现宾馆饭店建设与国内旅游和入境旅游的相关系数都在0.85以上，入境旅游客流量以及外汇收入与旅游星级饭店的相关性在0.97以上，与客房数的相关系数都在0.98以上，入境旅游与宾馆饭店的关系更为显著。

4. 经济水平提高与旅游需求增长理论

城市规模扩大的过程中，多种效应并发，其中经济水平的提高是城市建设与规模扩大的目标，也是重要的衡量指标。经济水平的提高，表现在居民收入的提高等方面，而收入的提高一般可导致两方面的转变：一是消费能力以及消费结构的提高与转变，在社会基本生活中，用于基本生存的消费比重减少，用于购买享受型等高层次消费比重增加，居民的支付能力越大，其购买高层消费的欲望就越强；二是消费观的转变，新时期的消费观更多倾向自我精神等高层次方面的满足，这与旅游体验追求身心愉悦是一致的。因此，消费观的的转变是旅游需求增加的动力因子。魏小安先生早在1993年提出旅游业发展的人均收入决定论，即当人们的人均国民收入达到300美元时，便产生国内旅游的愿望[84]。随着收入的提高，旅游的大众化时代到来。

综上所述，随着城市经济的发展，城市居民的收入随之提高，旅游的欲望和需求增强，旅游市场需求的增长机制得到发展，继而驱动旅游业的快速发展。

2.2.5 区域旅游分工与协调发展理论

分工与协调发展理论是"分工"与"协调发展"两个概念的综合交叉，是关于分工与协调发展问题的理论和方法的总称[85]，该理论是建立在经济学[86]、地理学[87]、环境科学[88]、社会学[89]等多学科基础上的综合性理论，也是关于强调区域城乡结构、产业结构、资源开发与环境保护以及城与城、区与区有效合作等方面可持续发展的理论，其最终也就是达到一种高层次的和谐状态[90]。区域旅游分工与协调发展理论与自组织理论、系统论、劳动分工合作理论、竞争与合作理论以及可持续发展理论密切相关。

区域旅游的合理分工和协调发展是建立在区域旅游合作的基础上，是区域之间以及内部不同地区之间的要素主体，按照相应目标和制度，将旅游系统的要素在地区之间进行重新配置、整合与优化，形成规模合理、结构稳定和品牌知名的旅游产品以便获取最大的经济效益、社会效益和生态效益的旅游经济行为[91]。发展实际表明区域性是旅游发展的鲜明特征，表现为旅游供给与需求上的区域属性，而区域旅游分工与协调发展理论是以区域协调发展理论为基础，是关于区域内部旅游实现有效的增长及与区域外部旅游发展的共生与同步，其本质上是区域内外部相关要素的和谐共生问题。"共生"一词,来源于希腊语,最早是由德国生物学家德贝里提出来,是指不同生物在长期进化中逐步相互依赖,适应多变的环境,走向相互依赖、共同生存[92]。目前,"共生经济"等问题越来越得到关注[93,94]。那么在区域旅游长期发展的过程中,各个相关内外部要素不断调整,以获得更大的提升,长期则形成和谐共生的协调发展关系。具体到实际发展中,根据区域旅游资源的分布情况以及区域内外交通的完善程度,以高级别或者高知名度景区或者核心区为主导,以点带面,以轴线连接,在整体区域中寻求协调共生的发展结构,最终实现共同利益。其中空间生长力和市场驱动力是区域旅游合作与协调发展的基本动力来源[95],地缘临近和资源互补是实现区域旅游合作的基础条件[96]。可以说,在区域旅游发展的大系统中,各个要素之间存在总体目标,要素之间相互联系、相互适应、相互匹配以及相互协作,表现为要素间的正向良性发展以及有序的优化升级,在动态发展过程中实现总体目标,在空间结构上表现为跨国区域旅游合作、国内跨省(区、市)旅游合作、省区内跨县(市)旅游合作[97]。随着旅游业的全面发展,地区独立发展的模式已不能够适应发展需求,区域联合发展已是必然之举。

区域旅游分工与协调发展具有以下特征:①区域内子系统或者要素间是相互依赖、相互影响的关系,这是协调发展的基本前提;②区域协调发展能够实现整体效应大于部分的结果,这是区域协调发展的基本要求;③区域旅游系统是个开放动态的体系,协调发展是由低级到高级逐渐实现的过程;④具有明显的系统性,表现为要素或者子系统间的整体性。区域旅游协调发展的内容一般可以包括资源共享、开放市场、产品开发、共同营销、管理协调、基础交通设施共建、信息交流、人员交流培训等[98]。一般区域旅游合作主要包含两种形式:一是以某个城市为中心,开展周边合作,地缘临近;二是旅游资源的近似性,即线路的组合与合作,如丝绸之路经济带的区域旅游合作与协调发展。

就本书而言,城市规模与旅游发展的合理匹配以及协调发展,需要城市之间的相互配合,和谐共生,形成良性的发展路径和发展空间结构。因此本书充分吸收区域旅游分工与协调发展的理论核心,在充分探索城市规模与旅游发展之间关系的基础上,研究区域旅游合作机制,构建区域旅游有效协调发展的体系。

2.3 国内外研究进展

2.3.1 城市规模国内外文献综述

自20世纪60年代以来，城市规模一直是城市地理学与空间经济学领域中一个重要的研究内容，引起众多学者关注和讨论。如《新帕尔格雷夫经济学大辞典》将"分析有关城市规模的决定因素"作为"城市经济学论述的两个重要问题"之一。关于城市规模的研究，本书主要围绕其相关理论的产生、发展以及在实践中的应用角度，展开国内外研究综述。

国外关于城市规模的研究起步较早，对于城市规模分布理论的应用，一般以城市首位率以及位序—规模法则较为普遍，这些理论的源起一般要从克里斯塔勒[99]提出的中心地理论开始分析，对城市级别模式以及城市规模分布的研究产生深远影响。国外相关研究进展大致经历了理论的产生、发展、验证、改进等阶段。

1939年，M. Jefferson[100]提出城市规模首位律的概念，他认为首位城市（primate city）是指在人口总数上与第二位城市有着巨大差距，拥有区域内人口的很大比重部分，同时在整个区域内的政治、社会、经济以及文化教育等方面的优势明显，首位率的计算方式是指人口数排序第一位城市与第二位城市的比例；随后，马歇尔（Marshall）对首位度的概念进行了定量化研究；1961年，Berry应用相关理论，分析了城市规模分布的类型，以及城市规模与经济水平的关系[101]，他以38个国家为案例，在数理运算上以城市规模等级（对数处理）为横坐标，以正态概率尺度为纵坐标，研究发现其中有15个国家是属于首位分布，13个国家属于对数正态性的分布；1974亨德森（Vernon Henderson）初步研究了城市的最佳集中度理论，2000年他明确指出城市首位度一定意义上可表述为城市集中度，并认为城市集中程度与经济增长密切相关，应该从动态的角度看待城市最佳集中度[102]；1978年，Richardson[103]探索了城市最优规模理论，他指出"最佳城市规模"的理论与现实之间存在矛盾，主要原因是决定城市经济集聚的决定因素还没有被完全挖掘，这是对该相关理论进一步推进，2003年他以70个国家为样本，论证了最优城市首位度的存在[104]；1999年，埃迪斯（Ades）与格莱泽（Glaeser）[105]探讨了国家层面意义上的中心城市规模影响因素，他认为比起经济因素的影响，政治对城市首位度的影响力度更大；2000年，Capello和Camgni依据相关理论，提出城市规模研究实质应注重城市间的网络外部效应[106]。

城市规模分布中关于规模—排序的验证最早是由由齐普夫[107]于1949年进行的，他的《人类行为与最省力法则——人类生态学引论》一书，标志着齐普夫定律的诞生。在此之前，德国的经济学家奥尔巴克[108]以及辛格[109]分别对城市基本规模分布做了粗略提出以及简单的城市人口统计模拟。20世纪50年代开始，很多经济学家开始对此法则进行大量检验，西蒙（Simon）在1955年采用非传统的城市系统研究路径，对城市的"规模—等级"分布进行了阐释，并提出了随机增长模型，这是了解齐普夫定律的一个简单途径[110,111]。另外大部分学者一般选择若干个国家案例地，将样本地城市人口数据代入模型，进行检测，得出相关的研究结论[112~119]，这其中，以罗森和雷斯尼克两位学者的研究最为典型，他们选取44个国家案例地，以1977年截面数据为基础，研究发现案例国家的平均Zipf指数近于1，标准差达到了0.19，也就是这两位学者对城市作出了功能性以及行政性的界定。

国外关于首位度以及位序—规模的的研究，起步较早，已经形成比较丰富的成果，包括理论框架和研究范式。20世纪80年代左右，城市首位度以及位序—规模概念模型引入我国，在理论和实践发展中得到广泛应用：

我国国内最早引进首位度理论的是严重敏、宁越敏，于1979年发表的《我国城镇人口发展变化特征初探》一文中，通过计算省会城市的首位度，研究发现在我国，省区最大城市一般都是省会城市，导致这一普遍现象的原因在于我国省会城市的历史因素、地理区位以及行政因素等，相应地指出行政中心替代经济中心所带来的种种弊端，包括影响发挥各地优势、促使省会不合理地膨胀等[120]；1986年，许学强等根据我国1953年、1963年、1973年、1978年以及1982年的资料，研究发现我国城市首位度从1953年的2.3下降到1982年的1.3，城镇规模呈现的是规则型的分布，但是城市首位度东西部的省际差异较大[121]。

汪明峰在2001年，利用各省区的数据资料，分析影响我国城市首位度省际差异的主要因素，并通过比较1984年和1997年的数据，得出当前我国省区城市首位度变化的一般趋势[122]，具体动态的变化如表2-2所示；2010年，雷仲敏对于城市首位度的起源及其变化历程进行研究，首次提出广义角度的

表 2-2 全国各省区城市首位度变动表(1984,1997)(汪明峰,2001)
Tab. 2-2 Primacy ratio change of provincial cities (1984,1997) (Wang Mingfeng,2001)

省区	1984年 I	1984年 II	1997年 I	1997年 II	变化率(%) I	变化率(%) II
青海	10.26	10.26	8.39	8.39	-18.2	-18.2
湖北	7.62	13.58	5.88	5.88	-22.8	-56.7
云南	5.00	7.62	5.35	5.35	+7.00	-29.8
陕西	6.05	6.18	5.27	5.27	-12.9	-14.7
甘肃	9.43	9.43	4.74	4.74	-49.7	-49.7
西藏	5.27	5.27	4.47	4.47	-15.2	-15.2
广东	5.22	16.29	3.85	3.85	-26.2	-76.4
新疆	3.22	3.22	3.77	3.77	+17.1	+17.1
海南	2.96	2.96	2.72	2.72	-8.10	-8.10
贵州	2.75	2.75	2.69	2.69	-2.20	-2.20
江西	2.65	2.65	2.57	2.57	-3.00	-3.00
湖南	2.29	2.29	2.30	2.30	-12.5	-12.5
江苏	2.63	2.63	2.30	2.30	+0.40	+0.40
黑龙江	2.32	2.32	2.29	2.29	-1.30	-1.30

省区	1984年 I	1984年 II	1997年 I	1997年 II	变化率(%) I	变化率(%) II
辽宁	2.38	2.38	1.98	1.98	-16.8	-16.8
浙江	2.31	2.31	1.95	1.95	-15.6	-15.6
山西	1.97	1.97	1.94	1.94	-1.50	-1.50
福建	2.30	2.30	1.81	1.81	-21.3	-21.3
吉林	1.61	1.61	1.75	1.75	+8.70	+8.70
内蒙古	1.60	0.63	1.48	0.68	-7.50	+7.70
河南	1.54	1.54	1.46	1.46	-5.20	-5.20
宁夏	1.29	1.29	1.46	1.46	+13.2	+13.2
四川	1.33	1.33	1.38	1.38	+3.80	+3.80
广西	1.13	1.13	1.20	1.20	+6.20	+6.20
安徽	1.02	0.99	1.19	1.19	+16.7	+20.8
河北	1.02	0.98	1.09	1.09	+6.90	+11.3
山东	1.03	0.97	1.00	1.00	-2.90	+0.30

首位度概念，以山东省为案例地，对首位度的评价指标体系进行探索[123]；后来，卢学法[124]、王家庭[125]、程开明[126]等分别应用首位度理论，对我国的杭州市、24个省区以及中部地区进行研究，指导了我国城市发展实际。

20世纪80年代，相关位序—规模理论及模型引入我国，城市规模以及城市体系研究成为热点，目前已取得一系列的研究成果。严重敏、宁越敏等是较早关注该研究的学者，周一星（1986）提出城市规模的研究应当关注区域内现状城镇规模分布的特点，建议通过对新老城镇的规模分析和预测，制订城镇体系的等级规模规划，形成新的较为合理的城镇等级规模体系，在研究中他认为城镇的规模分布有着自身的发展规律，不同地区应根据自己的条件和特点区别对待，不能够套用我国对大城市、中等城市和小城市的发展方针[127]。1990年，顾朝林提出依据 $P = b_0 R^b$（式中P为城镇规模，R为城镇等级序列，b_0 和 b 为参数）进行回归分析，认为采用幂函数模型描述我国城镇体系等级规模分布具有很高的科学性和精确度[128]。1989年，王法辉以我国1949—1987年的人口数据资料为依据，研究发现，中华人民共和国成立后至20世纪60年代中期，我国城市人口向大城市集中的趋势一直占优势，20世纪60年代后，城市人口向中、小城市分散的趋势逐渐增强，针对我国大城市既要控制规模又不影响效益的问题，他提出了"职能分工、各成体系"的思想[129]。1995年，吴殿廷等以东北地区城市为案例，在方法上首先得出规模分数再进行等级划分，本质上反映的是数学中有序分类问题，通过相关分析研究表明，城市规模与非农业人口等因素之间的相关程度达到极显著水平。这些学者部分程度上结合我国城市发展实际对位序—规模理论进行了验证。

另外，我国诸多学者还将城市规模理论与中国经济[130]、政策[131,132]、环境[133]等紧密结合，尤其是新时期城市规模理论在中国城镇化的应用研究[134,135]，为我国城市经济发展实际奠定基础；方创琳[136]在对中国近60多年来城市发展总体方针演变过程与指导效果回顾总结的基础上，客观分析了中国现行城市发展方针的局限性，提出新的城市规模划分标准；另外蒲英霞、张虹鸥等分别对中国长三角、珠三角等典型城市群的城市规模分布进行了案例研究，通过研究发现，长三角城市体系依次经历了首位型—位次型—首位型分布模式，空间极化现象比较明显[137]；而珠江三角洲城市群的城市人口规模趋于分散，经济规模则趋于集中，其城市群大城市与特大城市仍有较大的发展空间，中小城市则急需转变经济增长模式，促进产业转换升级[138]。目前，城市规模理论已广泛应用于中国城市的发展当中。

2.3.2 城市旅游国内外文献综述

国内外关于城市旅游方面的研究较为丰富,涵盖相关基础理论研究、空间行为以及空间分布研究、综合发展以及未来趋势研究等。本书的实质是在城市规模理论基础上讨论城市旅游发展的相关关系问题,即各个城市旅游的位序关系,表现为指标在时间序列范围内增长的多层次性。在此基础上探索城市旅游发展方面的研究是有必要的。

国外关于城市规模分布的理论,大多用于旅游的规模效应[139]、旅游的行为选择规模[140]以及酒店建设运营规模[141]等方面的研究,并且对未来旅游规模进行预测[142],多以截面数据考察为主,以具体目的地为案例样本。城市规模分布理论引入中国后,尤其是2000年以来,城市地理学以及经济学研究中对于城市旅游规模的关注度较高,早期的研究主要侧重于时间尺度旅游接待规模、出境规模的变化[143,144]以及旅游人次和收入的规模变化,具有代表性的是李连璞在2006年提出的二维组合[145](如图2-4所示),对中国31个省区进行了类型划分,具有重要实际意义;在方法上一般多采用地理集中指数、时间效应模型等地理指标进行测定。

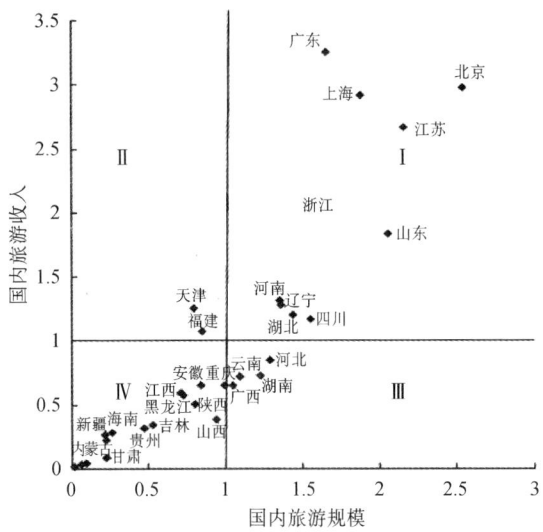

图2-4 31个省区旅游二维组合及类型(李连璞,2006)

Fig. 2-4 Tourism two-dimensional combination and types of 31 provinces

(LiLianpu, 2006)

基于城市规模分布理论的城市旅游方面的研究，主要包括以下方面：朱竑、吴旗韬首先借用首位分布和位序—规模理论，以多年入境旅游数据为基础，将我国省市分成均衡型、增长缓慢型和加速增长型等三种类型[146]；靳诚[147]、柳百萍[148]、赵磊[149]、戈冬梅[150]等分别以长三角、安徽、江苏、江西等地区为案例，分析城市旅游规模差异及其位序关系，得出相关地区分布结论，此时一般在计量分析方法上多采用首位度、标准差、基尼系数以及赫芬达尔系数等衡量规模指标[151~153]；2008年，金世胜、汪宇明等以北京等5个大城市为研究样本，为大都市旅游功能强度和规模的比较、评估提供一种概念框架和分析范式[154]，初步提出旅游功能规模（如图2-5所示）；近年来，部分学者将城市位序—规模分布理论与分形理论结合进行探索，陈建设、朱翔等以湖南省为案例，通过研究发现，采用分形理论来研究区域旅游中心地规模和空间结构是可行的，认为分形理论和方法是优化区域旅游中心地规模、空间结构以及促进区域旅游发展的有效工具[155]，之后段冰基于分形理论，对长江三角洲地区旅游中心地规模与空间结构进行了验证研究[156]；从地理学和经济学角度出发，探索城市规模空间分布或者空间等级结构的研究，也是规模分布理论的重要应用体现，杨国良、张捷等借用Zipf和差异度两个指标，以四川省为研究案例，研究了旅游流规模的空间等级结构特征[157]；陈刚强、李映辉等基于规模分布模型，研究发现不同空间层次的规模分布都表现为较强的集中性，在空间差异以及区域变化上，我国三大地带规模分布，东部的差异最大，中部的差异最小，而在趋向分散的速度上，则是中部最快，西部最慢[158,159]。

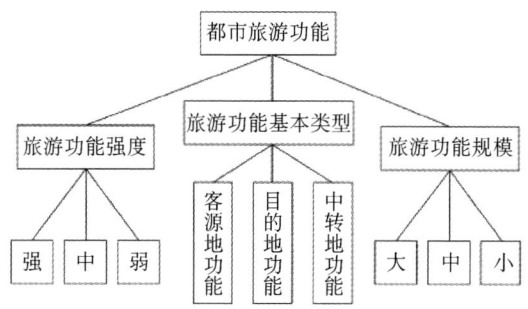

图2-5 大都市旅游功能三要素示意
Fig. 2-5 The three elements of tourism function of metropolis

城市规模分布理论引入中国后，在旅游发展方面的应用研究，诸多学者结合中国的城市发展实际，在概念上、理论与方法上有所推进，产生了一系列科研成果，城市规模问题以及旅游发展问题日益成为学界关注的焦点。

2.3.3　国内外城市规模与旅游发展关系研究进展

国内外关于城市规模与旅游发展关系的研究一般从两个方面进行总结，一是从城市规模分布理论角度出发，即依托首位度以及位序—规模法则等模型研究城市的旅游规模，前面对国外部分已有所论述；二是从城市规模一般衡量要素角度出发，包括城市人口、GDP、土地等与旅游发展之间的关系，对此展开论述，以确保对研究进展概括的全面性。

城市土地规模与旅游关系方面，1930年，默里（Mc Murry）在其著作《游憩活动与土地利用的关系》中首次提出了旅游与土地利用关系的问题[160]，是城市规模衡量要素与旅游发展结合研究的标志。随后，国外学者又对不同类型土地资源在作为旅游或者游憩用地过程中的开发利用模式进行了系列研究，提出了基于休闲娱乐活动、基于市场与客源地距离、旅游度假村等类型的土地利用模式[161~163]。特别是对都市旅游带空间结构研究方面，形成了都市旅游带土地利用空间模型，该模型以城市核心都市区为旅游中心，在其外围形成了都市带、郊区带等不同功能和开发强度的土地利用方式[164,165]，继而Pearce. D. G研究了巴黎三个旅游区规模、功能与结构的差异化[166]。Marcouiller. D. W. 等研究了基础设施对不同地区旅游发展与旅游收入带来的差异[167]。城市经济规模与旅游发展方面，Barry（1997）采用"投入—产出"分析模型，以加拿大城市康沃尔在发展郊区旅游住宿业和饮食业为例，研究发现，住宿、餐饮业脆弱性明显，过分地依赖性发展来提高地区经济和居民生活的水平不是最理想的旅游发展策略；Ashworth和Page在有关城市旅游的综述性文章中指出，旅游业能给城市带来持续经济效益。从城市空间与旅游发展方面，Gladstone与Fainstein（2001）认为旅游活动在空间上分布极端不均衡，旅游业趋向于在中心城市高度集中，并以纽约与洛杉矶两大旅游城市为例对旅游业在两大旅游城市的核心—边缘空间分布形态行了实证分析[168]。在城市发展与旅游发展方面，Glasgow，Hamburg，Rotterdam等城市都提出发展城市旅游实施城市功能的转变[169]。Jansen - Verbeke肯定了城市设施、建筑环境以及城市形象等要素的旅游价值，进而对城市与旅游业如何协调发展问题进行了研究[170]，Barros 认为将旅游功能融入到城市发展之中，可以优化城市功能[171]。

国内关于城市与旅游二元关系的学术研究还存在更多空间，徐红罡研究总结了多种城市旅游与城市发展的动态模式，基于生命周期理论，建立城市旅游与发展的一般反馈模型[153]，包括旅游与城市的发展促进结构和约束结构（如图 2-6、图 2-7 所示），是国内关于二维关系的典型研究；陆林等[172]运

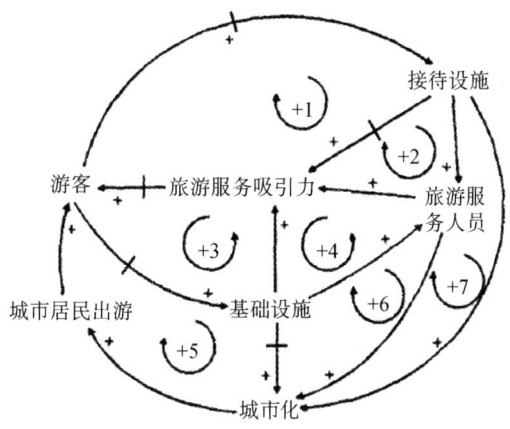

图 2-6 旅游与城市发展的促进结构（徐红罡，2005）
**Fig. 2-6 Promotion structure of tourism and urban development
（Xu Honggang，2005）**

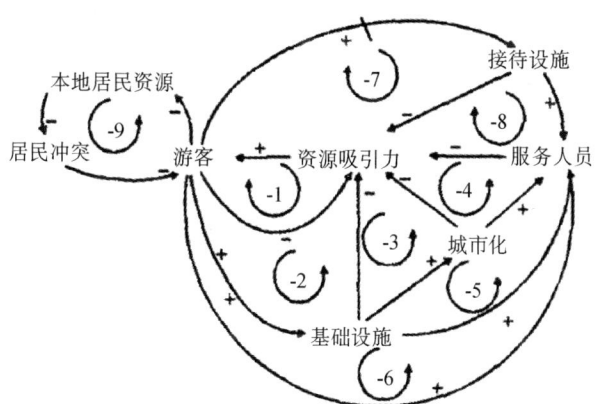

图 2-7 旅游与城市发展的制约结构（徐红罡，2005）
**Fig. 2-7 Restricting structure of tourism and urban development
（Xu Honggang，2005）**

43

用空间聚类法分析城市旅游与城市发展协调水平的空间格局与演变以及影响因素。罗文斌等构建了城市旅游与城市发展协调性评价指标体系，采用TOPSIS法对杭州市城市旅游与城市发展协调性进行定量评价[173]，其研究逻辑结构具有借鉴意义（如图2-8所示）；保继刚构建层次与级别的城市旅游供给研究框架（如图2-9所示），对后续相关城市旅游研究具有引导意义，同时他引入行政级别因素，探索城市规模与旅游三元关系，并以苏州、桂林和黄山为案例对理论张力进行了验证[174]。

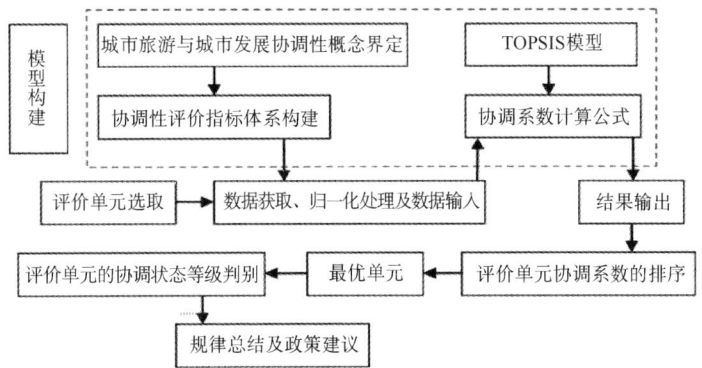

图2-8 旅游与城市发展的协调研究结构（罗文斌，2012）

Fig. 2-8 Coordination research structure of tourism and urban development (Luo Wenbin, 2012)

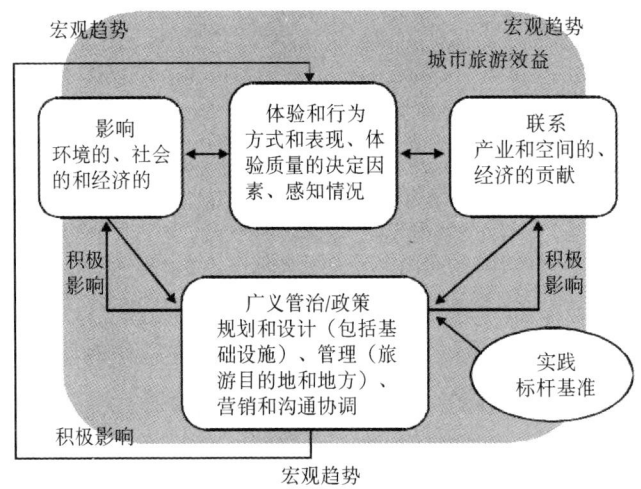

图2-9 城市旅游研究的战略框架（保继刚，2011）

Fig. 2-9 Strategic Framework for Urban Tourism Research (Bao Jigang, 2011)

综观国内外研究现状，可以发现，关于城市规模与旅游发展的研究国外起步较早，研究内容涉及理论研究、方法研究以及研究范式形成等方面，在城市发展实际中不断得以验证和修正，内容广泛而深入。国内关于城市规模以及城市旅游的研究，主要表现在依托我国地域特征进行模型建构、方法定量应用、案例地实证等方面，但城市规模与旅游发展的实际亟需我们重新审视二者之间的关系，相关研究还存在更多探索空间，总体还存在以下方面问题：

（1）在时间维度上，截面数据与序列数据应当同样被重视研究。在当前城市经济快速发展的背景下，城市发展与旅游经济的规模体系演变所代表的城市兴衰本身尤其值得关注；

（2）关于从都市圈差异方面进行比较的分析研究需要多元化，以详析中国区域化经济发展与城市层级的紧密关联，尤其典型都市圈的验证以及比较研究；

（3）在案例地以及指标选取上，难以反映我国城市系统的全貌，基于航空客流量、人口规模、行政级别的部分研究则显得维度单一，存在更多可以探索的层面；

（4）城市旅游发展已经引起学界的关注，对城市规模与旅游发展的二维关系以及演变过程相关研究的关注度需要提升，尤其是互动机制方面的研究，注重定性与定量以及静态与动态相结合的研究结构，加强系统性解释力度。

第 3 章

城市规模与旅游发展的关系

　　城市空间、乡村空间、资源空间、资源—城乡联结空间是旅游活动的四元地理区位载体，城市作为旅游活动进行重要的目的地、客源地、集散地、中转地等，地理区位条件优越，交通便捷，经济发展水平较高，相关旅游基础设施以及服务设施较为齐全，旅游业发展基础平台比较高；同样，城市也是人口、资源、信息等密集的地方，是庞大的人流、物流、信息流的流动空间。在城市规模变化过程中表现为三大效应变化：第一是密度增强效应，伴随着城市人口密度、城市建设密度以及资源密度的不断提高，潜在需求增加，相应旅游基础设施与服务设施建设逐步完善，城市规模效应显现，促进城市群的形成，旅游的区域联动效应越发明显；第二是交通距离效应，城市交通网络体系不断完善，缩短城市间的空间距离，交通成本下降，贸易距离缩短，加强中心城市对周边城市的辐射带动作用；第三是兼容效应，政府合作交流密切，贸易自由度提高，同时城市间人口流动限制少，推动了城市规模的扩大，进而促进旅游的成长。随着我国旅游业的快速增长，"城市效应—旅游关系"规律越发明显；城市作为旅游成长的重要功能地域，其规模与旅游发展的关系及演变已成为城市优化和旅游升级的核心问题。本书依据中国城市统计年鉴、旅游统计年鉴、国家统计局等权威数据库，选取三大都市圈的城市，利用近20年的时间序列数据，系统研究三大都市圈城市规模以及国内旅游、入境旅游的20年发展变化，探索城市规模与旅游发展之间的二维关系，总结规律，基于二者的相关性分析，提出二维关系模型以及分布模型，为三大都市圈城市规划建设以及旅游开发、规划提供理论研究基础。

3.1 二维关系构建的可行性分析

3.1.1 数据分析方法

目前国内外关于城市规模分布理论的实际应用，普遍采用城市首位率（Law of the Primate City）、位序—规模法则（Rank-Size Rule）及其改进模型等。本书基于都市圈区域的性质特征以及动态变化的属性，在此基础上引入区域垄断性指数、基尼系数、年际变动系数以及规模位序移动指数，系统地分析三大都市圈城市规模与旅游发展的基本情况，以提高本书的适宜性和科学性，其中城市首位率反映城市体系结构；区域垄断性指数反映城市规模分布的集中与发散情况；"位序—规模法则"罗特卡模式的一般化描述城市体系结构中的分布情况，是规模等级划分的依据；基尼系数反映分布均衡趋向；年际变动系数和位序移动指数分别表示年际间差异的相对量和城市指标下地位的变化。六个指标分别从静态和动态描述城市的规模状况，从个体、整体、体系角度揭示了城市规模的现状以及时间序列的动态变化，在研究过程中，此方法在城市人口、城市经济等方面得到了广泛应用。相关数据分析模型主要包括：

1. 城市首位度指数 I[68]

I 为首位度指数，在城市首位度基础上提出来的，是指（人口或经济）规模最大城市与第二个城市的比值，在一定程度上反映了城市体系中"位序—规模"的分形结构。计算公式如下：

$$I = P_1/P_2$$

其中，I 为城市的首位度，P_1 为最大城市的规模，P_2 为第 2 位城市规模。

2. 区域垄断性指数 CR_1

CR_1 为市场垄断性指数，是最大市场在整个区域所占份额。根据科恩的分类原则，一般认为，$CR_1 < 20\%$，属低集中度竞争型，区域发展趋于分散；$20\% \leqslant CR_1 < 35\%$，属于中集中度竞争型；$CR_1 \geqslant 35\%$，属于高集中度的独占型。计算公式如下：

$$CR_1 = P_1 / \left(\sum_{i=1}^{n} P_i\right)$$

其中，CR_1 为最大的占有率，P_1 为最大的份额。

3. "位序—规模法则" 罗特卡模式的一般化

$$P_i = P_1 \times R_i^{-q}$$

其中 P_i 是第 i 位城市规模，P_1 是最大的城市人口，R_i 是第 i 位城市的位序，q 是常数。位序规模理论中，依据关于 q 的大小可以分为三类：首位型（q≥1.2）、集中型（0.85＜q＜1.2）、分散均衡型（q≤0.85）[68,151]。

4. 基尼系数[151]

基尼系数（G）：是表示城市相对均衡度指标。取值在 0～1 之间，值越小表示区域发展越趋于均衡，值越大表示趋于不均衡。

$$G = 1 + \frac{1}{n} - \frac{1}{n^2 \bar{y}}(y_1 + 2y_2 + 3y_3 + \cdots + Ny_n)$$

其中，n 为样本数；$\bar{y}$ 为样本的平均值；y_1，y_2，y_3，…，y_N 为样本从大到小值。

5. 年际变动系数 Yv

年际变动系数 Yv 是用来说明年际间差异的相对量，它是以多年度数值的平均值为基准数，然后用此基准数去除各年度值所得的商[175]。将基准数规定为 100%，分析年度的 Yv 值越趋近于 100%，说明年际变动强度越小；反之，Yv 值过大或过小于 100%，则表明年际变动强度越大。式中，Yv 表示年际变动系数；N_i 表示年度数值；n 表示年度数。表达式为：

$$Yv = \frac{N_i}{\frac{1}{n}\sum_{i=1}^{n} N_i} \quad (i = 1, 2, 3, \cdots, n)$$

6. 城市规模位序移动指数

位序移动指数 M 是用来描述城市地位变化的指标，反映多年变化数值[176]。

$$M = (R_1 - R_2)/(R_1 + R_2)$$

式中：M 是位序移动指数（RMI）；R_1 是城市在时间点 1 的位序；R_2 是城市在时间点 2 的位序；RMI 在 -1.0 与 +1.0 之间变化，负值 RMI 表示位序的降低，而正值 RMI 反映位序的增长，零值意味着位序不变。

本书采用衡量城市规模的指标方法来衡量旅游发展的规模，主要原因包括：①目前旅游发展水平的主要统计指标主要是旅游人次和旅游收入，旅游人次反映地区或景区旅游发展的人气，旅游收入反映的是经济效益。城市规模指标当中，包括地方常住人口和 GDP，反映的是人数和经济水平，因此在指标选择上,二者具有一定的适用性;②目前,诸多学者已经运用这些指标做过相关研究,在本书的2.3.2中,已论述相关研究观点、方法、路径以及模型,在此不再赘述。本书采用这6个指标模型分别对京津冀、长三角、珠三角都市圈的20年的旅游发展进行分析,其中首位率反映旅游首位城市和第二城市的大致结构;区域垄断性指数反映城市旅游规模分布的集中与发散情况;"位序—规模法则"罗特卡模式的一般化描述的是城市旅游发展体系结构中的分布情况,是规模等级划分的依据;基尼系数反映分布均衡趋向;年际变动系数和位序移动指数分别表示旅游发展的年际变化相对量和相应地位的变化。六个指标分别从大致结构、集中程度、整体分布、分布趋向、体系角度揭示了旅游规模的现状以及时间序列的动态变化。

以此数据分析模型为基础,本书分别对京津冀、长三角以及珠三角都市圈的城市规模和旅游规模进行测定,其中城市规模包括人口规模、经济规模,旅游规模包括人次规模和收入规模。为确保本书的合理性以及规律模型的普适性,在测量方法上采取截面数据和阶段平均数据结合分析的方式,用阶段平均数据可以弥补截面数据的偶然性,反映一个阶段数据区域数据变化的稳定性。

3.1.2 三大都市圈城市规模位序关系

1. 京津冀都市圈城市规模位序关系

京津冀都市圈是我国经济发展的一大高地,与长三角和珠三角都市圈南北呼应,区域战略影响力非常大,一直是学者们的研究焦点。伴随着中国经济的迅速发展,20年来我国政府在政策制度、权力配置、资金支持以及资源配给方面,对京津冀都市圈加以倾斜,本区城市基础设施更加完善,投资环境有益于招商引资,城市建设水平迅速提高,城市人口与地区生产总值逐年增加,总体来说,本区城市规模得到了长足的发展。

(1) 京津冀都市圈城市人口规模位序关系。以京津冀2014年截面常住人口数据为基础,京津冀都市圈人口规模分布中,2000万人以上的城市是北京,1000万~2000万人的城市分别是天津、石家庄和保定,500万人以下的城市分别是秦皇岛、张家口、承德、廊坊,整体在数量分布上呈"金字塔"状;按照数据模型进行具体测度,区域城市首位度指数1.41,首位性明显,北京、天津人口占有绝对地位;CR_1指数为24.29%,属于中等集中度;G指标为

0.7167；q 最大值为 0.8464，属于分散均衡型，通过对城市人口规模和其位序进行回归分析，发现回归线的斜率｜b｜大于1，说明大城市人口很集中，而中小城市发育不足，与高首位度相一致。

为了确保截面数据分析的客观性，以近20年来数据的平均值为基础，这里的平均值是为了反映一种数据状态，表示区域指标的总体水平，如图 3-1 所示。研究发现，平均人口数据当中，京津冀城市分布位序当中，唯独有石家庄市排名由第3位降为第4位，保定市人口上升。区域城市首位度指数 1.46，首位性依然明显；CR_1 指数为 23.93%，依然属于中等集中度；区域城市位序规模分布结果如图 3-1 所示，其中 q 最大值为 0.8338，依然小于 0.85，属于分散均衡型，通过对城市人口规模和其位序进行回归分析，发现回归线的斜率｜b｜大于1，说明大城市人口多年来很集中，与高首位度相一致。

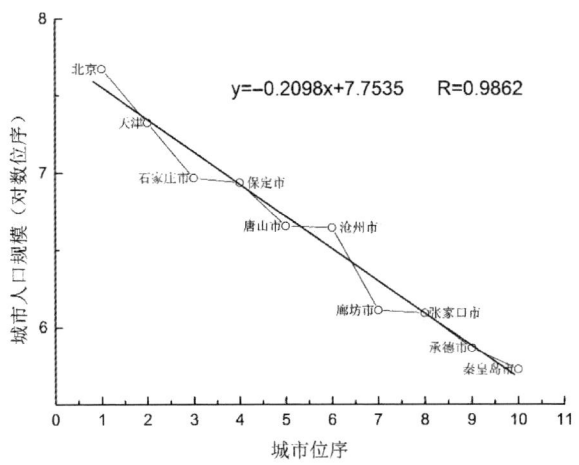

图 3-1 京津冀都市圈 2014 年人口位序规模

Fig. 3-1 Population rank and size of Beijing - Tianjin - Hebei region in 2014

从截面数据（图 3-1）和平均态势（图 3-2）上，都反映出本区域人口变化的稳定性，从长时间序列来看，位序移动指数发生变化的以保定、石家庄变化为主，北京、天津、张家口、廊坊等城市基本稳定。1995—2014 年本区相关指标测量结果如表 3-1 所示，20 年来本区人口规模大致经历以下变化：

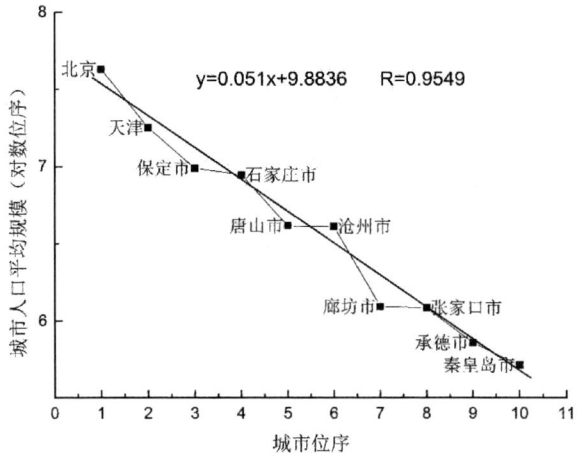

图 3-2 京津冀都市圈平均人口位序规模

Fig. 3-2 Average population rank and size of Beijing–Tianjin–Hebei region

表 3-1 京津冀都市圈 20 年人口规模变化

Tab. 3-1 Population size change of Beijing–Tianjin–Hebei region for 20 years

年份	│b│	CR_1	G	Yv	年份	│b│	CR_1	G	Yv
1995	9.71	23.42	0.6873	0.95	2005	9.47	23.82	0.6980	1.02
1996	9.79	23.34	0.6887	0.95	2006	9.34	23.88	0.6984	1.03
1997	9.77	24.98	0.6890	0.98	2007	9.22	23.89	0.6990	1.04
1998	9.76	24.97	0.6901	0.98	2008	9.13	24.71	0.7078	1.06
1999	9.75	25.18	0.6916	0.99	2009	8.97	24.47	0.7091	1.03
2000	9.80	23.33	0.6932	0.98	2010	8.92	23.47	0.7102	0.97
2001	10.00	23.45	0.6941	0.99	2011	8.84	23.69	0.7125	0.99
2002	9.96	23.53	0.6958	0.99	2012	8.77	23.85	0.7149	1.01
2003	9.88	23.60	0.6962	1.00	2013	8.81	24.32	0.7158	1.01
2004	9.82	23.69	0.6971	1.01	2014	8.74	24.29	0.7167	1.03

①把京津冀都市圈里的城市按人口规模和位序进行回归分析，20 年来相关系数都在 0.9 以上，回归线的斜率│b│值都大于 1，说明区域内人口规模分布一直比较集中，2001 年以前，│b│值呈现不稳定的变化，整体有增有减，但是 2001 年以后，│b│值整体上逐渐变小，说明规模分布分散的力度超过了聚集的力度；

②区域垄断性指数 CR_1,在20年来一直介于23%~26%,1995年基期值为23.42%,2014年为24.29%,总体增长了0.87%,变化比较平稳,根据科恩的分类原则区域指标发展属于中集中度竞争型,这与截面数据和整体均值状态是一致的;

③基尼系数 G,是城市相对均衡的度量指标,京津冀都市圈20年来的基尼系数表现为逐渐增大,数值分布在0.6~0.8,1995年的基期值为0.6873,2014年为0.7167,20年来该指标值一直大于0.5,说明人口规模分布逐渐出现发散不均衡的现象,这与|b|值的变化是相一致的;

④年际变动系数 Yv,20年来基本是围绕1在上下浮动,1995年的基期值是0.95,2014年为1.03,最大浮动为0.06,年际变化表现出稳定态势。

总体来看京津冀都市圈城市人口规模分布多年来呈稳定状态,总体表现出逐渐由集中到发散的倾向。

(2) 京津冀都市圈城市经济规模位序关系。以京津冀2014年截面 GDP 数据为基础,通过具体指标的计算发现,区域城市首位度指数为1.36,首位性明显;北京 GDP 总值占整个都市圈的35.15%,CR_1 指数大于35%,属于高度集中度;区域城市位序规模分布结果如图3-3所示,其中 q 的值为1.3277,大于1.2,属于首位型,通过对城市经济规模和其位序进行回归分析,相关系数达到0.94,回归线斜率|b|值为7.36,远大于1,说明大城市的经济集中度较高,而中小城市发育不足,与高首位度和高集中度一致。

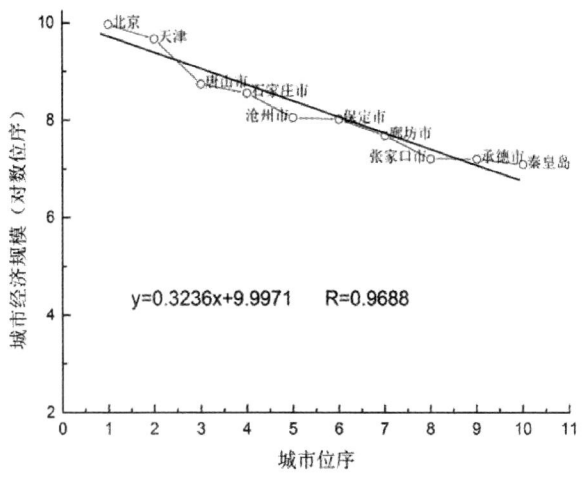

图3-3 京津冀都市圈2014年经济位序规模

Fig.3-3 Economy size of Beijing – Tianjin – Hebei region in 2014

以20年来的平均水平数据为依据,北京、天津经济地位无可替代,北京平均水平在8000亿元以上,张家口、秦皇岛以及承德的城市经济平均水平相对较弱,平均数值分别为585亿元、576亿元以及519亿元,在本区,首位城市经济效应非常明显。平均水平下,20年来首位度为1.5,首位性明显;区域垄断指数CR_1为34.55%,接近于35%,应属于高度集中度;q的值为1.26,属于首位型,对城市经济规模和其位序进行回归分析后,R^2为0.97,|b|值为7.04,说明区域内城市经济的集中度非常高。

从现今截面数据和平均经济态势,京津冀都市圈都表现出高集中度,那么历年来的变化是否是集中或者均衡分布?本书以近20年来的地区GDP数据为基础,依据指标,经过测算(如表3-2所示),从整体来看,在位序移动指数上,以2004年为分界点,2004年以前石家庄的GDP水平高于唐山市,之后则低于唐山的GDP总值。

表3-2　　　　　　京津冀都市圈20年经济规模变化

Tab. 3-2　　Economy size change of Beijing – Tianjin – Hebei region for 20 years

年份	|b|	CR_1	G	Yv	年份	|b|	CR_1	G	Yv
1995	6.47	30.25	0.7653	3.02	2005	6.73	37.24	0.8010	3.72
1996	6.71	29.26	0.7611	2.93	2006	6.86	36.96	0.8012	3.70
1997	6.83	28.60	0.7585	2.86	2007	7.11	37.31	0.8001	3.73
1998	6.92	29.07	0.7595	2.91	2008	7.13	35.15	0.7953	3.52
1999	6.79	29.35	0.7635	2.94	2009	7.21	36.24	0.8037	3.62
2000	6.70	30.01	0.7684	3.00	2010	7.25	36.84	0.8080	3.68
2001	6.72	31.02	0.7733	3.10	2011	7.41	34.56	0.8018	3.46
2002	6.75	31.55	0.7759	3.16	2012	7.41	34.37	0.8033	3.44
2003	6.86	31.02	0.7757	3.10	2013	7.38	34.53	0.8057	3.45
2004	7.09	30.34	0.7726	3.03	2014	7.36	35.15	0.8091	3.51

经过研究发现,20年来本区GDP规模大致经历以下变化:

①把京津冀都市圈里的城市按GDP规模和位序进行回归分析,2004年以前相关系数的值分布在0.93~0.95,二者紧密相关,回归线的斜率|b|值分布在6.4~6.9,呈现先增后减的态势,总体都大于1,说明区域内人口规模分布一直比较集中;2004年以后,相关系数的值分布在0.96~0.98,高度相关,回归线的斜率|b|值分布在6.5~7.5,经历了先变大后变小的过程,

|b|值变大说明城市规模分布分散的强度小于聚集的强度,即倾向于集中,|b|值变小,说明城市规模分布聚集的强度小于分散,即倾向于分散。20年来京津冀都市圈经历两增两减,年份数量以增加居多,说明聚集的力度较大;

②区域垄断性指数 CR_1,20年以来一直高于20%,1995年基期值为30.25%,2014年为35.15%,其中1995—2004年,垄断指数介于20% ≤ CR_1 < 35%,根据科恩的分类原则区域指标发展属于中集中度,进入2005年以来,集中度有所提高,最大值达到37.31%,最小值是34.37%,接近于35%,按照科恩的分类比例,较为倾向于高度集中度,这与截面数据和整体均值状态是一致的;

③基尼系数 G,20年来本区域的基尼系数表现以逐渐增大为主,数值分布在0.75~0.81,1995年的基期值为0.7653,2014年为0.8091,20年来该指标值一直大于0.5,说明 GDP 规模分布逐渐出现不均衡的现象,这与|b|值的变化以及 CR_1 是相一致的;

④年际变动系数 Yv,20年来基本是围绕3在上下浮动,1995年的基期值是3.02,2014年为3.51,浮动系数较大。

总体来看京津冀都市圈城市经济规模分布多年来变化强度高于人口规模,总体表现出高集中度的倾向。

2. 长三角都市圈城市规模位序关系

长三角地区是我国城市发展程度和经济发展水平最高的城市密集区域,基本形成了以上海为龙头,以铁路、江河运输、高速公路、航空等交通网络干线为联络的经济体。长三角都市圈对外经济发达,经济贸易联联系度较高,贸易影响度和外商直接投资总额都高于全国的平均水平。20年来该区域城市规模得到了长足的发展,进入到新时期新阶段。为了便于作图标记,本书对长三角区域城市进行数字标码,如表3-3所示。

表3-3　　　　　　　　长三角都市圈城市编码
Tab. 3-3　　　　　City code of the Yangtze River Delta

1	2	3	4	5	6	7	8	9	10	11	12	13
上海	南京	杭州	宁波	无锡	徐州	常州	苏州	南通	连云港	淮安	盐城	扬州
14	15	16	17	18	19	20	21	22	23	24	25	
镇江	泰州	宿迁	温州	嘉兴	湖州	绍兴	金华	衢州	舟山	台州	丽水	

（1）长三角都市圈城市人口规模位序关系。以长三角都市圈 2014 年的截面常住人口数据为计算依据，上海市常住人口目前在 2000 万以上，苏州常住人口在 1000 万以上，南京、杭州、温州城市常住人口在 800 万以上，500 万人以下城市在区域中有 13 个，本区城市人口规模在整体数量分布上呈"金字塔"状；按照数据模型进行具体测度，区域城市首位度指数 2.29，首位性很明显，上海市的人口规模占有绝对地位；CR_1 指数为 15.25%，属于低集中度；G 指标为 0.6768，大于 0.5，小于 1；区域城市位序规模分布结果如图 3-4 所示，其中 q 值整体小于 0.85，属于分散均衡型，通过对城市人口规模和其位序进行回归分析，发现回归线的斜率 | b | 值等于 9.92，大于 1，说明大城市人口很集中，而中小城市发育不足，与高首位度相一致，整体看来，长三角人口规模的属于低集中度的大致均衡分布，其金字塔分布的层距相比北京要小。

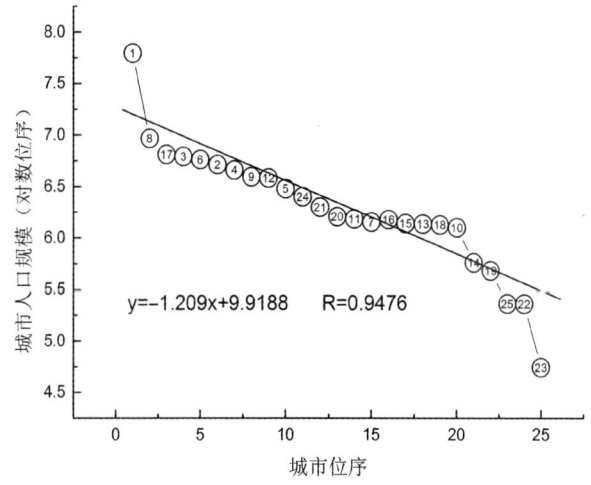

图 3-4　长三角都市圈 2014 年人口位序规模

Fig. 3-4　Population rank-size of the Yangtze River Delta in 2014

以近 20 年来数据的平均值反映区域指标的总体水平，如图 3-5 所示。通过测算发现，位序移动指数，南通和盐城的位序调换，泰州下降了 1 个位序，常州下降了 2 个位序。区域城市首位度指数为 2.23，首位性依然明显；CR_1 指数为 14.49%，依然属于低集中度；另外，q 最值为 0.8249，依然小于 0.85，属于分散均衡型，通过对城市人口规模和其位序进行回归分析，发现回归线的斜率 | b | 值为 10.02，大于 1，大城市人口依然突出。

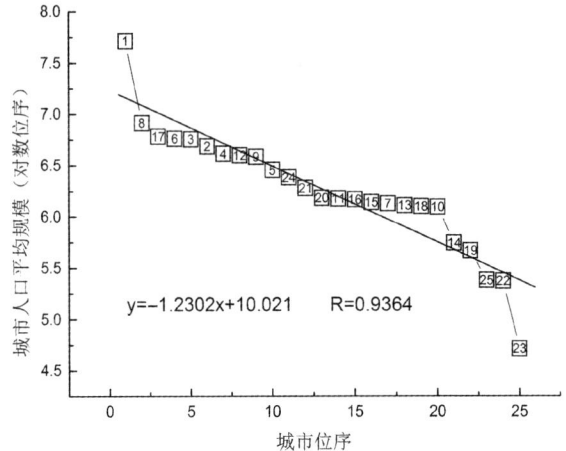

图3－5 长三角都市圈平均人口位序规模

Fig. 3－5 Average population rank – size of the Yangtze River Delta

长三角都市圈截面人口数据和平均人口态势是一致的，表示指标值的客观性。具体每一年的变化，本书以20年来的地区常州人口数据为基础，依据指标方法，经过测算（如表3－4所示），20年来本区人口规模大致经历以下变化：

表3－4　　　　　　　　长三角都市圈20年人口规模变化

Tab. 3－4　Population size change of the Yangtze River Delta for 20 years

年份	|b|	CR_1	G	Yv	年份	|b|	CR_1	G	Yv
1995	9.22	9.04	0.6841	0.94	2005	10.11	10.29	0.6788	0.96
1996	9.24	10.35	0.6943	0.92	2006	10.49	11.27	0.6764	0.97
1997	9.29	11.31	0.6924	0.92	2007	10.34	12.30	0.6746	0.97
1998	9.58	12.26	0.6903	0.93	2008	10.12	12.90	0.6675	1.07
1999	9.87	10.39	0.6885	0.93	2009	10.09	13.96	0.6632	1.08
2000	9.62	10.82	0.6859	0.94	2010	9.95	15.43	0.6504	1.09
2001	10.01	11.25	0.6845	0.94	2011	9.96	14.94	0.6527	1.14
2002	10.18	12.27	0.6834	0.95	2012	9.97	15.57	0.6740	1.11
2003	10.15	11.28	0.6822	0.95	2013	9.95	16.24	0.6771	1.08
2004	10.09	11.35	0.6805	0.96	2014	9.92	15.25	0.6780	1.16

①将长三角都市圈里的城市按人口规模和位序进行回归分析，相关系数得值大致分布在0.88～0.92，二者紧密相关，回归线的斜率｜b｜值分布在

9.2~16.3，整体呈现先增后减的态势，总体都大于1，说明区域内人口规模分布｜b｜值变小，说明城市规模分布聚集的强度小于分散；

②区域垄断性指数 CR_1，20年以来一直低于20%，1995年基期值为9.04%，2014年为15.25%，根据科恩的分类原则区域指标发展属于低集中度，进入2005年以来，集中度有所提高，最大值达到16.24%，这与截面数据和整体均值状态是一致的；

③基尼系数 G，20年来本区域的基尼系数数值分布在0.65~0.69，1995年的基期值为0.6841，2014年为0.6780，20年来该指标值一直大于0.5，这与｜b｜值的变化以及 CR_1 是相一致的；

④年际变动系数 Yv，20年来基本是围绕1在上下浮动，1995年的基期值是0.94，2014年为1.16，浮动相对平稳。

（2）长三角都市圈城市经济规模位序关系。以长三角2014年截面GDP数据为基础，通过测算发现，区域城市首位度指数1.71，首位性较为明显；上海GDP总值占整个都市圈的18.01%，CR_1 指数依然小于20%，属于低度集中度；区域城市位序规模分布结果如图3-6所示，其中 q 的值为0.7784，小于0.85，属于均衡发散型，通过对城市经济规模和其位序进行回归分析，相关系数 R^2 达到0.8965，回归线斜率｜b｜值为10.75，中小城市发育有待于进一步增强。

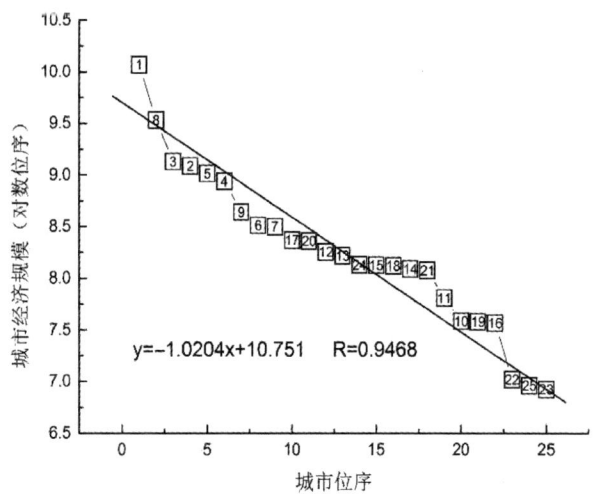

图3-6 长三角都市圈2014年经济位序规模

Fig. 3-6 Economy rank-size of the Yangtze River Delta in 2014

以 20 年来的平均水平数据为依据,上海龙头地位无可替代,平均水平在 10000 亿元以上,苏州均值达到 5000 亿元以上,南京、杭州、宁波都在 3000 亿元以上,首位城市经济效应较为明显。平均水平角度来看,20 年来首位度为 1.97,首位性明显;区域垄断指数 CR_1 为 20.05%,以 20% 为界点,应属于中度集中度,倾向于地数值;q 值小于 1.2,城市经济规模和其位序进行回归分析后,R^2 为 0.8998,两个指标值密切相关,|b| 值为 9.5188,说明区域内城市经济比较集中。

从现今截面数据和平均经济态势,长三角都市圈都表现出大城市经济聚集,小城市快速发展的分散均衡状态。具体历年来经济规模分布状况,本书以 20 年来的地区 GDP 数据为基础,依据指标,经过测算(如表 3-5 所示),20 年来本区 GDP 规模大致经历以下变化:

表 3-5　　　　　　　长三角都市圈 20 年经济规模变化

Tab. 3-5　　Economy size change of the Yangtze River Delta for 20 years

年份	|b|	CR_1	G	Yv	年份	|b|	CR_1	G	Yv
1995	7.68	21.22	0.7316	0.23	2005	8.87	22.40	0.7523	0.80
1996	7.89	21.68	0.7308	0.26	2006	9.06	21.75	0.7502	0.93
1997	7.97	21.93	0.7333	0.28	2007	9.29	21.62	0.7494	1.10
1998	8.12	22.34	0.7338	0.29	2008	9.58	21.05	0.7465	1.27
1999	8.22	22.81	0.7380	0.34	2009	9.77	20.71	0.7433	1.41
2000	8.25	23.13	0.7409	0.38	2010	9.9	20.44	0.7410	1.56
2001	8.36	22.73	0.7418	0.42	2011	10.39	19.11	0.7350	1.96
2002	8.51	22.03	0.7415	0.48	2012	10.51	18.26	0.7323	2.15
2003	8.55	21.57	0.7466	0.56	2013	10.65	17.95	0.7295	2.34
2004	8.74	21.33	0.6679	0.68	2014	10.75	18.01	0.7271	2.55

①把长三角都市圈里的城市按 GDP 规模和位序进行回归分析,20 年来相关系数 R^2 的值分布在 0.90~0.96,二者紧密相关,回归线的斜率 |b| 值分布在 7.6~10.8,20 年来逐渐增大,总体都大于 1,说明区域内经济规模分布分散的强度小于聚集的强度,即倾向于集中。20 年来长三角都市圈经济聚集的力度较大;

②区域垄断性指数 CR_1,20 年以来一直高于 20%,1995 年基期值为

21.22%，2014 年为 18.01%，1995—2004 年，垄断指数一直介于 20% ≤ CR_1 < 35%，根据科恩的分类原则区域指标发展属于中集中度，进入 2006 年以来，集中度有所下降，这与截面数据和整体均值状态是一致的；

③基尼系数 G，20 年来本区域的基尼系数表现为先增后减，数值分布在 0.66~0.76，1995 年的基期值为 0.7316，2014 年为 0.7271，20 年来该指标值一直大于 0.5，说明 GDP 规模分布逐渐出现不均衡的现象，这与 |b| 值的变化以及 CR_1 是相一致的；

④年际变动系数 Yv，2004 年以前数值远离 1，变动较大；2009 年后变动系数逐年在增大。

总体来看，长三角都市圈城市经济规模分布总体表现出中等集中度分布，并且近年越来越集中、不均衡。

3. 珠三角都市圈城市规模位序关系

改革开放以来，珠三角都市圈充分把握改革开放的大好机遇，结合自身优势，加大招商引资，吸纳先进生产力，实现了社会经济的大发展，城市化步伐快速迈进，在发展的过程中，城市规模也发生了转变。

（1）珠三角都市圈城市人口规模位序关系。以 2014 年珠三角都市圈的截面常住人口数据为测算基础，广州市常住人口目前在 1308.5 万人，深圳常住人口在 1077.89 万人，佛山和东莞城市常住人口在 700 万人以上，500 万人以下城市在区域中有 5 个，本区城市人口规模在整体数量分布上呈"金字塔"状；按照数据模型进行具体测度，区域城市首位度指数 1.21；CR_1 指数为 22.70%，按照科恩分类，属于中度集中度；G 指标为 0.7099，大于 0.5，小于 1；区域城市位序规模分布结果如图 3-7 所示，其中 q 值整体小于 0.85，属于分散均衡型，通过对城市人口规模和其位序进行回归分析，发现回归线的斜率 |b| 值等于 7.76，大于 1，说明大城市人口很集中，这与首位度相一致，整体看来，珠三角人口规模的属于中集中度的大致均衡分布，其金字塔分布的层距相比北京要小。

以近 20 年来数据的平均值反映区域指标的总体水平，如图 3-8 所示。通过测算发现，城市常住人口位序较为稳定，位序没有发生变化。区域城市首位度指数为 1.19；CR_1 指数为 22.63%，依然属于中等集中度；另外，q 值为依然小于 0.85，属于分散均衡型，通过对城市人口规模和其位序进行回归分析，发现回归线的斜率 |b| 值为 7.73，大于 1，大城市人口较为突出。

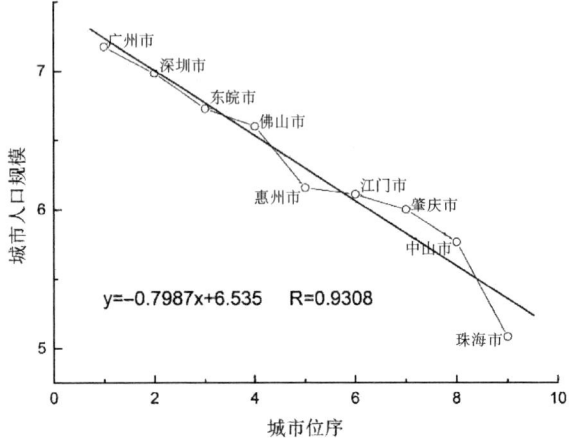

图 3-7 珠三角都市圈 2014 年人口位序规模

Fig. 3-7 Population rank – size of the Pearl River Delta in 2014

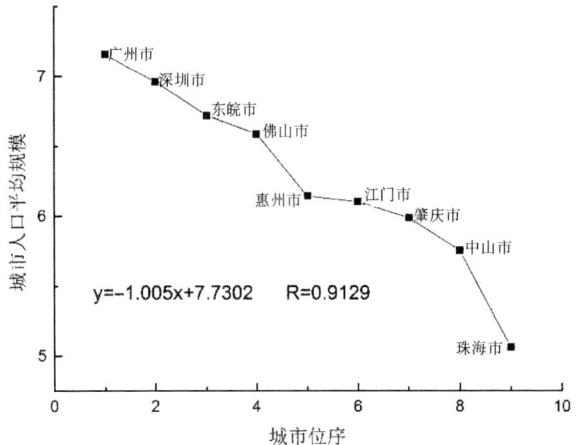

图 3-8 珠三角都市圈平均人口位序规模

Fig. 3-8 Average population size of the Pearl River Delta

珠三角都市圈人口截面数据和平均数据状态是一致的,历年来珠三角常住人口规模的变化,如表 3-6 所示,20 年来相关指标大致经历了以下变化:

表 3-6 珠三角都市圈 20 年人口规模变化

Tab. 3-6 Population size change of the Pearl River Delta for 20 years

年份	|b|	CR_1	G	Yv	年份	|b|	CR_1	G	Yv
1995	6.19	24.26	0.7326	0.71	2005	6.76	22.07	0.6739	0.87
1996	6.30	24.23	0.7316	0.72	2006	7.24	24.00	0.7117	0.98

续表

年份	|b|	CR_1	G	Yv	年份	|b|	CR_1	G	Yv
1997	6.33	24.18	0.7302	0.74	2007	7.35	23.97	0.7087	0.85
1998	6.40	24.15	0.7288	0.75	2008	7.45	23.89	0.7057	0.86
1999	6.18	23.46	0.6863	0.84	2009	7.52	23.78	0.7025	0.88
2000	6.53	24.33	0.7272	0.77	2010	7.71	22.63	0.7093	0.89
2001	6.60	24.46	0.7261	0.78	2011	7.71	22.61	0.7093	1.69
2002	6.70	24.45	0.7243	0.79	2012	7.73	22.58	0.7092	1.70
2003	6.73	24.26	0.7210	0.80	2013	7.74	22.62	0.7093	1.71
2004	6.85	24.18	0.7179	0.82	2014	7.76	22.70	0.7099	1.72

①将珠三角都市圈里的城市按人口规模和位序进行回归分析,相关系数得值大致分布在0.87~0.92,回归线的斜率|b|值分布在6.1~7.8,整体呈现逐渐增加态势,总体都大于1,区域内人口规模分布|b|值变大,说明城市规模分布聚集的强度大于分散;

②区域垄断性指数CR_1,20年以来一直介于20%和35%之间,根据科恩的分类原则属于中度集中度,1995年基期值为24.26%,2014年为22.70%,这与截面数据和整体均值状态是一致的;

③基尼系数G,20年来本区域的基尼系数数值分布在0.65~0.75,1995年的基期值为0.7326,2014年为0.7099,20年来该指标值一直大于0.5,这与|b|值的变化以及CR_1是相一致的;

④年际变动系数Yv,20年来基本是围绕1在上下浮动,1995年的基期值是0.71,2014年为1.72,尤其是2006—2010年尤为趋近于1,2011年之后变动幅度较大。

(2)珠三角都市圈城市经济规模位序关系。以珠三角2014年截面GDP数据为基础,通过测算发现,区域城市首位度指数为1.04,首位程度相比较低;CR_1指数为28.98%,属于中等集中度;区域城市位序规模分布结果如图3-9所示,其中q的值为0.69,小于0.85,属于均衡发散型,通过对城市经济规模和其位序进行回归分析,相关系数R^2达到0.9278,回归线斜率|b|值为8.04,中小城市发育有待于进一步增强。

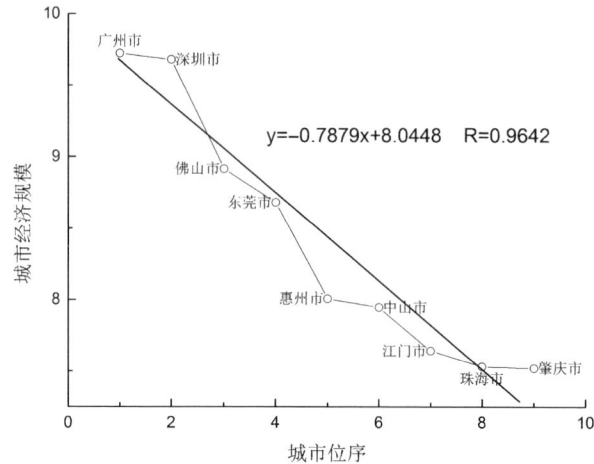

图 3-9 珠三角都市圈 2014 年经济位序规模

Fig. 3-9 Economy rank-size of the Pearl River Delta in 2014

以 20 年来的平均水平数据为依据,广州市的首位地位突出,平均水平为 6388.09 亿元,均值在 3000 亿元以下的有 6 个城市,经济规模金字塔分布明显。平均水平角度来看,20 年来首位度为 1.1;区域垄断指数 CR_1 为 28.73%,应属于中度集中度;q 值小于 0.85,城市经济规模和其位序进行回归分析后,R^2 为 0.9273,两个指标值密切相关,|b| 值为 7.5509,说明区域内城市经济比较集中在大城市。

从现今截面数据和平均经济态势,珠三角都市圈都表现出均衡状态。具体历年来经济规模分布状况,本书以 20 年来的地区 GDP 数据为基础,依据指标,经过测算,如表 3-7 所示,20 年来本区 GDP 规模大致经历以下变化:

表 3-7 珠三角都市圈 20 年经济规模变化

Tab. 3-7 Economy size change of the Pearl River Delta for 20 years

年份	|b|	CR_1	G	Yv	年份	|b|	CR_1	G	Yv
1995	7.26	31.11	0.7494	0.18	2005	6.92	28.25	0.7410	0.82
1996	7.33	31.04	0.7519	0.21	2006	6.97	28.09	0.7404	0.97
1997	7.55	30.69	0.7499	0.24	2007	7.06	27.76	0.7383	1.15
1998	7.70	30.79	0.7488	0.27	2008	7.16	27.62	0.7383	1.34
1999	7.73	31.25	0.7507	0.30	2009	7.37	28.43	0.7416	1.45
2000	7.73	31.58	0.7523	0.34	2010	7.75	26.87	0.7333	1.68
2001	7.71	31.38	0.7534	0.38	2011	7.81	28.18	0.7437	1.98
2002	7.76	31.38	0.7535	0.43	2012	7.89	28.36	0.7451	2.15
2003	7.68	30.45	0.7515	0.52	2013	7.95	29.06	0.7482	2.39
2004	7.80	30.32	0.7504	0.61	2014	8.04	28.98	0.7486	2.59

①将珠三角都市圈里的城市按 GDP 规模和位序进行回归分析,20 年来相关系数 R^2 的值分布在 0.92~0.98,二者紧密相关,回归线的斜率 | b | 值分布在 6.9~8.1,2000—2005 年逐渐减小,说明分散的力量较大;期间前后阶段都呈增加状态,总体都大于 1,说明区域内经济规模分布分散的强度小于聚集的强度,即倾向于集中。20 年来珠三角都市圈经济聚集的力度较大。

②区域垄断性指数 CR_1,20 年以来一直介于 $20\% \leqslant CR_1 < 35\%$,根据科恩的分类原则区域指标发展属于中集中度,2004 年以前高于 30%,2005 年以来低于 30%,集中度有所下降,这与截面数据和整体均值状态是一致的;

③基尼系数 G,20 年来本区域的基尼系数表现为两减两增,数值分布在 0.73~0.76,20 年来该指标值一直大于 0.5,说明 GDP 规模分布逐渐出现不均衡的现象,这与 | b | 值的变化以及 CR_1 是相一致的;

④年际变动系数 Yv,2004 年以前数值远离 1,变动较大;2009 年后变动系数逐年在增大。

3.1.3 三大都市圈旅游规模位序关系

1. 京津冀都市圈旅游规模位序关系

京津冀都市圈经济水平高、区位优势明显、交通网络发达、旅游资源丰富,本区国内旅游和入境旅游的发展是我国的战略高地,依据国家旅游局以及相关统计部门的统计数据,京津冀地区 2014 年的入境旅游人次占全国的 6.65%,20 年来平均增长率达到 8.11%,国内旅游人次占全国的 16.89%,国内旅游 20 年来平均增长率达到 10.95%。本书依据数据模型,以旅游人次和旅游收入为展开点,对京津冀的国内旅游以及入境旅游具体发展进行了研究。

(1) 京津冀都市圈国内旅游规模位序关系

①国内旅游人次规模位序。以京津冀 2014 年截面国内旅游人次数据为基础,人次在 2 亿以上的城市是北京,1.5 亿~2 亿人次的是天津,5000 万~1 亿人次以下的是石家庄和保定,4000 万人次以下的城市有 6 个城市,整体在数量分布上呈"金字塔"状;按照数据模型进行具体测度,区域旅游首位度指数 1.69,首位性明显,北京、天津地位突出;CR_1 指数为 38.14%,属于高度集中度;G 指标为 0.80;区域旅游位序规模分布结果如图 3-10 所示,其中 q 值为 1.15,属于集中型,且倾向于首位性,通过对旅游人次规模和其位

序进行回归分析,发现回归线的斜率|b|为7.9476,说明旅游人次数量集中在大城市,而中小规模的城市发育不足,与高首位度相一致。

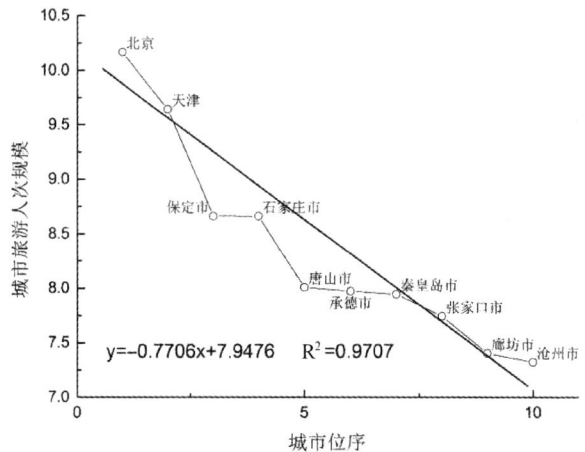

图 3-10 京津冀都市圈 2014 年旅游人次位序规模

Fig. 3-10 Tourists rank-size of the Beijing-Tianjin-Hebei Region in 2014

为了反映截面现象的稳定性,本书以近 20 年平均数据为测量依据。研究发现,京津冀城市分布位序当中,秦皇岛由第 7 位上升到第 5 位,唐山下降 1 位。区域城市首位度指数 2.32,首位性依然明显;CR_1 指数为 48.64%,属于高度集中度;另外 q 值为 1.47,大于 1.2,属于首位型,同样通过对城市旅游人次规模和其位序进行回归分析,发现回归线的斜率|b|值为 6.3046,大于 1,说明大城市多年来很旅游规模集中,这与高首位度相一致。

从截面数据与平均数据具有一致性,历年来每年的指标值变化情况,如表 3-8 所示,1995—2014 年本区相关指标测量结果大致经历以下变化:

表 3-8　　　　京津冀都市圈 20 年国内旅游人次规模变化

Tab. 3-8　Domestic tourist size of the Beijing-Tianjin-Hebei Region for 20 years

年份	|b|	CR_1	G	Yv	年份	|b|	CR_1	G	Yv
1995	3.82	61.82	0.9178	0.36	2005	5.70	52.80	0.8620	0.83
1996	4.04	62.76	0.9188	0.43	2006	5.94	51.63	0.8558	0.89
1997	4.17	62.59	0.9156	0.46	2007	6.16	51.31	0.8520	0.95
1998	4.30	62.83	0.9102	0.49	2008	5.94	51.66	0.8646	1.09

续表

年份	|b|	CR₁	G	Yv	年份	|b|	CR₁	G	Yv
1999	4.55	59.88	0.8984	0.54	2009	6.40	47.36	0.8461	1.20
2000	4.69	59.26	0.8947	0.60	2010	6.70	45.47	0.8365	1.38
2001	4.93	57.76	0.8878	0.67	2011	6.98	44.34	0.8286	1.65
2002	5.17	56.22	0.8811	0.72	2012	7.28	42.48	0.8183	1.88
2003	5.11	52.69	0.8767	0.58	2013	7.85	40.60	0.8053	2.15
2004	5.43	54.65	0.8694	0.76	2014	8.01	38.14	0.7975	2.38

第一，把京津冀都市圈里的旅游人次规模和位序进行回归分析，20年来相关系数分布在0.93～0.99，紧密相关，回归线的斜率|b|值分布在3.8～8.1，1995年的基期值为3.82，除去2003年SARS危害以及2008年我国的多事之秋，20年来|b|值总体呈现逐渐增大趋势，说明区域内旅游人次规模集聚的力量在增加，这里的集聚也可是人次向非核心城市的流动聚集；

第二，区域垄断性指数CR_1，在20年来一直介于38%～63%，属于高集中度的独占型，1995年基期值为61.82%，2014年为38.14%，整体上处于逐渐减少态势，说明近年来北京市旅游人次在区域总体中的首位性减弱；

第三，基尼系数G，是城市相对均衡的度量指标，京津冀都市圈20年来的基尼系数表现为逐渐减小，数值分布在0.79～0.92，1995年的基期值为0.9178，2014年降到0.7975，说明区域旅游人次规模分布逐渐由不均衡向均衡的趋势转变；

第四，年际变动系数Yv，以1995年为基期，20年来基本是由不稳定转向稳定，表现为变化中的趋于稳定，2008年以来浮动系数渐大，2014年为2.38。

②国内旅游收入规模位序。以京津冀2014年截面国内旅游收入数据为基础，收入在2000亿元以上的是北京和天津，400亿～500亿元的是石家庄和保定，400亿元以下的有6个城市，这与国内旅游人次的层级结构是一致的；按照数据模型进行具体测度，区域旅游首位度指数为1.73，首位性明显；CR_1指数为47.48%，属于高度集中度；G指标为0.86；区域旅游收入位序规模分布结果如图3-11所示，其中q值为1.50，属于首位型，通过对旅游收入规模和其位序进行回归分析，发现回归线的斜率|b|为5.24，与高首位度具有一致性。

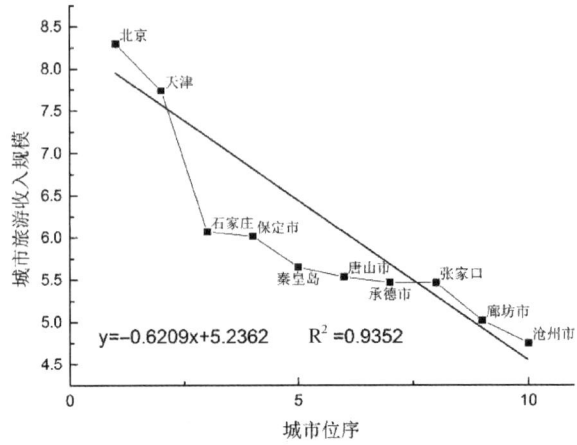

图 3-11 京津冀都市圈 2014 年国内旅游收入位序

Fig. 3-11 Domestic tourism income rank of the Beijing - Tianjin - Hebei Region in 2014

以近20年平均数据为测量依据,研究发现,次序顺序与截面数据排序具有一致性,区域首位度指数为2.04,首位性依然明显;CR_1指数为54.13%,属于高度集中度,收入集中度高于人次;另外q值为1.74,大于1.2,属于首位型,同样通过对城市旅游收入规模和其位序进行回归分析,发现回归线的斜率|b|值为4.04,大于1,说明国内旅游收入集中在旅游人次较高的城市,这与高首位度相一致。

1995—2014年本区相关指标测量结果,其变化趋向与国内旅游人次具有高度一致性:20年来,除去2003年SARS危害以及2008年我国的多事之秋,|b|值总体呈现逐渐增大趋势;区域垄断性指数CR_1一直属于高集中度的独占型,20年来比重有所减弱;基尼系数G表现为逐渐减小,由不均衡向均衡的趋势转变;年际变动系数20年来基本是由不稳定转向稳定,近年来的变动幅度增大。

(2)京津冀都市圈入境旅游规模位序关系

按照国内旅游的分析方法,以京津冀2014年截面入境旅游人次数据为基础,整体在数量分布上呈"金字塔"状;按照数据模型进行具体测度,区域旅游首位度指数为1.44;CR_1指数为50.19%,属于高度集中度;G指标为0.90;区域旅游位序规模分布结果如图3-12所示,其中q值为1.79,属于首位性,通过对旅游人次规模和其位序进行回归分析,发现回归线的斜率|b|为3.0411,与高首位度相一致。从20年来的平均数据来看,唐山和张

家口的位序发生转换,其他城市位序不变,首位率达到3.33,首位性突出;CR_1指数为66.93%,属于高度集中度,可见首位城市入境旅游的独霸性地位突出;基尼系数为0.93,集中性很高;q值为2.02,属于首位性,通过对旅游人次规模和其位序进行回归分析,发现|b|为5.92。多年来,入境旅游人次的首位性和集中程度都非常明显。根据1995—2014年本区相关指标测量结果,其变化趋向与截面数据和平均数值具有高度一致性,如表3-9所示。

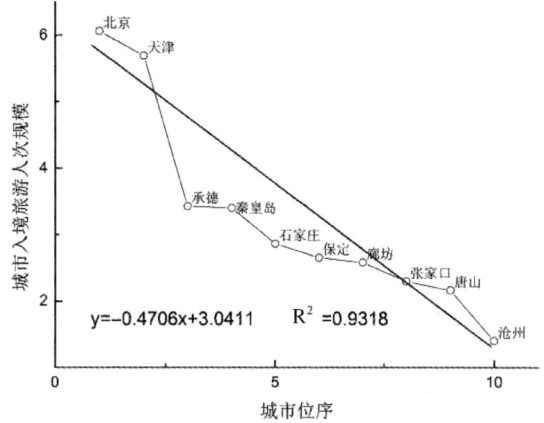

图 3-12 京津冀都市圈 2014 年入境旅游人次位序

Fig. 3-12 Inbound tourists rank Region of the Beijing – Tianjin – Hebei Region in 2014

表 3-9　　　　京津冀都市圈 20 年入境旅游人次规模变化

Tab. 3-9 Inbound tourist size of the Beijing – Tianjin – Hebei Region for 20 years

年份	|b|	CR_1	G	Yv	年份	|b|	CR_1	G	Yv
1995	1.77	83.98	0.9635	0.48	2005	2.38	72.78	0.9360	0.97
1996	1.85	80.98	0.9521	0.53	2006	2.46	70.98	0.9326	1.07
1997	1.93	78.69	0.9452	0.57	2007	2.52	70.42	0.9319	1.20
1998	1.95	76.72	0.9402	0.56	2008	2.60	66.08	0.9259	1.12
1999	1.99	78.00	0.9424	0.63	2009	2.65	65.04	0.9237	1.23
2000	2.01	78.12	0.9431	0.70	2010	2.74	65.40	0.9253	1.46
2001	2.15	76.35	0.9403	0.73	2011	2.82	62.69	0.9202	1.62
2002	2.03	75.75	0.9416	0.80	2012	2.97	58.01	0.9102	1.68
2003	2.08	69.72	0.9314	0.52	2013	3.03	53.44	0.9024	1.64
2004	2.2	73.16	0.9362	0.84	2014	3.04	50.19	0.8981	1.66

把京津冀都市圈里的旅游人次规模和位序进行回归分析，回归线的斜率｜b｜值分布在 1.7~3.05，总体呈现逐渐增大趋势，说明区域内入境旅游人次规模集聚的力量在增加；区域垄断性指数 CR_1，在 20 年来一直介于 50%~85%，属于高集中度的独占型，整体上处于逐渐减少态势；基尼系数 G，20 年来的基尼系数表现为逐渐减小，数值分布在 0.89~0.97；年际变动系数 Yv，以 1995 年为基期，20 年来基本是由不稳定转向稳定，表现为变化中的趋于稳定，近年来变动幅度较大。

京津冀旅游外汇收入的截面数据和平均数据显示，其与国内旅游人次的位次关系具有一致性，城市人次越高，旅游收入越高；首位度分别为 1.4、3.7，说明近年来中小城市入境旅游发展有所加快；区域垄断性指数 CR_1 分别为 54.87%、75.27%，属于高集中度；基尼系数分别为 0.9366 和 0.9574，q 值分别为 2.32 和 2.91，属于首位型，1995—2014 年本区相关指标测量结果，其变化趋向与截面数据和平均数值具有高度一致性，首位度越高，集中度越高，但近年来集中度在下降。

2. 长三角都市圈旅游规模位序关系

长三角地区是我国综合经济发展的高地，土地面积占全国的 2%，人口占全国的近 10%，在 2014 年核心城市总 GDP 已突破 10 万亿元。20 年来我国政府在政策制度、权力配置、资金支持以及资源配给方面，对长三角地区加以倾斜。2010 年中央财政专项拨款两省一市共 53.261 亿元，本区城市功能更加完善，城市人口与地区生产总值逐年增加，城市交通网络更加发达，投资环境有益于招商引资，旅游资源不断开发创新。2008 年国务院颁发《国务院关于进一步推进长江三角洲地区改革开放和经济社会发展的指导意见》，正式确立长三角地区为江苏省、浙江省和上海市两省一市全境。旅游业的发展水平也是我国的标杆地区，20 年来国内旅游人次的平均增长速度达到 14.23%，入境旅游人次平均增速达到 12.71%。本书依据数据模型，以旅游人次和旅游收入为展开点，对长三角都市圈的国内旅游以及入境旅游具体发展进行了研究。

（1）长三角都市圈国内旅游规模位序关系

①国内旅游人次规模位序。以长三角 2014 年截面国内旅游人次数据为基础，从分布数量上看，2 亿人次以上的是上海市，9000 万~11000 万人次的有 3 个城市，5000 万~7000 万人次的有 9 个城市，5000 万人次以下的有 12 个城市，整体在数量分布上呈"金字塔"状；按照数据模型进行具体测度，区域

旅游人次首位度指数为 2.53；CR_1 指数为 17.78%，属于低度集中度；G 指标为 0.6957；区域旅游位序规模分布结果如图 3-13 所示，其中 q 值为 0.75，属于分散均衡型，通过对旅游人次规模和其位序进行回归分析，发现回归线的斜率 |b| 为 12.482。

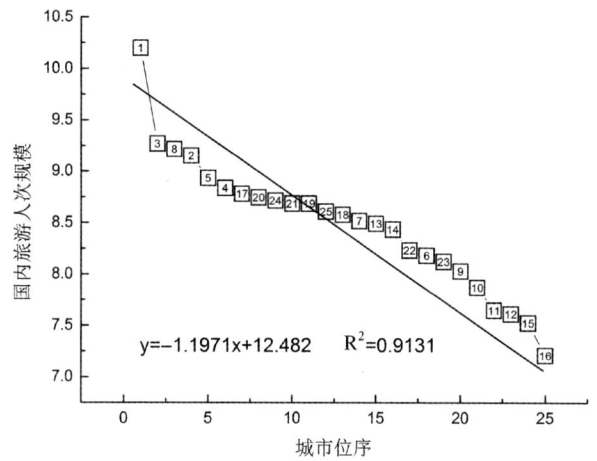

图 3-13　长三角都市圈 2014 年国内旅游人次位序
Fig. 3-13　Domestic tourist rank of the Yangtze River Delta in 2014

从 20 年来的平均数据来看，温州和绍兴位序发生转换，嘉兴上升到第 11 位，湖州下降到 13 位，衢州平均值下降到第 20 位，其他位序不变，平均值的位序下降，说明近年这些城市的国内旅游步伐在加快；首位率达到 2.96，首位性突出；CR_1 指数为 22.16%，属于中度集中度，本区国内旅游人次的集中度近年来在下降；基尼系数为 0.7283；q 值为 0.89，属于集中型，通过对旅游人次规模和其位序进行回归分析，发现 |b| 为 10.306。多年来，国内旅游人次的首位性和集中程度在下降。

1995—2014 年本区相关指标测量结果，如表 3-10 所示。把长三角都市圈里的旅游人次规模和位序进行回归分析，回归线的斜率 |b| 值分布在 6.8~13，总体呈现逐渐增大趋势，说明区域内国内旅游人次规模集聚的力量在增加；区域垄断性指数 CR_1，在 20 年来一直介于 17%~36%，整体上表现为逐渐减少，历经独占型—中集中度—低集中度三个过程；基尼系数 20 年来的基尼系数整体上表现为逐渐减小，数值分布在 0.65~0.85；年际变动系数 Yv，以 1995 年为基期，20 年来表现为持续增长变化中的稳定性。

表 3-10　　长三角都市圈 20 年国内旅游人次规模变化

Tab. 3-10　Domestic tourist size change of the Yangtze River Delta for 20 years

年份	|b|	CR_1	G	Yv	年份	|b|	CR_1	G	Yv
1995	6.86	35.05	0.8020	0.22	2005	9.08	21.34	0.7427	0.76
1996	7.05	37.94	0.8125	0.26	2006	9.40	19.98	0.7356	0.87
1997	7.20	39.78	0.8155	0.31	2007	9.91	18.39	0.7259	1.00
1998	7.40	38.82	0.8096	0.33	2008	10.45	17.50	0.7175	1.13
1999	7.84	36.64	0.8017	0.37	2009	10.74	17.13	0.7117	1.30
2000	7.79	34.89	0.7999	0.40	2010	10.46	23.13	0.7322	1.67
2001	8.03	31.48	0.7876	0.47	2011	10.92	21.65	0.7211	1.91
2002	8.31	29.92	0.7783	0.53	2012	11.49	20.75	0.7148	2.17
2003	8.57	25.30	0.7633	0.54	2013	11.86	19.32	0.7058	2.41
2004	8.80	23.35	0.7539	0.65	2014	12.48	17.78	0.6957	2.71

②国内旅游收入规模位序。以长三角 2014 年截面国内旅游收入数据为基础，从分布数量上看，2000 亿元以上的是上海市，1000 亿~1900 亿元有 5 个城市，700 亿元以下的有 19 个城市，整体在数量分布上呈"金字塔"状；区域国内旅游收入首位度指数为 1.63；CR_1 指数为 16.20%，属于低度集中度；G 指标为 0.73；另外 q 值为 0.71，属于分散均衡型，通过对旅游收入规模和其位序进行回归分析，发现回归线的斜率 |b| 为 8.83。

20 年来的平均数据显示，温州和绍兴位序发生转换；首位率达到 2.66；CR_1 指数为 24.09%，属于中度集中度；基尼系数为 0.7682；q 值为 0.96，属于集中型，通过对旅游收入规模和其位序进行回归分析，发现 |b| 为 6.7978。多年来，国内旅游收入的首位性和集中程度在下降。

1995—2014 年本区相关指标测量结果如表 3-11 所示，回归线的斜率 |b| 值分布在 4.4~10.4，总体呈现逐渐增大趋势，说明区域内国内旅游收入规模集聚的力量在增加；区域垄断性指数 CR_1，在 20 年来一直介于 16%~50%，整体上表现为逐渐减少，历经独占型—中集中度—低集中度三个过程；20 年来的基尼系数整体上表现为逐渐减小，数值分布在 0.73~0.87；年际变动系数 Yv，20 年来表现为持续增长变化中的稳定性（如表 3-11 所示）。

表 3 – 11　　　　长三角都市圈 20 年国内旅游收入规模变化

Tab. 3 – 11　Domestic tourism income change of the Yangtze River Delta for 20 years

年份	ǀbǀ	CR_1	G	Yv	年份	ǀbǀ	CR_1	G	Yv
1995	4.45	49.48	0.8697	0.16	2005	6.72	30.12	0.8018	0.69
1996	4.67	46.99	0.8625	0.18	2006	7.04	26.26	0.7897	0.80
1997	4.82	45.77	0.8590	0.21	2007	7.27	26.19	0.7858	0.99
1998	5.06	42.46	0.8486	0.24	2008	7.74	23.15	0.7724	1.12
1999	5.40	38.99	0.8359	0.30	2009	7.98	23.17	0.7693	1.33
2000	5.57	36.04	0.8322	0.35	2010	8.14	24.50	0.7718	1.66
2001	5.61	31.83	0.8329	0.41	2011	8.73	22.83	0.7611	1.96
2002	5.82	28.91	0.8288	0.51	2012	9.03	22.43	0.7568	2.31
2003	5.80	30.88	0.8348	0.56	2013	9.70	18.61	0.7408	2.57
2004	6.04	27.97	0.8277	0.70	2014	10.35	16.20	0.7301	2.93

(2) 长三角都市圈入境旅游规模位序关系

以长三角 2014 年截面入境旅游人次数据为基础，从分布数量上看，600 万人次以上的是上海市，100 万～350 万人次的有 5 个城市，100 万人次以下的有 19 个城市，整体在数量分布上呈"金字塔"状；区域入境旅游人次首位度指数 1.96；CR_1 指数为 26.66%，属于中度集中度；G 指标为 0.82；另外 q 值为 1.1，属于集中型，通过对旅游收入规模和其位序进行回归分析，如图 3 – 14 所示，发现回归线的斜率 ǀbǀ 为 7.23。

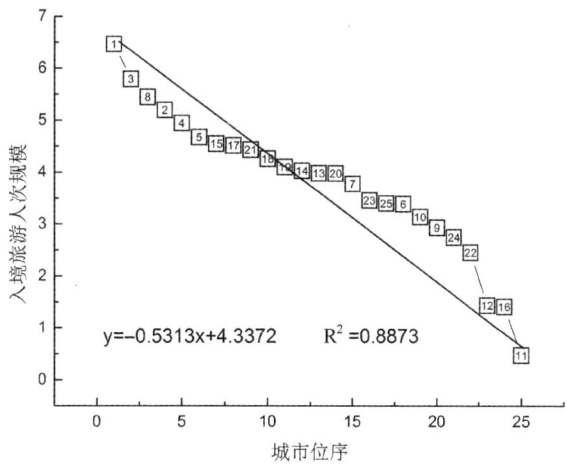

图 3 – 14　长三角都市圈 2014 年入境旅游人次位序

Fig. 3 – 14　Inbound tourist rank of the Yangtze River Delta in 2014

20年来的平均数据显示,梯度层次明晰;首位率达到2.4;CR_1指数为33%,属于中度集中;基尼系数为0.8378;q值为1.22,属于首位型,通过对旅游人次规模和其位序进行回归分析,发现|b|为4.10。多年来,入境旅游人次的首位性和集中程度在下降。

1995—2014年本区相关指标测量结果,回归线的斜率|b|值分布在5.9~7.3,总体在波动中逐渐增大,说明区域内入境旅游人次规模集聚的力量在增加;区域垄断性指数CR_1在20年来一直介于26%~50%,整体逐渐减少,历经独占型—中集中度两个过程;基尼系数20年来的基尼系数整体上表现为在波动中减小;年际变动系数Yv,20年来表现为持续增长变化中的稳定性。

表 3-12　　　　　长三角都市圈20年入境旅游人次规模变化

Tab. 3-12　Inbound tourist size change of the Yangtze River Delta for 20 years

年份	|b|	CR_1	G	Yv	年份	|b|	CR_1	G	Yv
1995	6.11	49.15	0.9237	0.23	2005	6.72	37.97	0.8658	0.98
1996	5.96	46.92	0.9134	0.26	2006	6.37	37.03	0.8449	1.06
1997	6.12	47.92	0.9137	0.29	2007	6.90	33.70	0.8497	1.30
1998	5.68	43.87	0.8965	0.29	2008	6.86	32.63	0.8422	1.36
1999	6.03	42.16	0.9057	0.33	2009	6.86	32.11	0.8385	1.40
2000	6.05	39.89	0.8987	0.38	2010	7.08	34.26	0.8369	1.80
2001	6.19	37.16	0.8874	0.46	2011	7.11	29.56	0.8236	1.90
2002	6.43	38.15	0.8835	0.60	2012	7.10	27.14	0.8129	2.02
2003	6.08	36.63	0.8605	0.56	2013	7.14	26.85	0.8131	1.92
2004	6.52	38.91	0.8634	0.83	2014	7.23	26.66	0.8150	2.02

以长三角2014年截面入境旅游外汇收入数据为基础,从分布数量上看,50亿美元以上的是上海市,10亿~20亿美元的有3个城市,5亿~9亿美元的有5个城市,5亿美元以下的有16个城市,整体在数量分布上呈"金字塔"状;区域旅游外汇收入首位度指数2.46;CR_1指数为36.86%,属于高度集中度;G指标为0.8633;另外q值为1.4,属于首位型,通过对旅游收入规模和其位序进行回归分析,发现回归线的斜率|b|为4.98。

20年来的平均数据显示,温州和绍兴位序发生转换;首位率达到3.56;CR_1指数为42.34%,属于高度集中度;基尼系数为0.8641;q值为1.44,属于首位型,通过对外汇收入规模和其位序进行回归分析,发现|b|为4.92。

多年来，旅游外汇收入的首位性和集中程度在下降。

1995—2014年本区相关指标测量结果如表3-13所示，回归线的斜率|b|值分布在2.4~5，总体呈现逐渐增大趋势，说明区域内入境旅游收入规模集聚的力量在增加；区域垄断性指数CR_1，在20年来一直介于32%~68%，整体上表现为逐渐减少，历经独占型—中集中度两个过程；20年来的基尼系数整体上表现为逐渐减小；年际变动系数Y_v，20年来表现为持续增长变化中的稳定性。

表3-13 长三角都市圈20年外汇旅游收入规模变化

Tab. 3-13 Inbound tourism income change of the Yangtze River Delta for 20 years

年份	|b|	CR_1	G	Y_v	年份	|b|	CR_1	G	Y_v
1995	2.41	67.77	0.9254	0.17	2005	3.78	47.44	0.8441	0.94
1996	2.48	67.84	0.9200	0.22	2006	3.88	44.59	0.8323	1.10
1997	2.62	65.53	0.9117	0.25	2007	4.10	43.16	0.8217	1.36
1998	2.70	59.09	0.8955	0.26	2008	4.16	41.42	0.8140	1.50
1999	2.80	56.76	0.8860	0.30	2009	4.22	46.58	0.8257	1.70
2000	2.84	56.06	0.8798	0.36	2010	4.38	42.11	0.8138	1.88
2001	2.94	54.45	0.8856	0.42	2011	4.45	36.40	0.7965	2.01
2002	3.17	80.52	0.8648	0.35	2012	4.49	32.76	0.7839	2.13
2003	3.24	50.57	0.8564	0.51	2013	4.96	36.21	0.7719	1.84
2004	3.59	49.86	0.8524	0.76	2014	4.98	36.86	0.7684	1.94

3. 珠三角都市圈旅游规模位序关系

珠三角地区是我国对外交往的重要地区，也是旅游业最发达的地区之一。珠三角都市圈在我国社会经济发展过程中具有关键的引领带动作用和战略地位。该都市圈地理区位具有毗邻港澳的天然优势。20年来国内旅游人次的平均增长率达到了12.28%，入境旅游人次的平均增长率达到了11.56%。本书依据数据模型，以旅游人次和旅游收入为展开点，对珠三角都市圈的国内旅游以及入境旅游具体发展进行了研究。

（1）珠三角都市圈国内旅游规模位序关系。以珠三角2014年截面国内旅游人次数据为基础，从分布数量上看，4000万以上人次是广州市，2000万~4000万人次的有2个城市，2000万人次以下的有6个城市，整体在数量分布上层级结构明显；区域国内旅游人次首位度指数1.19；CR_1指数为24.64%，属于中度集中度；G指标为0.7074；另外q值为0.63，属于分散均衡型，通

过对旅游人次规模和其位序进行回归分析,如图 3 - 15 所示,发现回归线的斜率 |b| 为 10.675。

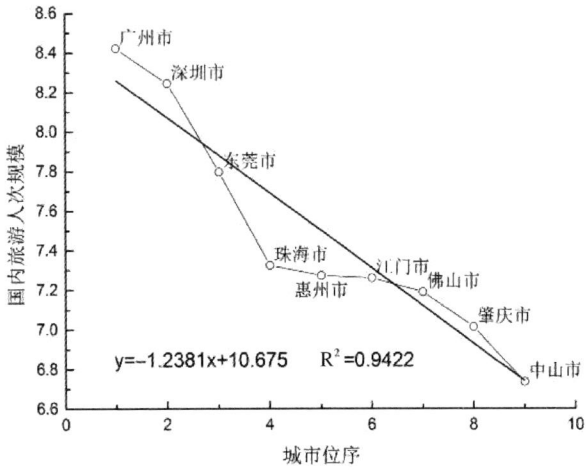

图 3 - 15　珠三角都市圈 2014 年国内旅游人次位序

Fig. 3 - 15　Domestic tourist rank of the Pearl River Delta in 2014

20 年来的平均数据显示,梯度变化层次性明显;首位率达到 1.59;CR_1 指数为 30.88%,属于中度集中度;基尼系数为 0.7209;q 值为 0.85,介于集中型和分散均衡型之间,通过对旅游人次规模和其位序进行回归分析,发现 |b| 为 9.2734。

1995—2014 年本区相关指标测量结果如表 3 - 14 所示,回归线的斜率 |b| 值分布在 5.3~10.7,总体呈现逐渐增大趋势,说明区域内国内旅游人次规模集聚的力量在增加;区域垄断性指数 CR_1,20 年来一直介于 24.5%~45.5%,整体上表现为逐渐减少,历经独占型—中集中度两个过程;20 年来的基尼系数整体上表现为逐渐减小,数值分布在 0.7~0.83;年际变动系数 Yv,近年来系数变动幅度增大。

表 3 - 14　　　　珠三角都市圈 20 年国内旅游人次规模变化

Tab. 3 - 14　Domestic tourist size change of the Pearl River Delta for 20 years

年份	|b|	CR_1	G	Yv	年份	|b|	CR_1	G	Yv
1995	5.62	45.35	0.7847	0.27	2005	8.47	32.28	0.7319	0.86
1996	5.39	45.08	0.8204	0.42	2006	9.03	30.51	0.7236	0.93
1997	6.05	42.82	0.8000	0.47	2007	9.30	30.61	0.7241	1.06

续表

年份	|b|	CR_1	G	Yv	年份	|b|	CR_1	G	Yv
1998	6.30	40.88	0.7901	0.51	2008	9.78	30.04	0.7171	1.15
1999	6.87	38.09	0.7725	0.56	2009	9.85	30.30	0.7179	1.29
2000	7.19	37.24	0.7638	0.60	2010	9.88	30.00	0.7189	1.46
2001	7.46	36.96	0.7602	0.66	2011	10.28	27.96	0.7113	1.62
2002	8.06	36.49	0.7470	0.73	2012	10.74	27.13	0.7055	1.76
2003	7.85	36.49	0.7485	0.65	2013	10.66	25.00	0.7045	2.03
2004	8.18	33.43	0.7372	0.79	2014	10.68	24.64	0.7074	2.19

以珠三角2014年截面国内旅游收入数据为基础，从分布数量上看，2000万以上人次的是广州市，300万~800万人次的有4个城市，300万人次以下的有4个城市，整体在数量分布上层级结构明显；区域国内旅游首位度指数为2.76；CR_1指数为44.83%，属于高度集中度；G指标为0.7951；另外q值为1.29，属于首位型，通过对旅游收入规模和其位序进行回归分析，发现回归线的斜率|b|为6.383。20年来的平均数据显示，梯度变化层次性明显；首位率达到2.23；CR_1指数为43.70%，属于高度集中度；基尼系数为0.7953；q值为1.26，属于首位型，通过对旅游收入规模和其位序进行回归分析，发现|b|为12.753。

1995—2014年本区相关指标测量结果如表3-15所示，回归线的斜率|b|值分布在9.4~14.5，总体呈逐渐增大趋势，说明区域内国内旅游收入规模集聚的力量超过分散的力量；区域垄断性指数CR_1，20年来一直介于39%~47%，经历了先减后增，属于独占型；20年来的基尼系数整体上在波动中减少；年际变动系数Yv，近年来系数变动幅度增大，这与国内旅游持续发展密切相关。

表3-15　　珠三角都市圈20年国内旅游收入规模变化

Tab.3-15　Domestic tourism income change of the Pearl River Delta for 20 years

年份	|b|	CR_1	G	Yv	年份	|b|	CR_1	G	Yv
1995	9.43	45.70	0.8361	0.23	2005	11.80	41.19	0.8021	0.70
1996	10.35	44.38	0.8244	0.28	2006	12.09	40.44	0.7962	0.78
1997	10.39	43.85	0.8239	0.30	2007	12.87	40.00	0.7883	0.92
1998	10.47	46.45	0.8266	0.34	2008	13.34	39.71	0.7828	1.03

续表

年份	|b|	CR_1	G	Yv	年份	|b|	CR_1	G	Yv
1999	10.53	46.92	0.8219	0.38	2009	13.57	41.22	0.7822	1.20
2000	10.39	42.69	0.8207	0.45	2010	13.76	42.41	0.7840	1.46
2001	10.59	42.89	0.8180	0.49	2011	13.42	45.64	0.7943	1.91
2002	11.00	42.19	0.8121	0.55	2012	13.57	46.08	0.7943	2.28
2003	10.24	44.34	0.8269	0.48	2013	13.85	45.14	0.7928	2.64
2004	11.25	41.92	0.8082	0.62	2014	14.15	44.83	0.7951	2.97

（2）珠三角都市圈入境旅游规模位序关系。以珠三角2014年截面入境旅游人次数据为基础（如图3-16所示），从分布数量上看，1000万人次以上的是深圳市，400万~1000万人次的有2个城市，400万人次以下的有6个城市，整体在数量分布上呈"金字塔"状；区域旅游人次首位度指数为1.5；CR_1指数为34.44%，近于高度集中度；G指标为0.7974；另外q值为1.04，属于集中型，回归线的斜率\|b\|为5.10。

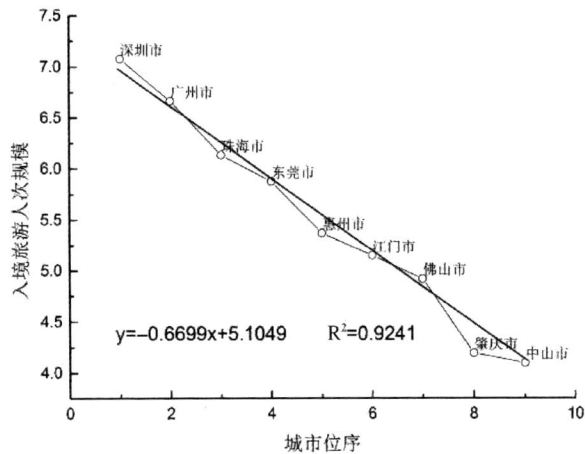

图3-16 珠三角都市圈2014年入境旅游人次位序
Fig. 3-16 Inbound tourist rank of the Pearl River Delta in 2014

20年来的平均数据显示，与截面数据的位次关系具有高度一致性：首位率达到1.25；CR_1指数为34.23%，几近于高度集中度；基尼系数为0.7937；q值为1.02，属于集中型，通过对其规模和其位序进行回归分析，发现\|b\|为5.2344。多年来，旅游外汇收入的首位性和集中程度在下降。

1995—2014年本区相关指标测量结果如表3-16所示，回归线的斜率

|b|值分布在3~5.7,总体呈现先增大后减小的趋势;区域垄断性指数CR_1,在20年来一直介于21%~40%,历经独占型—中度集中度的转变;20年来的基尼系数整体上表现为逐渐减小;年际变动系数Yv,表现为持续增长变化中的稳定性。

表 3-16 珠三角都市圈20年入境旅游人次规模变化

Tab. 3-16 Inbound tourist size change of the Pearl River Delta for 20 years

年份	|b|	CR_1	G	Yv	年份	|b|	CR_1	G	Yv
1995	3.07	36.43	0.8584	0.30	2005	3.88	29.85	0.8242	0.89
1996	3.22	39.41	0.8562	0.34	2006	4.65	22.56	0.7891	1.31
1997	3.46	39.87	0.8439	0.39	2007	3.99	27.40	0.8222	1.17
1998	3.60	37.78	0.8305	0.42	2008	5.62	24.56	0.7889	1.30
1999	3.98	34.81	0.8109	0.47	2009	5.28	26.23	0.7944	1.37
2000	3.86	34.76	0.8262	0.63	2010	5.19	27.23	0.7992	1.56
2001	3.91	34.42	0.8248	0.67	2011	5.57	24.81	0.7908	1.64
2002	3.97	34.46	0.8252	0.72	2012	5.52	23.89	0.7895	1.73
2003	3.71	31.21	0.8345	0.61	2013	5.43	21.73	0.7841	1.85
2004	3.76	28.02	0.8293	0.82	2014	5.10	22.82	0.7974	1.80

珠三角外汇旅游收入变化与人次变化具有高度同步性,以珠三角2014年截面入境旅游外汇收入数据为基础,从分布数量上看,50亿美元以上的是广州市,10亿~46亿美元有3个城市,10亿美元以下的有5个城市,整体在数量分布上呈"金字塔"状;区域旅游外汇收入首位度指数为1.19;CR_1指数为32.9%,属于中度集中度;G指标为0.7938;另外q值为0.99,属于集中型,通过对旅游收入规模和其位序进行回归分析,发现回归线的斜率|b|为9.40。20年来的平均数据显示:首位率达到1.20;CR_1指数为36.76%,属于高度集中度;基尼系数为0.82;q值为1.14,属于集中型,通过对外汇收入规模和其位序进行回归分析,发现|b|为8.45。1995—2014年本区相关指标测量结果如表3-17所示,回归线的斜率|b|值分布在4.7~9.5,经历增大—减少—增大;区域垄断性指数CR_1,在20年来一直介于32%~51%,整体上表现为逐渐减少,历经独占型—中集中度两个过程;20年来的基尼系数整体上表现为逐渐减小;年际变动系数Yv,20年来表现为持续增长变化中的稳定性。

表 3 – 17　　　　珠三角都市圈 20 年旅游外汇收入规模变化

Tab. 3 – 17　Inbound tourism income change of the Pearl River Delta for 20 years

年份	|b|	CR$_1$	G	Yv	年份	|b|	CR$_1$	G	Yv
1995	4.75	50.10	0.9159	0.27	2005	6.88	37.25	0.8425	0.70
1996	5.26	46.91	0.8998	0.29	2006	6.89	38.44	0.8451	1.00
1997	5.87	43.05	0.8789	0.32	2007	6.97	37.97	0.8406	1.15
1998	6.24	40.57	0.8678	0.36	2008	7.55	35.41	0.8210	1.21
1999	6.72	38.27	0.8548	0.42	2009	7.70	37.45	0.8235	1.32
2000	6.74	38.63	0.8570	0.53	2010	8.26	39.48	0.8240	1.62
2001	6.99	38.43	0.8514	0.59	2011	9.38	36.49	0.8064	1.82
2002	6.96	38.04	0.8503	0.67	2012	9.35	34.33	0.7996	2.05
2003	6.49	40.03	0.8550	0.55	2013	9.37	32.93	0.7961	2.15
2004	6.65	36.84	0.8478	0.70	2014	9.40	32.89	0.7938	2.28

3.1.4　三大都市圈规模位序关系综合分析

1. 三大都市圈城市规模综合分析

以截面数据、平均数据以及历年变化数据为分析依据，三大都市圈城市规模的变化既有共性也有自身区域的特殊属性，本书从截面指标值、平均指标值以及年际变化值三个方面分别分析三大都市圈的共性与个性：

（1）三大都市圈人口规模的综合比较分析。从截面数据来看，三大都市圈金字塔结构明显：京津冀都市圈常住人口首位城市是北京，2014 年已达到 2151.6 万人，第二层级城市数有 3 个，即 1000 万～2000 万人的分别是天津、石家庄和保定，1000 万人以下城市数有 6 个，分别是唐山、沧州、秦皇岛、张家口、承德、廊坊；长三角都市圈人口首位城市上海市是 2425.68 万人，800 万～1000 万人城市有 3 个，800 万人以下城市在区域中有 21 个；珠三角都市圈首位城市广州人口达到 1308.05 万，深圳常住人口在 1077.89 万，500 万人以下城市有 5 个；三大区域人口规模分布层级特征明显，但是层级之间的距离参差不同，长三角层级距离最大，京津冀次之，珠三角的层级间距离最小，说明上海的首位性明显。按照数据模型进行具体测度：三大都市圈的城市首位度指数分别是 1.41、2.29、1.21，首位城市与第二位城市的差距依然是长三角都市圈；CR$_1$ 指数分别为 24.29%、15.25%、22.70%，分别对应中度集中度、低集中度、中度集中度，反映区域分布不同程度。

从平均值来看，三大都市圈的金字塔结构依然明显，除个别城市位序移动指数发生微变化，层级结构表现稳定；区域城市首位度指数分别为1.46、2.23、1.19，CR_1指数分别为23.93%、14.49%、22.63%，依然对应中度集中度、低集中度、中度集中度，这与截面数据特征一致。

从年际数据变化来看，如图3-17所示：长三角CR_1数值明显比其他两大都市圈要小，属于低度集中度，表现出近年来逐渐增大，京津冀和珠三角的CR_1指数20年来变化基本平稳，属于中度集中度；珠三角的|b|值表现为整体平稳中的逐渐增大，长三角和京津冀都市圈则主要表现为总体上的先增后减，变化年份以及程度不同；年际变动系数，珠三角都市圈在2010年以来变动幅度较大，京津冀表现最为平稳，珠三角次之；基尼系数方面，三大都市圈的数值变化都较为平稳，总体分布在0.65~0.8，该系数在0~1范围内，越大则说明越不均衡，京津冀都市圈表现为总体的增加，长三角和珠三角呈现总体的减小。

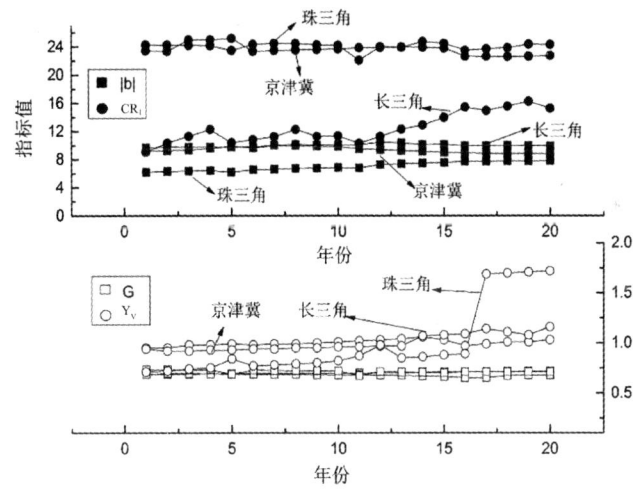

图3-17　三大都市圈人口规模年际变化

Fig. 3-17　Interannual variability of population size of three metropolitan areas

（2）三大都市圈经济规模的综合比较分析。从截面数据来看，2014年三大都市圈经济规模的层级结构亦然明显：京津冀都市圈首位城市北京的GDP总值达到21330.83亿元，5000亿~16000亿元的城市有3个，4000亿元以下的城市有6个；长三角都市圈首位城市上海的GDP总值达到23567.7亿元，7000亿~14000亿元的有4个城市，6000亿元以下的城市有20个；珠三角都市圈首位城市广州GDP总值达到16706.87亿元,深圳市达到16001.82亿元,4000亿~10000亿元的城市有2个,3000亿元以下的有5个;通过具体指标计算,三大都市圈的城市首位度指数分别为1.36、1.71、1.04,长三角城市首位度最大;CR_1指数分别是35.15%、18.01%、28.98%,分别属于高度集中度、低度集中度以及中度集中度,反映出三大都市圈的经济规模不同分布程度。

以20年来的平均水平数据为依据,三大都市圈的城市首位度分别为1.5、1.97、1.1,长三角区域首位性依然明显;区域垄断指数CR_1分别为34.55%、20.05%、28.73%,这与截面数据特征基本一致。

从年际数据变化来看,如图3-18所示,长三角区域CR_1指数明显比珠三角和京津冀数值要低,京津冀在2004年以来数值逐步增大,超过珠三角,属于高集中度;京津冀的|b|值在起初阶段数值较小,总体呈现增大趋势,长三角近年来|b|值是三大都市圈中最高的,整体呈逐渐增大趋势,珠三角经济经历了增大—减小—增大的过程,说明经济趋于集中的力量大于分散的力度;年际变动系数,京津冀20年来经济变动幅度最大,珠三角与长三角大致同步;基尼系数方面,三大都市圈整体表现为大致的一致性,京津冀都市圈表现为逐年的增加,越发不均衡,长三角大致经历了先增后减,向均衡的力量增大,珠三角大致经历了增加—减少—波动增大的过程,集中与均衡的力量产生阶段性的变化。

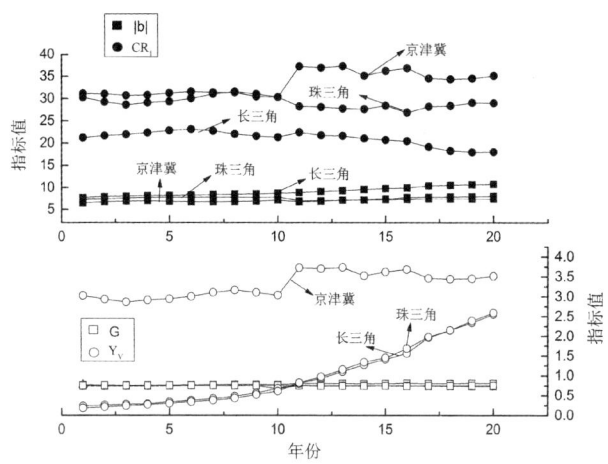

图3-18 三大都市圈经济规模年际变化

Fig. 3-18 Interannual variability of economy size of three metropolitan areas

2. 三大都市圈旅游发展规模综合分析

三大都市圈的旅游发展是我国旅游经济发展的高地,也是标杆地,在具体分析的基础上,本书从国内旅游、入境旅游两个市场,分国内旅游人次、国内旅游收入、入境旅游人次以及旅游外汇收入4个方面对三大都市圈进行综合论述。由于收入与人次之间具有高度的一致性,因此,这里重点讨论人次的变化分析。

国内旅游方面,三大都市圈在国内旅游人次和收入方面都表现出鲜明的层级结构,即"金字塔"状清晰:2014 年截面数据显示,京津冀"塔尖"城市北京的人次在 2 亿以上,二层与三层的层距达到 5000 万人次。而长三角都市圈的顶层城市上海的旅游的客流量是在 2 亿人次以上,一层与二层的层距是 9000 万人次,二层与三层的层距是 2000 万人次。珠三角都市圈的一层和二层间的层距不足 1000 万人次,层距较短。可见,京津冀都市圈的层级结构差距较大,其次是长三角都市圈和珠三角都市圈;从历年来的变化情况来看,京津冀的|b|值分布在 3.8~8.1,逐年增大,CR_1 介于 38%~63%,属于高集中度的独占型,数值整体在下降,G 数值分布在 0.79~0.92,减少趋势,Yv 在 0.36~2.38,逐年增大。长三角都市圈|b|值分布在 6.8~13,总体呈现逐渐增大趋势,CR_1 在介于 17%~36%,整体上表现为波动中减少,G 值分布在 0.65~0.85,在波动中减少,Yv 在 0.22~2.71,逐年增大。珠三角|b|值分布在 5.3~10.7,逐渐增大,CR_1 介于 24.5%~45.5%,逐渐减少,G 值分布在 0.7~0.83,逐渐减少,Yv 分布在 0.27~2.19。可见,三大都市圈规模分布的聚集力量在增加,而首位率在下降,说明其他非首位城市得到了快速发展,其中长三角都市圈旅游聚集的速度和力量在三者间最大,京津冀首位城市的首位垄断性最明显,变动系数明显在加快。

入境旅游方面,三大都市圈在客流量和收入上依然表现出鲜明的"金字塔"结构:从 2014 年的截面数据来看,京津冀"塔尖"城市北京的人次在 400 万以上,二层与三层之间层距是 200 万人次,三层与四层间的层距是 10 万人次;长三角都市圈的首位城市上海的客流量在 600 万人次以上,层距 250 万人次;珠三角都市圈的尖顶城市客流量是 1000 万人次以上,二、三层层距不足 100 万人次,可见三大都市圈中,珠三角地区的入境旅游业总体人次水平较高;从历年发展水平来看,京津冀地区|b|值分布在 1.7~3.05,逐渐增大趋势,CR_1 介于 50%~85%,属于高集中度的独占型,整体上处于逐渐减少态势,G 值分布在 0.89~0.97,逐渐减小,Yv 表现为变化中的趋于

稳定；长三角地区|b|值分布在5.9~7.3，总体在波动中逐渐增大，CR_1介于26%~50%，逐渐减小，G值分布在0.81~0.93，逐渐减小，Yv具有同步性。珠三角|b|值分布在5.3~10.7，逐渐增大，CR_1介于24.5%~45.5%，逐渐减少；G值分布在0.7~0.83，逐渐减小。可见，三大都市圈的集聚力量都在增加，珠三角增加的速度和力量较大，京津冀地区的首位城市垄断性最大，珠三角和长三角次之，而珠三角均衡结构比其他两个地区表现得更加明显。

3. 二维关系构建的可行性分析

通过上述对三大都市圈城市人口、经济、旅游三个单维指标的测度，发现城市规模与旅游发展之间存在某些共性：

京津冀都市圈，区域城市人口、经济、旅游的首位度指数分布在1.36~1.69，首位性明显，CR_1指数分布在23.93%~50.19%，属于中高度的集中度，q值与|b|值表明城市位序规模分布主要集中在大城市当中，首位性和集中性特点突出；长三角都市圈，区域城市人口、经济、旅游的首位度指数分布在1.97~2.96，CR_1指数表明经济与旅游发展属于中高度集中度，以旅游发展最为明显，q值与|b|值表明城市位序规模分布聚集在大城市的特点非常突出，人口的聚集性相对较弱；珠三角都市圈，区域城市首位度指数分布在1.1~1.59，CR_1指数分布在22.63%~34.23%，中等集中度明显，q值与|b|值表明城市位序规模分布介于分散型与集中型，均衡发展趋势突出。

总体来看，三大都市圈的城市人口规模、经济规模以及旅游发展人次规模和收入规模，在指标截面数据变化以及平均指标值变化具有大致的一致性。同时存在个别城市的差异性，总体上存在某种内在的关联性，为下面进行二维关系的构建提供可行性基础。

3.2 城市规模与旅游发展二维关系的构建

本书进行的城市规模与旅游发展二维关系研究，并不是单一数理相关以及趋势相关，是建立在相关指标一致性基础上的适合性分析。城市是旅游活动得以进行的重要空间，旅游是现代城市的重要功能，本书对三大都市圈的城市规模和旅游规模分别进行了分析,从表面数据来看,二者似乎具有某种内在的联系。本书以逻辑研究的形式,对城市规模与旅游发展的二维关系展开系统研究。关于数据指标的处理,本书分别将人口、GDP以及二者结合情况下与旅游发展进行关联化处理。

3.2.1 京津冀都市圈城市规模与旅游发展的二维关系

1. 城市人口规模与旅游发展关系

通过前期研究,我们可以发现该都市圈人口规模和旅游发展的"金字塔"结构很明显,结构层级清晰,相关指标具有一定程度上的一致性,反映城市常住人口的变化与旅游的发展有着千丝万缕的联系,国内旅游人次与收入、入境人次与旅游外汇收入、人口规模与国内旅游、入境旅游发展之间具有高度的同步性,即高首位度对应着高 CR_1 指数,回归线的斜率 | b | 值都大于1,首位城市的旅游效应强度相比人口影响强度较大,这与上一节研究是一致的,因此本书二维关系的分析具有了一定的适宜性。为了便于计算和图形展示,我们对京津冀都市圈北京、天津、石家庄、唐山、秦皇岛、保定、张家口、承德、沧州、廊坊进行从1~10的编号,并对数据进行对数处理。以上述研究为基础,对人口规模与国内旅游、入境旅游分别进行讨论:

人口规模与国内旅游的二维关系方面,如图3-19所示,从图中我们可以发现,层级分布明显,位于顶端的城市数量极少,位于底端的城市数量最多,城市级别结构清晰,大致体现高人口规模,高国内旅游人次和旅游收入;值得提出的是5、8和9,即秦皇岛、承德和沧州,秦皇岛和承德凭借独有区位和旅游资源禀赋,现已是典型的旅游城市,而沧州是经化工部批准重点建设的"化工城",是传统的工业城市,由于城市传承下来的独有职能不同,出现相异的现象。社会科学多因多果,本书从思维结构角度,对典型城市进行典型说明。

人口规模与入境旅游的二维关系方面,如图3-20所示,从图中我们可以看出,入境旅游人次和收入具有同步性;整体上,整体来看,层级分布明显,位于顶端的城市数量极少,位于底端的城市数量最多,城市"金字塔"结构清晰,行政级别上由首都到地级市的梯度变化,大致体现人口规模越高,入境旅游人次和旅游外汇收入越高;秦皇岛、承德和沧州因其城市特有的历史传承性和资源禀赋,出现分布异象;入境旅游的层级距离大于国内旅游发展的层间距。

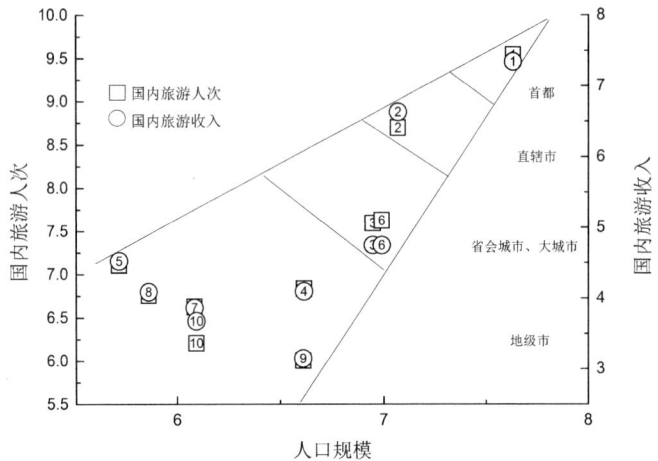

图 3-19 人口规模与国内旅游二维层级关系

Fig. 3-19 Two-dimensional hierarchy between population size and inbound tourism

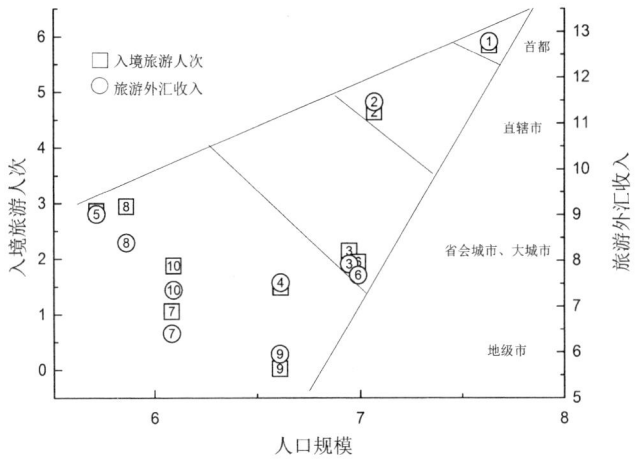

图 3-20 人口规模与入境旅游二维层级关系

Fig. 3-20 Two-dimensional hierarchy between population size and domestic tourism

2. 城市经济规模与旅游发展关系

在上述研究的基础上,我们可以发现京津冀都市圈经济规模和旅游发展的"金字塔"结构都很很明显,相关指标具有一定程度上的一致性,高首位度对应着高区域垄断指数,GDP 和国内旅游、入境旅游的 CR_1 数值以及 q 值显示都是高度集中型的首位性,这为二维关系的分析奠定了基础。

GDP 规模与国内旅游的二维关系方面,如图 3-21、图 3-22 所示,经过测算，20 年来京津冀都市圈城市经济规模与旅游关系分布等级结构明显，从图中我们可以发现，"塔尖"城市数量最少，底部城市分布最多；该区城市分布大致呈现，高经济规模、高国内旅游人次以及高国内旅游收入，这与人口规模与旅游发展关系具有一致性，其中行政级别越高的城市，其规律越明显；对于传统工业大城市，其二维经济影响力超过旅游影响力，会抗规律；入境旅游方面也是如此，四段分布关系明确，高级别的城市的区域影响力规律明显。

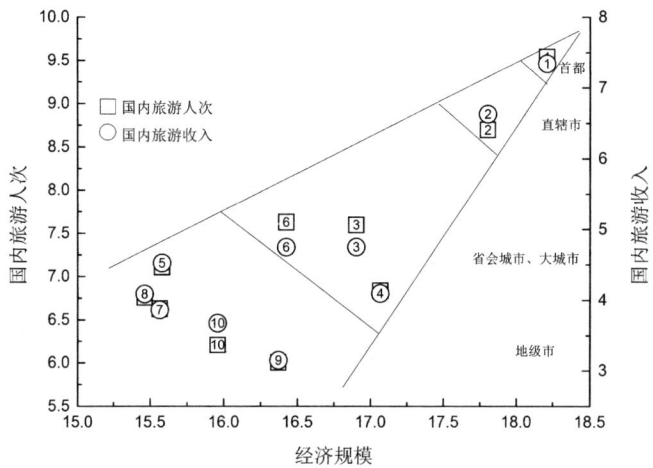

图 3 – 21　经济规模与国内旅游二维层级关系

Fig. 3 – 21　Two – dimensional hierarchy between economy size and domestic tourism

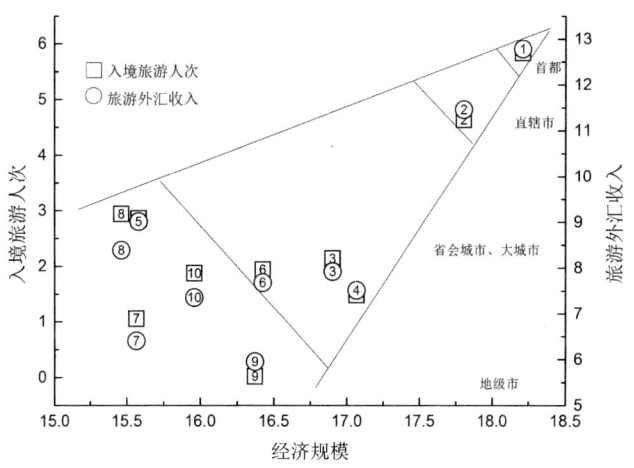

图 3 – 22　经济规模与入境旅游二维层级关系

Fig. 3 – 22　Two – dimensional hierarchy between economy size and inbound tourism

3. 城市综合规模与旅游发展关系

京津冀地区人口规模和经济规模与国内旅游和入境旅游的二维关系中，具有高度的同步性，那么将人口规模和经济规模同时进行数学对数化处理，再考虑其间的关系，规律会如何变化呢？本书在上述研究基础上，通过测定，如图 3-23 和图 3-24 所示，研究表明：北京和天津的城市规模和旅游发展处于双高地位，其他城市无法取代，省会城市石家庄位居其次，保定等大城市的数值表现规律具有一致性，秦皇岛和承德作为典型的旅游城市，传统城市规模的传承性效应较弱，旅游水平较高，表现出二维的差异性。

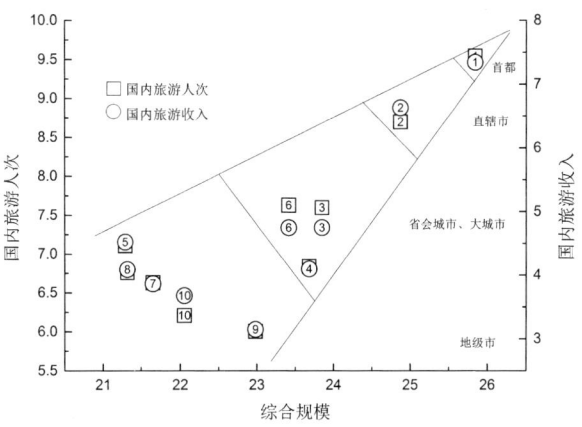

图 3-23 综合规模与国内旅游二维层级关系

Fig. 3-23 Two-dimensional hierarchy between comprehensive size and domestic tourism

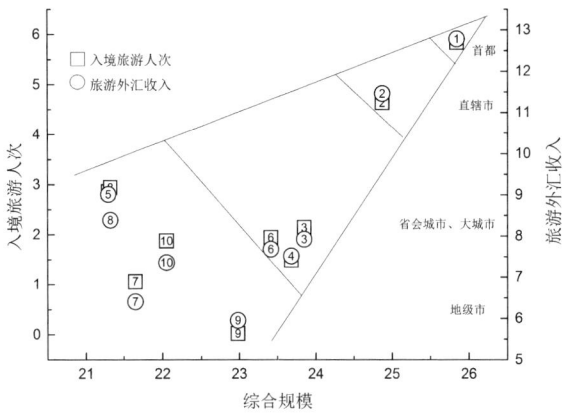

图 3-24 综合规模与入境旅游二维层级关系

Fig. 3-24 Two-dimensional hierarchy between comprehensive size and inbound tourism

本书基于社会科学的多因多果现实，从众多现象中抽化出普适性规律：京津冀都市圈，高城市人口规模和高经济规模的城市，其国内旅游发展水平和入境旅游水平相对较高，这个规律在城市行政级别基础上表现得更为明显，即高行政级别的城市，高城市人口规模、高经济规模的城市，其旅游发展水平会很高。

3.2.2 长三角都市圈城市规模与旅游发展的二维关系

在上节分析过程中，研究结果表明，长三角都市圈 20 年来的人口规模、经济规模、国内旅游以及入境旅游的城市首位率值都在 1.9 以上，回归线的斜率 | b | 值都表现为逐年的增大趋势，说明集中的力量大于分散的力量，CR_1 指标值在变化中主要表现出在波动中逐渐减少，基尼系数同样表现出趋势变化的波动性减小。这些数据指标的共性为本书进行二维关系分析奠定基础，也使分析结果具有适宜性。

1. 城市人口规模与旅游发展关系

城市人口规模与旅游发展水平的关系，如图 3-25、图 3-26 所示，经过测定，研究发现：长三角都市圈城市规模与旅游发展二维关系的三段分布清晰，"塔"式结构明显，顶端城市的分布数量最少，中间次之，底端分布的城市数量最多；位于顶尖的城市是上海市，首位性非常高，南京、杭州等省会城市、宁波等副省级城市以及大城市居于其次、一般地级市则分布在底端；本书是依据数据的自然分段特征进行层级划分，顺于规律，对于人口规模和国内旅游的层级划分，本书进行了放大分析，以表示中间层距的明显性；与入境旅游不同的是，国内旅游发展过程中，无锡市位于第二层级；两幅图中，都大致呈现出来共同的特征，即高级别的城市，旅游发展水平较高；20 年来人口规模与旅游发展水平的关系表现为，人口规模大的城市且级别比较高的城市，旅游发展水平也较高；旅游发展水平较高的城市，其人口规模比较大，且城市级别也很高。

2. 城市经济规模与旅游发展关系

城市经济规模与旅游发展水平的关系，如图 3-27、图 3-28 所示，在图中，我们可以发现，长三角都市圈城市经济规模与旅游发展二维关系的三段分布更加清晰，位于顶端的城市数量依然最少，中间是 5 个城市，数量次之，底端分布的城市数量最多，有 19 个；位于顶尖的城市是上海市，首位性非常高，南京、杭州等省会城市、宁波等副省级城市以及苏州、无锡等大城市居

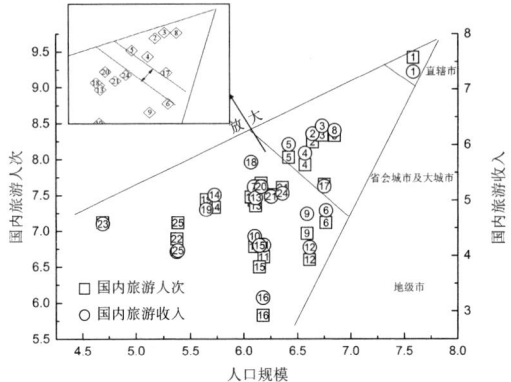

图 3-25　人口规模与国内旅游二维层级关系

Fig. 3-25　Two-dimensional hierarchy between population size and domestic tourism

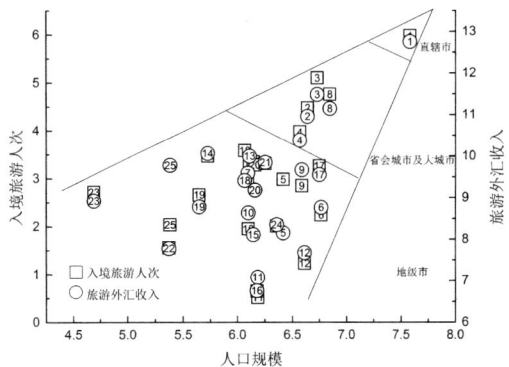

图 3-26　人口规模与入境旅游二维层级关系

Fig. 3-26　Two-dimensional hierarchy between population size and inbound tourism

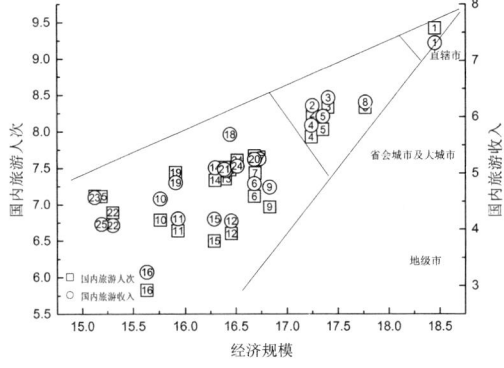

图 3-27　经济规模与国内旅游二维层级关系

Fig. 3-27　Two-dimensional hierarchy between economy size and domestic tourism

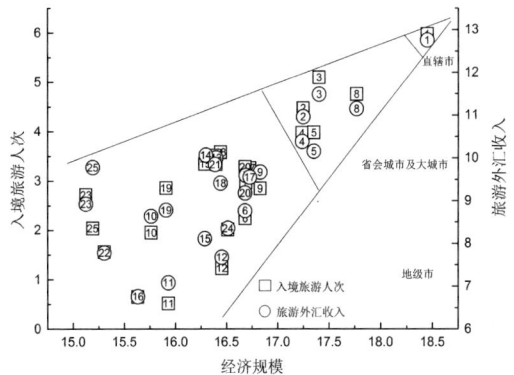

图 3-28 经济规模与入境旅游二维层级关系

Fig. 3-28 Two-dimensional hierarchy betweeneconomy size and inbound tourism

于其次，一般地级市则分布在底端；层级之间的距离更加明确，是数据自然特征的表现，也是本书规律总结的基础；两幅图中，都大致呈现出来共同的特征，即高级别的城市，高经济发展水平，旅游发展水平也较高；旅游发展水平较高的城市，其经济规模和城市级别都相应比较高。

3. 城市综合规模与旅游发展关系

本书将人口规模和经济规模进行综合考量，如图 3-29 和图 3-30 所示，研究发现：金字塔结构明显，三段分布的层级清晰，即数据的自然属性较为典型，底端城市分布的数量依然最多；国内旅游与入境旅游表现出较高的一

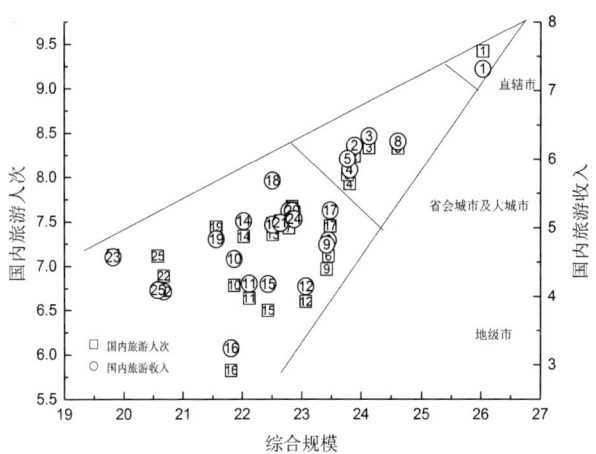

图 3-29 综合规模与国内旅游二维层级关系

Fig. 3-29 Two-dimensional hierarchy between comprehensive size and domestic tourism

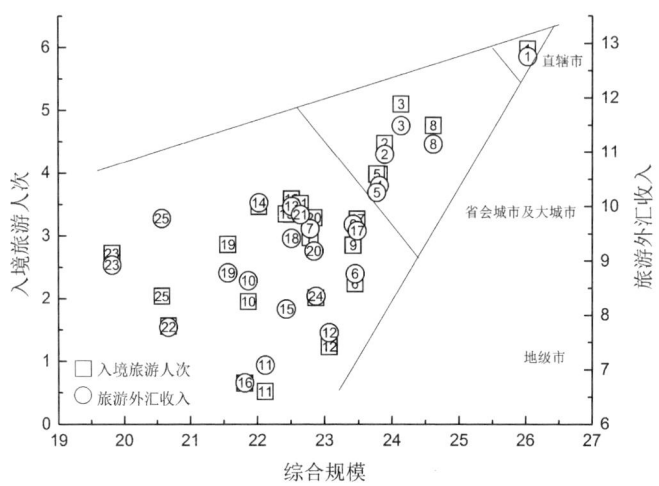

图 3-30 综合规模与入境旅游二维层

Fig. 3-30 Two-dimensional hierarchy between comprehensive size and inbound tourism

致性；上海直辖市在整个区域中的龙头性无可替代，南京、杭州、宁波、苏州等高级别城市的综合规模和旅游发展水平一致，即高综合规模、高旅游发展水平；两幅图中，都大致呈现出来共同的特征，即高级别、高综合规模发展水平的城市，旅游发展水平也较高；旅游发展水平较高的城市，其综合规模和城市级别都相应比较高。

3.2.3 珠三角都市圈城市规模与旅游发展的二维关系

前面关于珠三角人口规模、经济规模、旅游发展态势的研究结果说明，珠三角都市圈 20 年来的人口规模、经济规模、国内旅游以及入境旅游的规模与位序回归，斜率 |b| 值都表现为逐年的增大趋势，说明集中的力量大于分散的力量，CR_1 指标值在变化中主要表现出在波动中逐渐减少的趋势，基尼系数同样表现出趋势变化的波动性减小或者逐渐减小。这些数据指标的共性为本书进行二维关系分析奠定基础，也使对珠三角都市圈的分析结果具有适宜性。

1. 城市人口规模与旅游发展关系

珠三角地区城市人口规模与旅游发展水平的关系，如图 3-31、图 3-32 所示，经过测定，研究结果表明：整体金字塔结构清晰，顶端城市数量极少，底端分布最多；首位城市广州处于高旅游发展水平、高人口规模以及高城市级别地位；在与入境旅游方面，深圳的优势地位更加突出，佛山与东莞因其区位等优势，入境旅游发展地位居于其次；珠三角都市圈当中，与大致规律相异的是珠海市，于1980年成为我国的经济特区，与澳门临近，与香港隔海相望，地理位置优越，入境旅游的发展具备天然优势，另外城市电子制造业较为发达，是城市的重要功能；该区域人口规模大、城市级别高的城市，其旅游发展水平也较高。

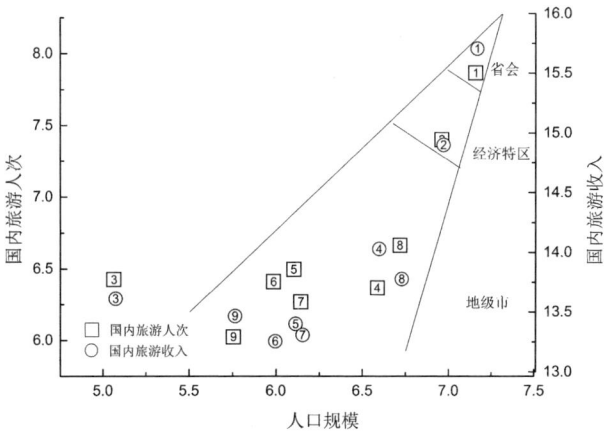

图 3-31　人口规模与国内旅游二维层级关系

Fig. 3-31　Two-dimensional hierarchy between population size and domestic tourism

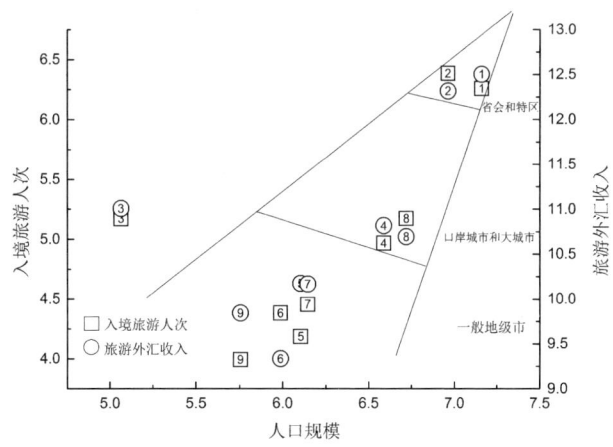

图 3-32　人口规模与入境旅游二维层级关系

Fig. 3-32　Two-dimensional hierarchy between population size and inbound tourism

2. 城市经济规模与旅游发展关系

珠三角都市圈城市经济规模与旅游发展水平的关系，如图 3 - 33、图 3 - 34 所示，在图中，我们可以发现，城市经济规模与旅游发展二维关系的三段分布清晰，位于顶端的城市数量依然最少，底端分布的城市数量最多；与国内旅游关系方面，位于顶尖的城市是广州，首位性非常高，深圳居于其次；与入境旅游关系方面，深圳和广州并驾齐驱，层级之间的距离更加明确，这是数据自然特征的表现，珠海市的差异性依然明显；两幅图中，都大致呈现出来共同的特征，即高经济发展水平、高级别的城市，旅游发展水平也较高。

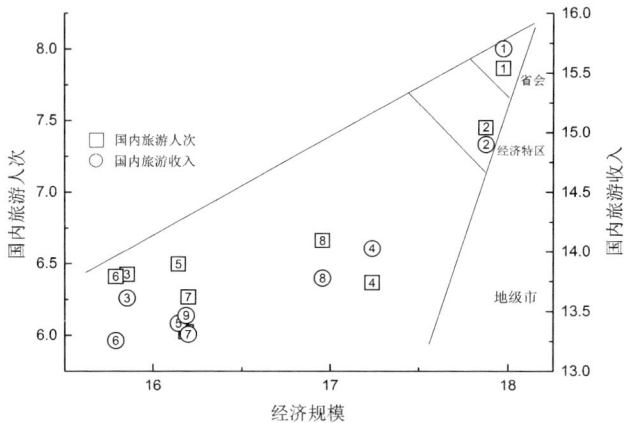

图 3 - 33　经济规模与国内旅游二维层级关系

Fig. 3 - 33　Two - dimensional hierarchy between economy size and domestic tourism

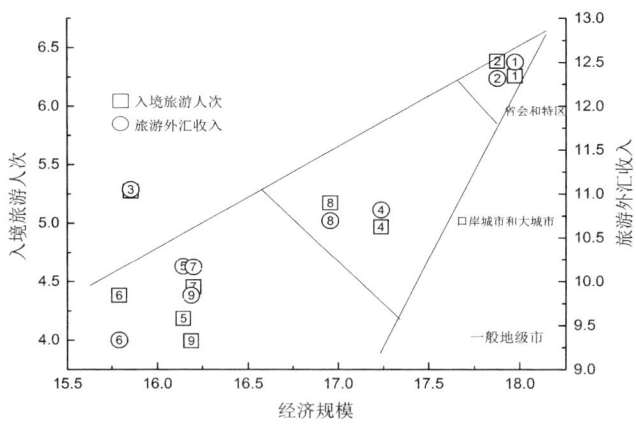

图 3 - 34　经济规模与入境旅游二维层级关系

Fig. 3 - 34　Two - dimensional hierarchy between economy size and inbound tourism

3. 城市综合规模与旅游发展关系

本书将人口规模和经济规模进行综合考量，如图 3-35 和图 3-36 所示，研究结果说明：金字塔结构明显，三段分布的层级清晰，即数据的自然属性较为典型，底端城市分布的数量依然最多；国内旅游与入境旅游表现，与单独考虑人口或者经济时候，较为一致；两幅图中，都大致呈现出来共同的特征，即高综合规模、高级别的城市，旅游发展水平也较高；在顶端分布的城市，旅游发展水平较高的城市，其综合规模和城市级别都相应比较高。

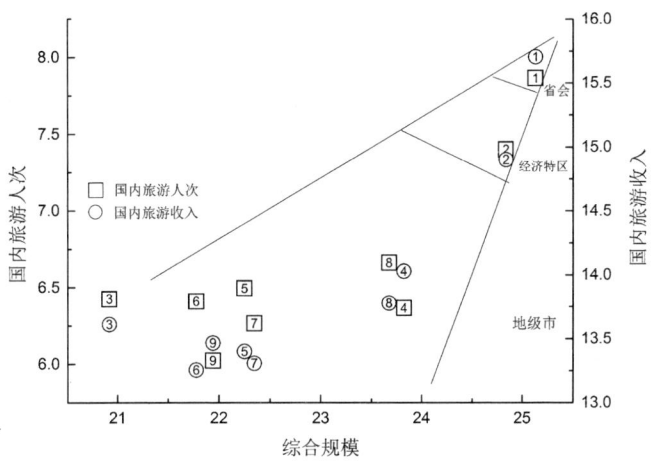

图 3-35　综合规模与国内旅游二维层级关系

Fig. 3-35　Two-dimensional hierarchy between comprehensive size and domestic tourism

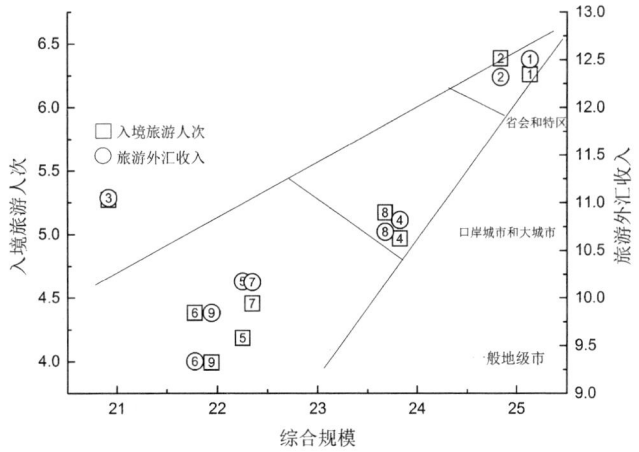

图 3-36　综合规模与入境旅游二维层级关系

Fig. 3-36　Two-dimensional hierarchy between comprehensive size and inbound tourism

首先，人口规模方面，京津冀地区人口规模越大、城市级别越高，旅游发展水平也较高，国内旅游与入境旅游具有高度一致性，这种现象在省会以及大城市级别以上，表现得完全一致，在金字塔底端的城市，因其城市传承性职能的影响，会发生偏移；长三角地区，20年来人口规模与旅游发展水平的关系表现为，人口规模大的城市且级别比较高的城市，旅游发展水平也较高，旅游发展水平较高的城市，其人口规模比较大，且城市级别也很高，国内旅游与入境旅游具有一致性，底端城市因其演变的不同，可以划分出不同类型；珠三角都市圈，整体金字塔结构清晰，顶端城市数量极少，底端分布最多；该区域城市人口规模大的、城市级别高的，其旅游发展水平也较高，这在省会及以上城市表现完全一致。

3.2.4 三大都市圈二维关系综合分析

第一，本书对三大都市圈城市规模——旅游发展的二维关系，分别建立了初始命题，在此基础上，进行三大都市圈的相关综合分析，具有适宜性。本书分别从人口规模、经济规模、综合规模探讨其与旅游发展的关系，然后抽化出关系内部的共性规律。

第二，经济规模方面，20年来京津冀都市圈城市经济规模与旅游关系分布等级结构明显，该区城市分布大致呈现，高经济规模、高国内旅游人次以及高国内旅游收入，对于行政级别越高的城市，其规律越明显；长三角都市圈城市经济规模与旅游发展二维关系的三段分布更加清晰，大致呈现出，高级别、高经济发展水平的城市，旅游发展水平也较高，旅游发展水平较高的城市，其经济规模和城市级别都相应比较高；珠三角都市圈数据自然特征明显，外向型经济突出，入境旅游结构与国内旅游略有差异，总体表现出高经济发展水平、高级别的城市，旅游发展水平也较高。

第三，在综合规模方面，京津冀都市圈中高城市综合规模的城市，其国内旅游发展水平和入境旅游水平相对较高，这个规律在城市行政级别基础上表现得更为明显，即高行政级别的城市，高城市人口规模、高经济规模的城市，其旅游发展水平会很高；长三角都市圈的规律性特征更为明显，高级别、高综合规模发展水平的城市，旅游发展水平也较高，旅游发展水平较高的城市，其综合规模和城市级别都相应比较高；珠三角都市圈，高综合规模、高级别的城市，旅游发展水平也较高，在顶端分布的城市，旅游发展水平较的城市，其综合规模和城市级别都相应比较高。

3.3 城市规模与旅游发展的关系模型

一般情况下，在思维领域里，逻辑思维的过程，可以抽化出相应的基本命题，而对于模型的诠释，是通过命题以及表现形式来实现的，即基础说明与图像的契合。本书对三大都市圈的城市规模与旅游发展这二维关系进行了基础说明，并用图像清晰表述，在此基础上，构建出具有普适性的模型，具有合理性和适宜性。城市规模与旅游发展的关系模型主要包括概念模型和分布模型。

3.3.1 城市规模与旅游发展关系的概念模型

在我国，城市规模与旅游发展的关系密不可分，城市级别是关键影响因子，如图 3-37 所示。

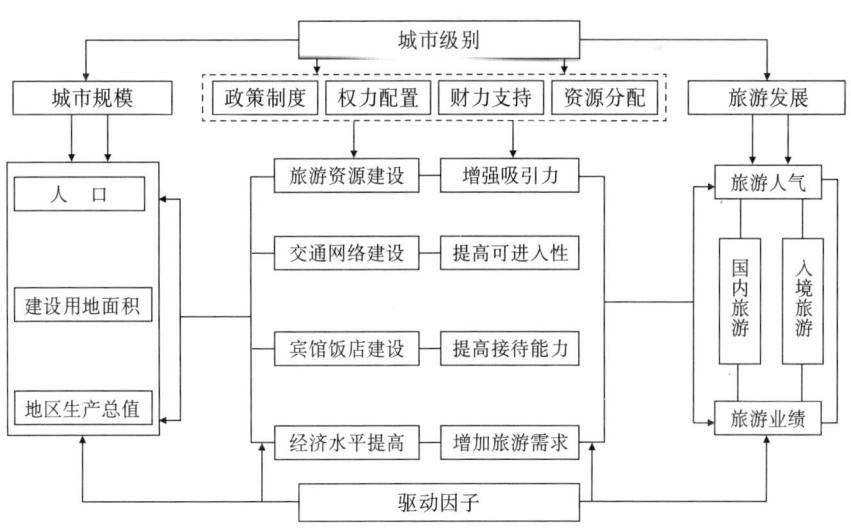

图 3-37　城市规模与旅游发展关系的概念模型

Fig. 3-37　The concept model of the relationship between city scale and tourism development

城市规模与旅游业的发展存在驱动关系，二者是一个系统中的两个方面关系，可以从供给与需求的视角给予阐释：从供给角度上讲，经济新常态下，城市规模的变化一般意义上具有不可逆性，内含着城市人口、城市交通、宾馆饭店、城市资源风貌等方面的增加或者转变，不仅是改善本地居民生活环境的基础，这些也为旅游业的发展提供了功能性保障，甚至成为吸引游客的重要因子；从需求角度来说，在一定程度上城市规模较大的城市，本地居民国内旅游需求相对更多，即城市中的居民收入增加，文化水平以及对外界的认知程度提高，想去了解更多外部世界的动机就更为强烈，也就具有更高的旅游需求，而外来旅游者因城市的知名度、功能完善等因素，会首选规模较大的城市。随着城市规模的扩大，城市居民不断增加，就会发生由地区发展结构变化引起的旅游需求转变。

实际上城市体系的形成以及发展是一个动态的过程，在地域都市圈规模组合上存在一定层级规模结构的特征。一般来说，城市所在的级别层次不同，享有的行政倾向以及投入会有较大差距。城市行政级别是行政等级制度在城市管理上的缩影，大体可以把我国城市行政级别细分为直辖市、副省级市、一般省会城市、一般地级市、县级市、县城和一般建制镇七级，目前我国有 4 个直辖市，15 个副省级城市，293 个地级市，387 个县级市。城市行政倾向是政府在行政管理过程中倾向于城市行政级别比较高的行为，具体可以表现为在政策制度、权力配置、财力支持、资源配置等方面，中心城市或者行政级别较高的城市经过长期发展后形成典型的政治、经济、文化、交通等功能中心。城市规模因城市发展需要而不断扩大，即城市行政级别越高，城市规模越大，魏后凯教授在《中国城市行政级别与规模增长》一文中已明确提出此观点；由于城市级别的差异，直接或者间接影响着城市人口、交通、用地规模报批、地区生产总值、旅游资源建设与开发、投资强度等规模要素的发展，这些基础要素成为区域旅游人气及业绩增加的驱动因子；从旅游者选择行为偏好角度，则倾向于选择高级别的高质量的旅游目的地城市，入境旅游者选择行为特征表现更为明显。行政级别倾向与城市规模以及旅游发展这三元关系机理密不可分。

在三大都市圈"城市规模—旅游发展"二维关系的研究过程中，我们发现城市体系中的所有城市，存在共性：在"金字塔"结构的顶层和中间层，高人口规模和高经济规模对应着高旅游发展水平，而在底端的城市，分布数量最多，在多因素的综合作用下，高人口规模和高经济规模未必对应着高旅游发展水平。因此，我们可以归纳出第一条规律：高人口规模、高级别的城市，城市旅游发展水平也较高；高经济规模、高级别的城市，城市旅游发展水平也较高；高旅游发展水平、高级别的城市，城市人口规模也较大；高旅游发展水平、高级别的城市，城市经济规模也较大。这里的高级别意指我国省会级别以上的城市，包括副省级城市、省会城市、直辖市等，也包括历史悠久的知名大城市。一般可以认为，如图3-38所示，行政级别高的城市比级别较低的城市享有的行政倾向力度要大，继而影响城市规模与旅游发展水平，影响曲线在省会级别城市及以上会加速偏转，而非水平直线呈线性关系变化，地级市以及县级市在关系中城市分布数量最多，密度最大；旅游的发展表现为游客数量以及收入的增加，对城市规模以及行政倾向产生倒逼效应。

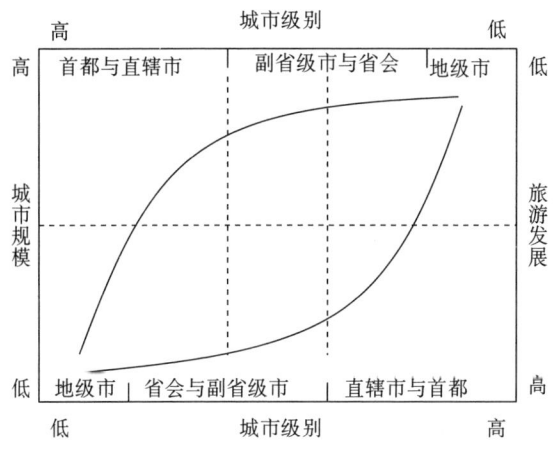

图 3-38　城市规模与旅游发展关系模型

Fig. 3-38　The model of the relationship between city scale and tourism development

3.3.2　城市规模与旅游发展关系的分布模型

三大都市圈"城市规模—旅游发展"的二维关系，在数量分布方面表现出明显的金字塔结构，层级关系明确。因此，我们在二者概念关系的基础上，提出第二条规律："城市规模—旅游发展"金字塔结构中，位于塔尖的城市分布数量最少，城市级别最高；位于塔底的城市分布数量最多，城市级别一般最低；整体数量关系呈梯度变化。如图3-39所示，这是城市规模、旅游发展、城市级别分布梯度变化的一般模式，在坐标中城市分布梯度结构明显：

城市级别越高，尤其是省会、副省级城市、直辖市等指标值会呈现"双高"，级别越高，城市分布数量越少；地级市和县级市的指标值会呈现"双低"或者"一高一低"等现象，在关系中分布数量最多，密度最大。

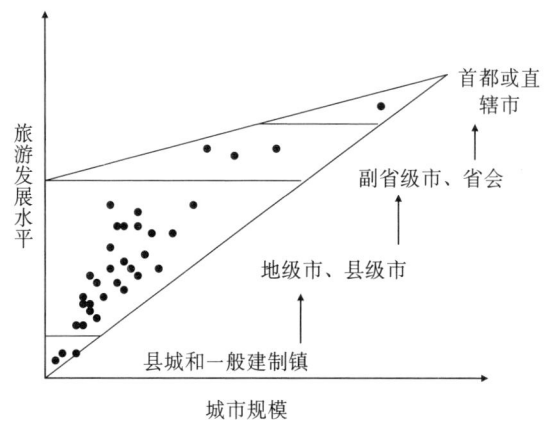

图 3 – 39　城市规模与旅游发展关系分布模型

Fig. 3 – 39　The distribution model of the relationship between city scale and tourism development

城市动力学认为人口变迁对城市地理学来说非常重要，因为人口决定了城市的规模、结构以及分布。旅游者大规模进入城市，势必对城市规模带来影响。城市规模与旅游成长的内在联动效应明显。从城市规模角度看，城市级别越高，城市功能越完善，相对规模会扩大，为旅游发展水平的提高奠定基础；从旅游者选择行为角度看，游客对经济发达、城市功能完善的大都市认知度较高，旅游的成长会促使城市功能及规模与之匹配，推进城市成长，即旅游对城市发展会有倒逼效应。社会变迁与经济差异提供了另一个城市动力学基础。因此，级别越高的城市，尤其是直辖市、副省级及省会城市，其旅游成长水平与城市规模指数呈现双高态势。

理论的形成一般是特定理论与事实说明的过程。本书以客观事实为基点，以基础数据为依据，归纳总结出"城市规模—旅游发展"关系的概念模型和数理分布规律。这在一定程度上突破了地理空间上的单一向度，丰富了城市地理学和旅游地理学的研究内容，为区域旅游协调发展提供参考。需要特别指出的是，该规律对于高级别城市是完全适应的，对于一般县级市、地级市等城市，虽然在总体上符合这条规律，但是存在个别城市现象，本书将这些城市统一划分成四大类型，主要包括：①传统工业类型城市，如徐州等城市，工业发达，人口众多，旅游发展水平有待于提高，需要振兴式发展；②典型的旅游城市，因其较高的资源禀赋价值享有盛名，如承德市等；③地理区位优势城市，依托地理位置上的极大优势，旅游业发展水平较高，如秦皇岛、珠海等市；④匮乏型城市，既没有特殊的城市职能也没有资源优势，如宿迁等城市。

3.4 小结

本章以京津冀、长三角、珠三角三大都市圈44个城市为案例地，以6大数据方法为测量依据，分别从截面数据状态、平均值状态以及20年来的变化三大角度全面分析了城市规模的位序关系、旅游发展的位序关系，在相关指标具有共性特征的基础上，对三大都市圈分别进行了"城市规模—旅游发展"的二维关系的构建以及综合分析，发现三大都市圈在不同特点上表现出诸多共性特征，因此本书在逻辑思维构建基本命题基础上，抽化出共性的规律，提出"城市规模—旅游发展"的关系模型和分布模型。

在二者关系方面，高人口规模、高级别的城市，城市旅游发展水平也较高；高经济规模、高级别的城市，城市旅游发展水平也较高；高旅游发展水平、高级别的城市，城市人口规模也较大；高旅游发展水平、高级别的城市，城市经济规模也较大。

在分布上，"城市规模—旅游发展"金字塔结构中，位于塔尖的城市分布数量最少，城市级别最高；位于塔底的城市分布数量最多，城市级别一般最低；整体数量关系呈梯度变化。

第 4 章

城市规模与旅游发展关系的演变过程

从城市动力学角度来说,城市规模与旅游发展之间存在着匹配关系,本书在上一章中对城市规模与旅游发展之间的二维规律进行了阐述,得出"城市规模—旅游发展"的关系模型和分布模型,明确了二者的空间关系。本质是种静态意义上的现象阐述,那么对于"城市规模—旅游发展"这种具有规律性的关系,在动态演变过程中,表现出何种特殊属性,能否在关系模型和分布模型的基础上,探索出动态演变的规律,实质上反映出动态演变过程中,与二维关系的大致一致性,即基于静态分析基础上的动态探索。因此,本章研究在时间分段的基础上,继续深入展开二者演变轨迹的变化,系统梳理三大都市圈"城市规模—旅游发展"二维关系整体空间轨迹特征,对案例地城市规模与国内旅游、入境旅游发展空间演变的形变轨迹和空间关系进行探索、比较研究,进一步明确案例地城市规模与旅游发展空间的地域分布以及组合规律。

4.1 二维关系阶段性演变分析

4.1.1 阶段划分的依据

依据中华人民共和国国家统计局和中华人民共和国文化和旅游部等部门的统计数据,1995—2014 年,20 年来京津冀、长三角、珠三角都市圈当中,各个城市的人口位次、经济发展位次、国内旅游人次位序、入境旅游人次位序,具有较高的一致性,这为阶段的属性划分提供了客观依据,如图 4-1、图 4-2、图 4-3 以及图 4-4 所示,高级别的城市,其人口、经济、旅游发展水平都较高，这种同步性体现在两个方面：一是同一城市不同年份的指标变化的同步性，二是同一年份不同城市的指标大致同步变化。由于国民经济的发展对于人口的增长、旅游的发展都具有重要的影响力，在三大都市圈各个指标具有较高一致性变化趋势的基础上，选择关键参照指标，以国民经济发展的阶段性特征为依据，按照"时间分段，过程可见"的方法，将 20 年的数据划分为 4 个阶段，1995—1999 年，2000—2004 年，2005—2009 年，2010—2014 年，分别为增长培育阶段、调整发展阶段、突破发展阶段、稳定增长阶段，如图 4-5 所示，这与我国国民经济计划年份数以及五年规划期具有大致的一致性。

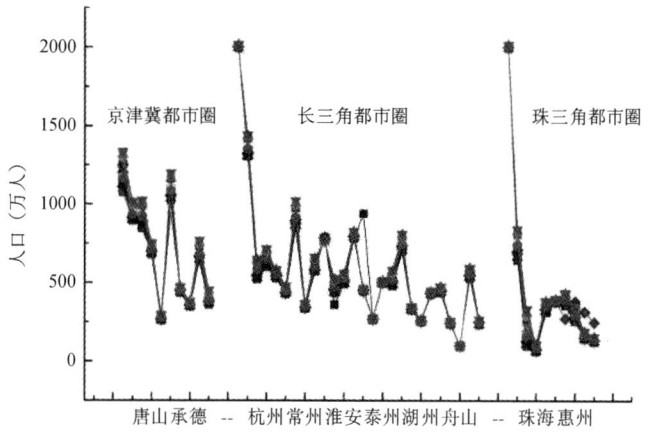

图 4-1 城市人口规模位次的时序一致性

Fig. 4-1 The temporal consistency of the city population scale

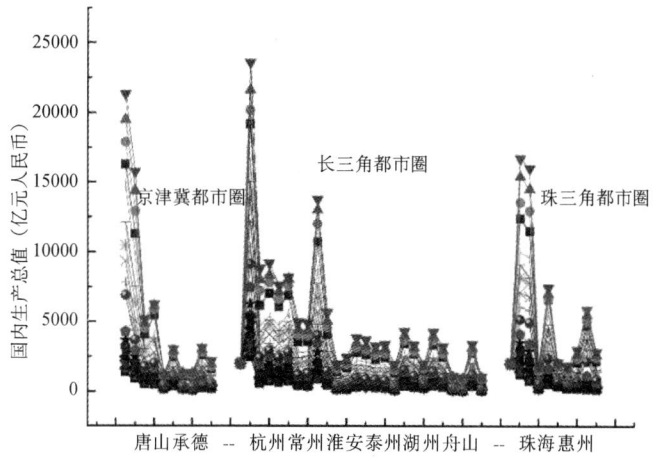

图 4-2 城市经济规模位次的时序一致性

Fig. 4-2 The temporal consistency of the city economy scale

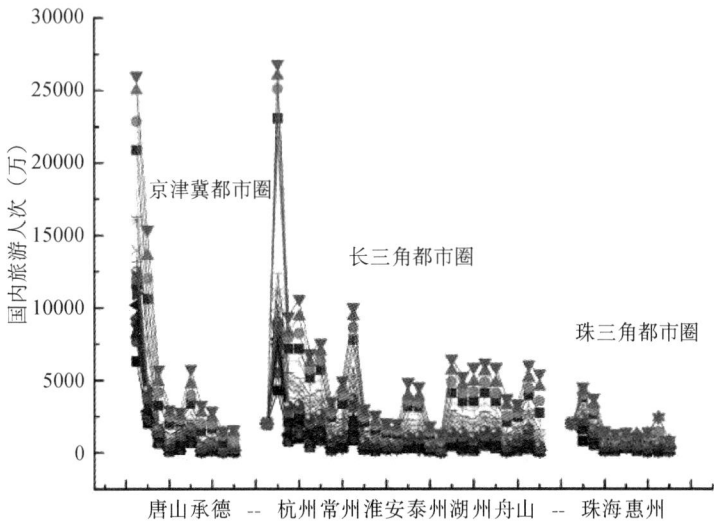

图 4-3 国内旅游发展位次的时序一致性

Fig. 4-3 The temporal consistency of the domestic tourism rank

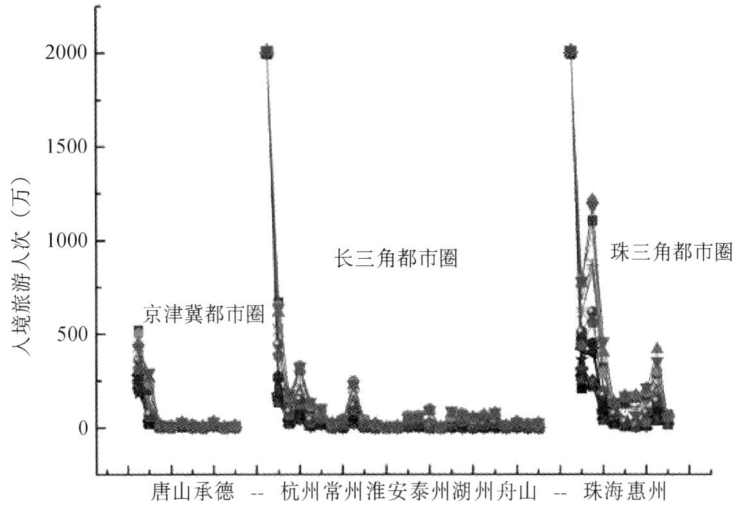

图 4-4 入境旅游发展位次的时序一致性

Fig. 4-4 The temporal consistency of the inbound tourism rank

第4章 城市规模与旅游发展关系的演变过程

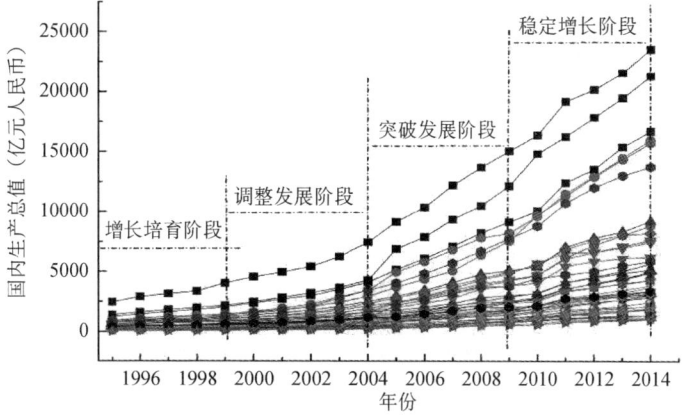

图4-5 国民经济规模演变阶段

Fig. 4-5 The evolution stage of national economy scale

其中，依据数据值特征，分别对基期值、增长倍数、阶段平均增速进行指标描述，根据指标总体特征，采取数值分段的方法，划分增长类型（如表4-1、表4-2、表4-3所示）：

表4-1 京津冀都市圈国民经济阶段属性与增长类型

Tab. 4-1 National economy stage properties and growth type of Beijing - Tianjin - Hebei Region

地区	第一个阶段（从1995—1999年）				第二个阶段（从2000—2004年）			
	基期值/亿元	增长倍数	平均增速/%	增长类型	基期值/亿元	增长倍数	平均增速/%	增长类型
北京	1394.89	1.56	11.77	高起点、中增长	2478.76	1.73	14.66	高起点、中增长
天津	920.11	1.58	12.14	高起点、中增长	1639.36	1.79	15.71	高起点、高增长
石家庄	540.31	1.68	14.04	中起点、高增长	1003.11	1.63	13.05	高起点、中增长
唐山	498.60	1.67	13.83	中起点、高增长	915.05	1.78	15.64	中起点、高增长
秦皇岛	172.24	1.53	11.26	低起点、中增长	285.39	1.59	12.34	低起点、低增长
保定	375.38	1.70	14.30	低起点、高增长	702.22	1.58	12.26	中起点、低增长
张家口	159.47	1.44	9.81	低起点、低增长	243.93	1.64	13.41	低起点、中增长
承德	97.75	1.62	13.25	低起点、高增长	163.03	1.84	16.74	低起点、高增长
沧州	250.97	1.68	14.19	低起点、高增长	461.34	1.68	14.03	中起点、中增长
廊坊	201.69	1.65	13.44	低起点、高增长	368.82	1.64	13.17	低起点、中增长

续表

地区	第三个阶段（从2005—2009年）				第四个阶段（从2010—2014年）			
	基期值/亿元	增长倍数	平均增速/%	增长类型	基期值/亿元	增长倍数	平均增速/%	增长类型
北京	6886.31	1.76	15.28	高起点、中增长	13817.95	1.54	11.52	高起点、低增长
天津	3697.62	2.03	19.49	高起点、高增长	8689.32	1.81	16.26	高起点、高增长
石家庄	1786.78	1.68	13.97	中起点、低增长	3164.19	1.63	13.41	中起点、中增长
唐山	2027.64	1.88	17.34	高起点、高增长	4064.25	1.53	11.94	中起点、低增长
秦皇岛	491.15	1.64	13.51	低起点、低增长	800.13	1.50	11.37	低起点、低增长
保定	1072.14	1.61	12.73	中起点、低增长	1879.12	1.62	13.17	中起点、中增长
张家口	415.79	1.92	17.93	低起点、高增长	880.31	1.53	11.63	低起点、低增长
承德	360.29	2.11	20.90	低起点、高增长	805.29	1.67	14.33	低起点、中增长
沧州	1130.80	1.59	12.44	中起点、低增长	1886.30	1.66	14.24	中起点、中增长
廊坊	621.23	1.85	16.67	低起点、中增长	1243.46	1.75	15.30	中起点、高增长

表4－2　长三角都市圈国民经济阶段属性与增长类型

Tab. 4－2　National economy stage properties and growth type of the Yangtze River Delta

地区	第一个阶段（从1995—1999年）				第二个阶段（从2000—2004年）			
	基期值/亿元	增长倍数	平均增速/%	增长类型	基期值/亿元	增长倍数	平均增速/%	增长类型
上海	2462.57	1.64	13.29	高起点、中增长	4551.15	1.64	13.20	高起点、中增长
南京	576.46	1.56	11.94	中起点、中增长	1021.30	1.87	17.02	中起点、高增长
杭州	762.01	1.61	12.79	中起点、中增长	1382.56	1.82	16.17	中起点、高增长
宁波	637.63	1.63	13.32	中起点、中增长	1175.75	1.84	16.45	中起点、高增长
无锡	761.11	1.50	10.74	中起点、中增长	1200.17	1.96	18.36	中起点、高增长
徐州	410.74	1.46	10.31	低起点、中增长	644.50	1.70	14.26	低起点、高增长
常州	369.70	1.46	10.02	低起点、中增长	600.66	1.83	16.42	低起点、高增长
苏州	903.11	1.50	10.90	中起点、中增长	1540.68	2.24	22.56	中起点、高增长
南通	466.53	1.44	9.62	低起点、低增长	736.44	1.66	13.69	低起点、中增长
连云港	155.16	1.84	17.00	低起点、高增长	291.13	1.43	9.64	低起点、低增长
淮安	149.00	1.82	16.59	低起点、高增长	291.05	1.72	14.57	低起点、中增长
盐城	324.07	1.54	11.66	低起点、中增长	548.59	1.59	12.30	低起点、低增长
扬州	305.02	0.71	8.91	低起点、低增长	472.12	1.67	13.80	低起点、中增长

续表

地区	第一个阶段（从1995—1999年）				第二个阶段（从2000—2004年）			
	基期值/亿元	增长倍数	平均增速/%	增长类型	基期值/亿元	增长倍数	平均增速/%	增长类型
镇江	285.86	1.46	10.06	低起点、中增长	452.03	1.73	14.74	低起点、中增长
泰州	259.07	1.42	9.37	低起点、低增长	405.25	1.74	14.93	低起点、中增长
宿迁	106.50	1.71	14.58	低起点、高增长	200.65	1.67	13.79	低起点、中增长
温州	403.59	1.82	16.34	低起点、高增长	828.12	1.69	14.08	低起点、中增长
嘉兴	321.27	1.47	10.24	低起点、中增长	541.02	1.94	18.12	低起点、高增长
湖州	227.31	1.51	10.96	低起点、中增长	377.88	1.56	12.04	低起点、低增长
绍兴	411.21	1.71	14.67	低起点、高增长	779.76	1.68	14.08	低起点、中增长
金华	340.83	1.47	10.37	低起点、中增长	546.52	1.79	15.77	低起点、中增长
衢州	114.47	1.29	6.69	低起点、低增长	161.8997	1.75	15.15	低起点、中增长
舟山	73.49	1.38	8.47	低起点、低增长	114.0261	1.86	16.86	低起点、高增长
台州	408.23	1.48	10.65	低起点、中增长	674.9875	1.74	14.87	低起点、中增长
丽水	69.92	1.84	16.50	低起点、高增长	136.7613	1.93	17.95	低起点、高增长
地区	第三个阶段（从2005—2009年）				第四个阶段（从2010—2014年）			
	基期值/亿元	增长倍数	平均增速/%	增长类型	基期值/亿元	增长倍数	平均增速/%	增长类型
上海	9154.18	1.64	13.26	高起点、低增长	16394.75	1.44	9.59	高起点、低增长
南京	2411.11	1.75	15.11	中起点、中增长	4685.52	1.88	17.42	中起点、高增长
杭州	2942.65	1.73	14.78	中起点、低增长	5393.94	1.71	14.64	中起点、中增长
宁波	2449.31	1.77	15.37	中起点、中增长	4694.56	1.62	13.19	中起点、中增长
无锡	2804.68	1.78	15.52	中起点、中增长	5563.94	1.47	10.49	中起点、低增长
徐州	1212.15	1.97	18.50	中起点、中增长	2772.96	1.79	15.88	低起点、中增长
常州	1303.36	1.93	17.94	中起点、中增长	2837.63	1.73	14.83	低起点、中增长
苏州	4026.52	1.92	17.76	高起点、中增长	8779.11	1.57	12.06	中起点、低增长
南通	1472.08	1.95	18.21	中起点、中增长	3235.48	1.75	15.14	低起点、中增长
连云港	455.97	2.06	19.92	低起点、高增长	1132.16	1.74	14.93	低起点、中增长
淮安	561.81	2.00	18.90	低起点、高增长	1327.67	1.85	16.77	低起点、高增长
盐城	1004.90	1.91	17.53	中起点、中增长	2230.74	1.72	14.64	低起点、中增长
扬州	922.02	2.01	19.12	低起点、高增长	2139.50	1.73	14.76	低起点、中增长
镇江	871.67	1.92	17.69	低起点、中增长	1936.02	1.68	13.90	低起点、中增长
泰州	822.26	2.02	19.23	低起点、高增长	1927.46	1.75	15.15	低起点、中增长

续表

地区	第三个阶段（从2005—2009年）				第四个阶段（从2010—2014年）			
	基期值/亿元	增长倍数	平均增速/%	增长类型	基期值/亿元	增长倍数	平均增速/%	增长类型
宿迁	375.93	2.20	21.81	低起点、高增长	998.65	1.93	18.19	低起点、高增长
温州	1596.35	1.58	12.29	中起点、低增长	2630.40	1.64	13.47	低起点、中增长
嘉兴	1159.66	1.65	13.50	中起点、低增长	2020.76	1.66	13.96	低起点、中增长
湖州	644.25	1.71	14.46	低起点、低增长	1168.76	1.67	14.09	低起点、中增长
绍兴	1447.47	1.64	13.26	中起点、低增长	2528.61	1.69	14.38	低起点、中增长
金华	1063.54	1.67	13.79	中起点、低增长	1870.28	1.72	14.82	低起点、中增长
衢州	329.11	1.90	17.62	低起点、中增长	673.05	1.66	14.14	低起点、中增长
舟山	280.16	1.91	17.68	低起点、中增长	580.22	1.75	15.44	低起点、中增长
台州	1251.77	1.63	13.13	中起点、低增长	2115.64	1.60	12.91	低起点、低增长
丽水	305.99	1.79	15.72	低起点、中增长	587.42	1.79	16.21	低起点、高增长

表4-3　珠三角都市圈国民经济阶段属性与增长类型

Tab. 4-3　National economy stage properties and growth type of the Pearl River Delta

地区	第一个阶段（从1995—1999年）				第二个阶段（从2000—2004年）			
	基期值/亿元	增长倍数	平均增速/%	增长类型	基期值/亿元	增长倍数	平均增速/%	增长类型
广州	1243.07	1.65	13.43	高起点、中增长	2375.91	1.73	14.75	高起点、中增长
深圳	795.70	1.81	15.96	中起点、高增长	1665.24	2.06	19.84	中起点、高增长
珠海	199.10	1.44	9.60	低起点、低增长	330.26	1.65	13.44	低起点、中增长
佛山	545.89	1.53	11.25	中起点、低增长	957.20	1.73	14.81	中起点、中增长
江门	379.39	1.36	7.97	低起点、低增长	567.51	1.47	10.15	低起点、低增长
肇庆	241.66	1.62	12.97	低起点、中增长	383.40	1.43	9.49	低起点、低增长
惠州	230.43	1.70	14.31	低起点、中增长	440.35	1.56	11.72	低起点、低增长
东莞	205.63	1.87	17.05	低起点、高增长	489.73	2.36	24.30	低起点、高增长
中山	155.21	1.83	16.38	低起点、高增长	312.82	1.95	18.21	低起点、高增长

续表

地区	第三个阶段（从 2005—2009 年）				第四个阶段（从 2010—2014 年）			
	基期值/亿元	增长倍数	平均增速/%	增长类型	基期值/亿元	增长倍数	平均增速/%	增长类型
广州	5154.23	1.77	15.42	高起点、中增长	10060.61	1.66	13.67	高起点、高增长
深圳	4950.91	1.66	13.56	高起点、低增长	9596.10	1.67	13.69	高起点、高增长
珠海	634.95	1.64	13.25	低起点、低增长	1285.26	1.45	9.80	低起点、中增长
佛山	2383.18	2.02	19.36	中起点、高增长	5708.49	1.30	6.98	中起点、低增长
江门	805.37	1.66	13.72	低起点、低增长	1601.17	1.30	6.89	低起点、低增长
肇庆	450.57	1.91	17.65	低起点、高增长	1108.16	1.66	13.65	低起点、高增长
惠州	803.43	1.76	15.24	低起点、中增长	1739.04	1.73	14.66	低起点、高增长
东莞	2181.62	1.73	14.88	中起点、中增长	4425.29	1.33	7.38	中起点、低增长
中山	880.20	1.78	15.55	低起点、中增长	1924.30	1.47	10.09	低起点、中增长

1. 第一阶段：增长培育阶段

该时期京津冀都市圈两级分异明显，1995—1999 年，总量增长了 1.61 倍，最大基期值达到 1394.89 亿元人民币，最小基期值为 97.75 亿元人民币，区域平均增速为 12.80%，北京、天津、石家庄作为高级别城市，经济起点高，典型工业城市增速较快。依据基期值可以将国民经济的起点划分为三种类型，北京、天津国内生产总值≥920.11 亿元，起点高；石家庄、唐山国内生产总值在 500 亿~900 亿元，起点在整体上居中；保定、秦皇岛、张家口国内生产总值在 400 亿元以下，起点在整体上较低。依据平均增长率的不同，可将经济增速划分为三种类型，此时期石家庄、唐山、保定、承德、沧州、廊坊的经济增速在 13% 以上，整体上属于高增长；北京、天津、秦皇岛的经济增速在 11.2%~12.2%，属于中速增长；张家口的经济增速低于 10%，低速发展。此时期京津冀都市圈整体主要表现出中高增长态势。

长三角都市圈在此时期，上海龙头地位特别突出，圈内城市相对差异较大，中高起点城市数多于京津冀都市圈：1995—1999 年，总量增长了 1.52 倍，最大基期值达到 2462.57 亿元人民币，最小基期值为 69.92 亿元人民币，区域平均增速为 11.84%。依据基期值可以将国民经济的起点划分为三种类型，上海国内生产总值≥2400，起点很高，独霸特性突出；南京、杭州、宁波、苏州、无锡国内生产总值在 570 亿~910 亿元，起点在整体上居中；常州、连云港、南通、淮安、镇江、舟山、丽水等城市国内生产总值在 500 亿元以下，起点在整体上较低。同样依据平均增长率的不同，可将经济增速划分为三种类型，此时期连云港、温州、绍兴等城市的经济增速在14.5%以上，整体上属于高增长；上海、南京、杭州、宁波、苏州、无锡、徐州等城市的经济增速在10%~13.5%，属于中速增长；南通、扬州、泰州、衢州、舟山等城市的经济增速低于10%，属于低速发展。此时期长三角都市圈整体主要表现出中高增长态势。

该时期珠三角都市圈城市，1995—1999年，总量增长了1.65倍，最大基期值达到1243.07亿元人民币，最小基期值为155.21亿元人民币，区域平均增速为13.21%。依据基期值可以将国民经济的起点划分为三种类型，广州国内生产总值≥1243.07亿元，起点高；深圳和佛山国内生产总值在500亿~800亿元，起点在整体上居中；珠海、江门、东莞、中山等城市国内生产总值在400亿元以下，起点在整体上较低。依据平均增长率的不同，可将经济增速划分为三种类型，此时期深圳、东莞、中山的经济增速在15.9%以上，整体上属于高增长；广州、肇庆、惠州的经济增速在12.9%~14.5%，属于中速增长；珠海、佛山、江门的经济增速低于11.3%，属于低速发展。此时期珠三角都市圈整体主要表现出三高、三中、三低的态势。

2. 第二阶段：调整发展阶段

该时期京津冀都市圈两级分异明显，2000—2004年，总量增长了1.71倍，最大基期值达到2478.76亿元人民币，最小基期值为163.03亿元人民币，区域平均增速为14.1%。依据基期值可以将国民经济的起点划分为三种类型，北京、天津、石家庄国内生产总值≥1000亿元，起点高；唐山、保定、沧州国内生产总值在450亿~950亿元，起点在整体上居中；秦皇岛、张家口、承德、廊坊国内生产总值在470亿元以下，此时期起点较低。依据平均增长率的不同，可将经济增速划分为三种类型，此时期天津、唐山、承德的经济增速在15.5%以上，整体上属于高增长；北京、石家庄、张家口、沧州、廊坊的经济增速在13%~14.7%，属于中速增长；秦皇岛、保定的经济增速低于12.4%，属于低速发展。此时期京津冀都市圈在全部数据时间范围内，表现出趋于调整的增长态势。

长三角都市圈在此时期，上海龙头地位依然尤其突出，圈内城市相对差异较大，2000—2004年，总量增长了1.78倍，区域平均增速为15.23%。依据基期值可以将国民经济的起点划分为三种类型，上海国内生产总值≥4000亿元，起点很高，独霸特性依然突出；南京、杭州、宁波、苏州、无锡国内生产总值在 1000 亿~1550 亿元，起点在整体上居中；徐州、常州、南通、连云港、淮安、金华、舟山、丽水等城市国内生产总值在 800 亿元以下，起点在整体上较低。依据平均增长率的不同，可将经济增速大致划分为三种类型，此时期南京、杭州、宁波、无锡、常州、苏州、嘉兴等城市的经济增速在 16.1% 以上，整体上属于高增长时期；上海、徐州、南通、扬州、镇江、泰州等城市的经济增速在 13%~15.8%，属于中速增长；连云港、盐城、湖州等城市的经济增速低于 12.3%，属于低速发展。此时期长三角都市圈整体中高增长态势明显，在近 20 年来处于调整期。

该阶段珠三角都市圈，总量增长了 1.80 倍，区域平均增速为 15.19%。依据基期值可以将国民经济的起点划分为三种类型，广州国内生产总值≥2000 亿元，起点高；深圳和佛山国内生产总值在 900 亿~1700 亿元，起点在整体上居中；珠海、江门、东莞、中山等城市国内生产总值在 570 亿元以下，起点在整体上较低。依据平均增长率的不同，可将经济增速划分为三种类型，此时期深圳、东莞、中山的经济增速在 18.2% 以上，整体上属于高增长；广州、珠海、佛山的经济增速在 13.5%~14.9%，属于中速增长；江门、肇庆、惠州的经济增速低于 11.8%，属于低速发展。此时期珠三角都市圈整体主要表现出三高、三中、三低的态势。

总体来看，此时期比上一阶段增速加快，三大都市圈增长倍数分别提高了 0.1、0.26、0.15，反映在培育的基础上，进入调整时期的态势。

3. 第三阶段：突破发展阶段

2005—2009 年，该时期京津冀都市圈经济总量增长了 1.81 倍，区域平均增速为 16.03%。依据基期值可以将国民经济的起点划分为三种类型，北京、天津、唐山国内生产总值≥2000 亿元，起点高；石家庄、保定、沧州国内生产总值在 1000 亿~1800 亿元，起点在整体上居中；秦皇岛、张家口、承德、廊坊国内生产总值在 630 以下，此时期起点较低。依据平均增长率的不同，可将经济增速划分为三种类型，此时期天津、唐山、张家口、承德的经济增速在 17.3% 以上，整体上属于高增长；北京、廊坊的经济增速在 15.2%~16.7%，属于中速增长；石家庄、秦皇岛、沧州的经济增速低于 14%，属于低速发展。此时期京津冀都市圈在全部数据时间范围内，表现出趋于突破的增长态势。

长三角都市圈在此时期，上海龙头地位依然尤其突出，圈内城市相对差异较大，2005—2009 年，总量增长了 1.79 倍，区域平均增速为 16.48%。依据基期值可以将国民经济的起点划分为三种类型，上海国内生产总值≥9000亿元，起点很高，独霸特地位无法超越；南京、杭州、宁波、苏州、无锡、徐州、盐城、温州、嘉兴等国内生产总值在1000亿~3000亿元，起点在整体上居中；连云港、淮安、扬州、镇江、泰州等城市国内生产总值在900亿元以下，起点在整体上较低。依据平均增长率的不同，可将经济增速大致划分为三种类型，此时期的连云港、扬州、泰州等城市的经济增速在19.1%以上，整体上属于高增长时期；南京、宁波、无锡、徐州、常州等城市的国民经济增速在15.1%~18.9%，处于中速增长；上海、杭州、温州、嘉兴等城市的经济在此时期增长缓慢，低于14.8%，属于低速发展。此时期长三角都市圈整体中高起点、中高增长态势明显，在近20年来处于突破期。

该阶段珠三角都市圈，总量增长了1.76倍，区域平均增速为15.4%。依据基期值可以将国民经济的起点划分为三种类型，广州、深圳国内生产总值≥4900亿元，起点高；佛山和东莞国内生产总值在2000亿~2500亿元，起点在整体上居中；珠海、江门、肇庆、惠州、舟山等城市国内生产总值在900亿元以下，起点在整体上较低。依据平均增长率的不同，可将经济增速划分为三种类型，此时期佛山、肇庆的经济增速在17%以上，整体上属于高增长；广州、惠州、东莞、中山的经济增速在14.8%~15.6%，属于中速增长；深圳、珠海、江门的经济增速低于13.8%，属于低速发展。此时期珠三角都市圈整体突破三段分布的态势。

总体来看，此时期比上一阶段增速加快，京津冀都市圈和长三角都市圈的经济增长倍数分别提高了0.1、0.01，珠三角整体上减少了0.04倍，突破原有格局的态势明显。

4. 第四阶段：稳定增长阶段

2010—2014年，该时期京津冀都市圈经济总量增长了1.63倍，区域平均增速为13.3%。依据基期值可以将国民经济的起点划分为三种类型，北京、天津国内生产总值≥8600亿元，起点高；石家庄、唐山、保定、沧州国内生产总值在1000亿~4200亿元，起点在整体上居中；秦皇岛、张家口、承德国内生产总值在900亿元以下，此时期起点较低。依据平均增长率的不同，可将经济增速划分为三种类型，此时期天津、廊坊的经济增速在15.3%以上，整体上属于高增长；石家庄、保定、承德、沧州的经济增速在13.1%~14.4%，属于中速增长；唐山、秦皇岛、张家口的经济增速低于12%，属于低速发展。此时期京津冀都市圈在上一阶段的基础上，表现出趋于稳定。

2010—2014年,长三角都市圈在此时期,总量增长了1.63倍,区域平均增速为14.44%。依据基期值可以将国民经济的起点划分为三种类型,上海国内生产总值≥15000亿元,起点高,与其他城市的差距在加大;南京、杭州、宁波、苏州、无锡、苏州等国内生产总值在4600亿~9000亿元,起点在整体上居中;徐州、常州、连云港、湖州、绍兴、金华等城市国内生产总值在3300亿元以下,起点在整体上较低。依据平均增长率的不同,可将经济增速大致划分为三种类型,此时期的南京、淮安、宿迁、丽水等城市的经济增速在16.2%以上,整体上属于高增长时期;杭州、宁波、无锡、徐州、常州、南通等城市的国民经济增速在13.1%~15.9%,处于中速增长;上海、苏州、无锡、台州等城市的经济增速,属于低速发展。此时期长三角都市圈整体经济发展速度趋于稳定。

该阶段珠三角都市圈,总量增长了1.54倍,区域平均增速为10.76%。依据基期值可以将国民经济的起点划分为三种类型,广州、深圳国内生产总值≥9500亿元,起点高;佛山和东莞国内生产总值在4400亿~5800亿元,起点在整体上居中;珠海、江门、肇庆、惠州、舟山等城市国内生产总值在2000亿元以下,起点在整体上较低。依据平均增长率的不同,可将经济增速划分为三种类型,此时期广州、深圳、肇庆、惠州的经济增速在13%以上,整体上属于高增长;珠海、中山的经济增速在9.5%~10.3%,属于中速增长;佛山、江门、东莞的经济增速低于8%,属于低速发展。

总体来看,此时期比上一阶段增速放缓趋于稳定,三大都市圈经济分别减少了0.18、0.16、0.22,整体表现为发展速度的放缓,趋于稳定。

通过分析发现,进行时间序列范围内四个阶段的划分具有可行性。本书将依据划分的四大阶段,对三大都市圈的人口规模、经济规模、综合规模与旅游发展进行演变分析,归纳总结出"城市规模—旅游发展"的演变模型。

4.1.2 京津冀都市圈二维关系演变

在对京津冀都市圈城市人口、城市经济、国内旅游、入境旅游位序分析的基础上,归纳总结出该都市圈城市规模与旅游发展的关系规律与分布规律。随着京津冀都市圈的地位日渐凸显,"城市规模—旅游发展"的二维演变过程,越来越内涵着区域经济、人口与旅游发展的交互作用力。本书将分层对此展开研究,归纳出共性的特征。京津冀都市圈北京、天津、石家庄、唐山、秦皇岛、保定、张家口、承德、沧州、廊坊进行从1~10的编号。

1. 人口规模与旅游发展关系的演变

(1) 人口规模与国内旅游。京津冀都市圈人口规模与国内旅游关系演变如图4-6所示。1995—1999年，北京、天津、石家庄、保定城市分布在第Ⅰ类象限区，直辖市和省会城市表现出双高，保定市北邻北京，南接石家庄，东近天津，地缘区位优势非常明显，旅游区位效应显著，表现出国内旅游和城市人口规模的双高现象；Ⅳ类城市一般是地级市、县级市等，即本区的秦皇岛、张家口、承德、廊坊市，秦皇岛市在1984年成为我国首批沿海开放的城市之一，也是重要的对外贸易口岸；唐山、沧州等城市分布在第Ⅱ类象限区；五年来本区城市规模与国内旅游发展分布主要在第Ⅰ、Ⅱ、Ⅳ类象限。

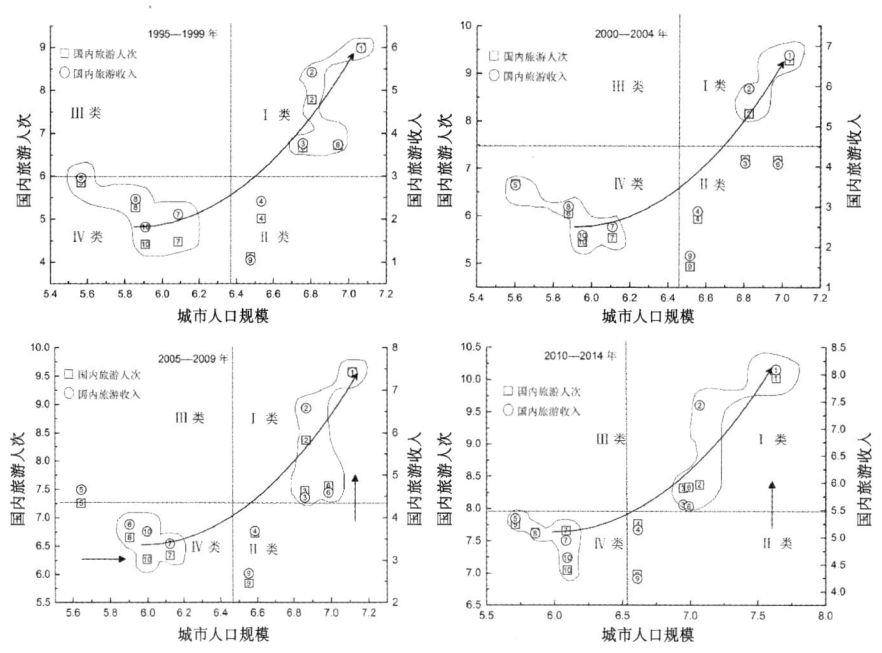

图4-6 京津冀都市圈人口规模与国内旅游关系演变

Fig. 4-6 Evolution of relationship between population size and domestic tourism of Beijing - Tianjin - Hebei Region

2000—2004年，整体看来，10个城市国内旅游与人口规模变化的位次关系，相比较上一阶段，较为稳定；北京、天津分布在第Ⅰ类象限区，本区分布面积减小；石家庄、保定、唐山、沧州分布在第Ⅱ类象限区，本区分布面积增大；秦皇岛和承德市国内旅游发展水平与人口规模位序关系不一致；五年来本区城市规模与国内旅游发展依然主要分布在第Ⅰ、Ⅱ、Ⅳ类象限。

2005—2009年，整体看来，10个城市国内旅游与人口规模变化的位次关系，相比较上一阶段，北京、天津、石家庄、保定城市分布在第Ⅰ类象限区，面积增大，北京与天津的数值距离差异增加；第Ⅱ类象限区和Ⅳ类象限面积减小，秦皇岛国内旅游经济增长速度较快；第Ⅳ类象限区当中，城市间的规模数值差异比上一阶段减小，距离更加紧密；五年来本区城市规模与国内旅游发展依然主要分布在第Ⅰ、Ⅱ、Ⅳ类象限。

2010—2014年，该阶段，城市规模与旅游发展继续演变。北京、天津、石家庄、保定城市依然分布在第Ⅰ类象限区，北京与天津之间、天津与石家庄、保定之间的距离差异在增大，石家庄和保定市与唐山等其他城市的差距在缩减；在第Ⅳ类象限区当中，城市间的规模数值差异比上一阶段减小，距离更加紧密；五年来本区城市规模与国内旅游发展依然主要分布在第Ⅰ、Ⅱ、Ⅳ类象限。

(2) 人口规模与入境旅游。京津冀都市圈人口规模与入境旅游关系演变如图4-7所示。整体来看，入境旅游的发展表现为旅游人次与收入的波动性一致；城市人口规模与入境旅游发展的演变与国内旅游方面具有类似性：

1995—1999年，北京、天津市分布在第Ⅰ类象限区，直辖市和省会城市依然表现出入境旅游和城市人口规模的双高现象；Ⅳ类城市一般是地级市、县级市等，即本区的秦皇岛、张家口、承德、廊坊市；石家庄、保定、唐山、沧州等城市分布在第Ⅱ类象限区；五年来本区城市规模与入境旅游发展分布主要在第Ⅰ、Ⅱ、Ⅳ类象限。

2000—2004年，整体看来，入境旅游与人口规模变化的位次关系，相比较上一阶段：第Ⅳ类象限区的面积在缩小，城市规模等数值差异在减小，五年来向第Ⅲ象限区转变；五年来本区城市规模与入境旅游发展分布在四个象限当中。

2005—2009年，10个城市入境旅游与人口规模变化的位次关系，相比较上一阶段，较为稳定，北京、天津分布在第Ⅰ类象限区，与石家庄、保定等城市的数值距离差异增加；第Ⅳ类象限面积减小，向第Ⅲ类象限区转变；第Ⅳ类象限区当中，城市间的规模数值差异比上一阶段减小，距离更加紧密；五年来本区城市规模与入境旅游发展在四个象限中都有分布。

2010—2014年，城市规模与旅游发展继续演变。北京、天津依然分布在第Ⅰ类象限区，北京与天津之间、天津与石家庄、保定之间的距离差异在增

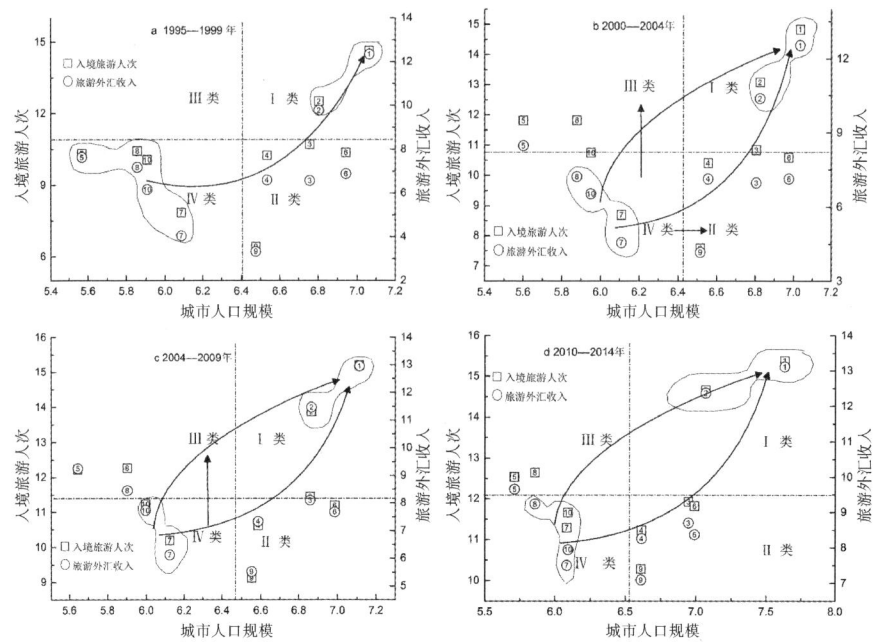

图4-7 京津冀都市圈人口规模与入境旅游关系演变

Fig. 4-7 The evolution of relationship between population size and inbound tourism of Beijing-Tianjin-Hebei Region

大,石家庄和保定市与唐山等其他城市的差距在缩减;在第Ⅳ类象限区当中,城市间的规模数值差异比上一阶段减小,距离更加紧密;五年来本区城市规模与入境旅游发展在四个象限当中都有分布。

在20年来的演变中,京津冀地区城市人口规模和旅游发展基本符合高人口规模城市、高旅游发展水平的规律,这一方面验证第3章模型的假设,另外一方面弥补模型解释的不足:秦皇岛、承德市的国内旅游和入境旅游发展水平都较高,但是人口规模不及唐山、沧州等工业城市,这些城市可作为抗模型城市类型的一部分,在此提出典型,后续将完善三大都市圈全部相关抗模型城市的类型总结。

2. 经济规模与旅游发展关系的演变

(1)经济规模与国内旅游。京津冀都市圈经济规模与国内旅游关系演变如图4-8所示。1995—1999年,北京、天津、石家庄和保定分布在第Ⅰ类象限区,直辖市、省会城市以及典型区位城市表现出双高;Ⅳ类城市一般是地级市、县级市等,即本区的秦皇岛、张家口、承德、廊坊、沧州;唐山市分布在第Ⅱ类象限区；五年来本区城市经济规模与国内旅游发展分布主要在第Ⅰ、Ⅱ、Ⅳ类象限。

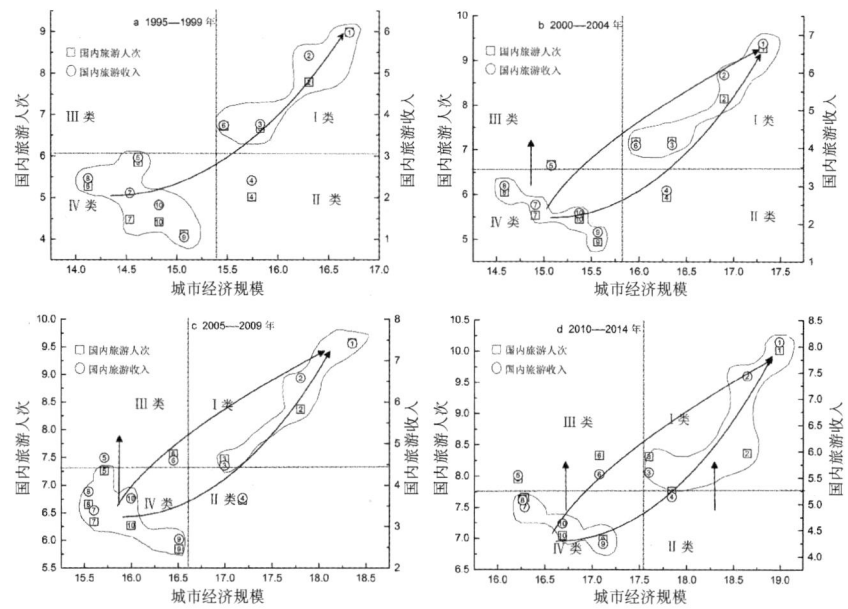

图 4-8　京津冀都市圈经济规模与国内旅游关系演变

Fig. 4-8　The evolution of relationship between economy size and domestic tourism of Beijing - Tianjin - Hebei Region

2000—2004 年，城市经济规模与国内旅游发展发生变化：北京、天津、石家庄和保定依然分布在第Ⅰ类象限区，比较上一阶段城市间的数值差距在扩大；张家口、承德、沧州、廊坊分布在第Ⅳ类象限区，该区面积在缩小，城市间的数值差距在减少；秦皇岛国内旅游在该阶段增速加快，五年来本区城市经济规模与国内旅游发展在四个象限中都有分布。

2005—2009 年，城市经济规模与国内旅游发展继续发生变化：北京、天津、石家庄分布在第Ⅰ类象限区，比较上一阶段城市间的数值差距继续在扩大；分布在第Ⅳ类象限区的城市向第Ⅲ类象限区演变，此时期京津冀城市经济规模与国内旅游发展在四个象限中都有分布。

2010—2014 年，该阶段北京、天津、石家庄分布在第Ⅰ类象限区，比较上一阶段城市间的数值差距继续在扩大；分布在第Ⅳ类象限区的城市继续向第Ⅲ类象限区演变，第Ⅳ类象限区的面积相比较上一阶段有所减少；位于第

Ⅱ类象限区的唐山,正在向第Ⅰ类象限区邻近;五年来本区城市经济规模与国内旅游发展在四个象限中都有分布。

(2)经济规模与入境旅游。京津冀都市圈经济规模与入境旅游关系演变如图4-9所示。1995—1999年,北京、天津分布在第Ⅰ类象限区,首都、直辖市表现为高经济发展高入境旅游发展;Ⅳ类城市依然是地级市、县级市等,包括本区的秦皇岛、张家口、承德、廊坊、沧州市;石家庄、保定、唐山市分布在第Ⅱ类象限区;五年来本区城市经济规模与入境旅游发展分布主要在第Ⅰ、Ⅱ、Ⅳ类象限。

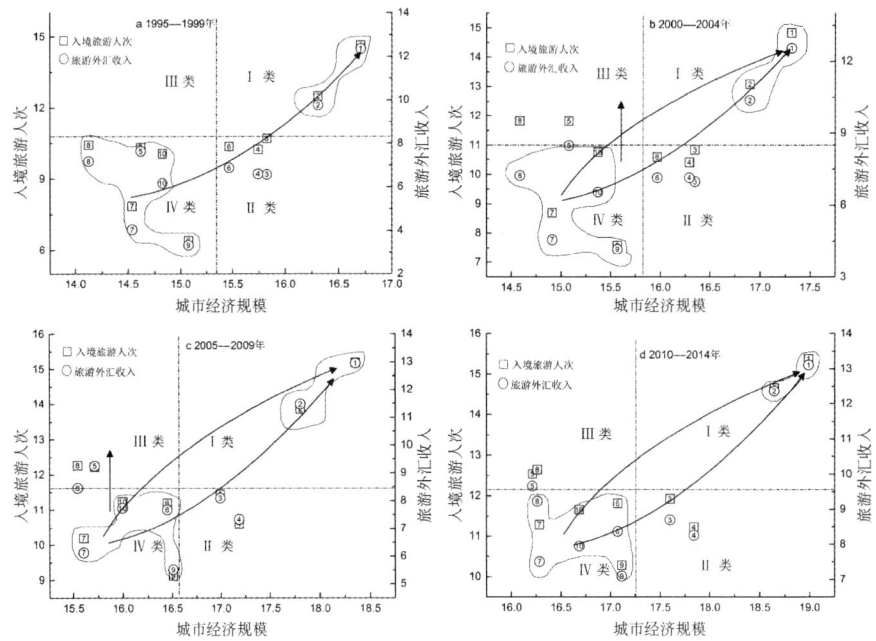

图4-9 京津冀都市圈经济规模与入境旅游关系演变

Fig. 4-9 Evolution of relationship between economy size and inbound tourism of Beijing - Tianjin - Hebei Region

2000—2004年,城市经济规模与国内旅游发展发生变化:北京、天津依然分布在第Ⅰ类象限区,比较上一阶段与其他城市间的数值差距在扩大;张家口、承德、沧州、廊坊分布在第Ⅳ类象限区,该区在向第Ⅲ类象限区转变,城市间的数值差距在减少,秦皇岛国内旅游在该阶段增速加快,这与上一部分是一致的;五年来本区城市经济规模与入境旅游发展在四个象限中都有分布。

2005—2009年，该阶段城市经济规模与入境旅游发展继续发生变化：北京、天津分布在第Ⅰ类象限区，比较上一阶段城市间的数值差距继续在扩大；分布在第Ⅳ类象限区的城市继续向第Ⅲ类象限区演变，秦皇岛、承德市的入境旅游业快速增长，第Ⅳ类象限区的城市指标数值差异在减小，保定市与石家庄的数值差异在增加，省会城市效应越发明显；此时期京津冀城市经济规模与入境旅游发展在四个象限中都有分布。

2010—2014年，该阶段北京、天津分布在第Ⅰ类象限区，比较上一阶段与其他城市间的数值差距继续在扩大；分布在第Ⅳ类象限区的城市向第Ⅲ类象限区演变，变化相对稳定，此时期入境旅游事业在总体环境中发展缓慢；五年来本区城市经济规模与国内旅游发展在四个象限中都有分布。

3. 综合分析

在四个发展阶段的演变过程，京津冀都市圈城市人口规模和经济规模与国内旅游发展的关系表现为，四个阶段的演变过程中，总体呈现高级别城市、高城市规模、高旅游发展水平；秦皇岛、承德等城市在第二阶段、第三阶段开始从第Ⅳ类象限向第Ⅲ类转变，唐山、沧州等工业化城市人口多、综合经济水平高，表现出高城市规模，而旅游水平相对秦皇岛、承德较弱，出现抗模型现象；北京、天津、石家庄、保定主要位于第Ⅰ类象限区，之间的关系差距越来越大；第一阶段本区城市人口规模、经济规模与国内旅游发展分布主要在第Ⅰ、Ⅱ、Ⅳ类象限，第二阶段开始，经济规模与国内旅游发展分布在四个象限当中，即呈现出"核"形，表现为不同象限区的面积差异。

京津冀都市圈城市人口规模和经济规模与入境旅游发展的关系表现为，四个阶段的演变过程中，总体呈现高级别城市、高城市规模、高旅游发展水平；秦皇岛、承德等城市在第二阶段开始从第Ⅳ类象限向第Ⅲ类转变，北京、天津位于第Ⅰ类象限区，与其他城市之间的关系差距在四个演变阶段表现越来越大；秦皇岛、承德市与唐山市出现抗模型现象；第一阶段本区城市人口规模、经济规模与入境旅游发展分布主要在第Ⅰ、Ⅱ、Ⅳ类象限，第二阶段至第四阶段，经济规模与国内旅游发展分布在四个象限当中，即呈现出"核"形，表现为不同象限区的面积差异。

4.1.3 长三角都市圈二维关系演变

长三角都市圈的"城市规模—旅游发展"二维关系规律最为清晰明显，这与长三角区域的经济凝聚力以及区域"核心—辐射"梯度结构密不可分。对于二维关系的演变过程，本书将继续探索其内在共性的规律，结合形变轨迹，深入探讨演变模型的可适性。对上海、南京、杭州、宁波、无锡、徐州、常州、苏州、南通、连云港、淮安、盐城、扬州、镇江、泰州、宿迁、温州、嘉兴、湖州、绍兴、金华、衢州、舟山、台州、丽水城市进行1~25的编码，图4-10中数字代表所编号的城市。

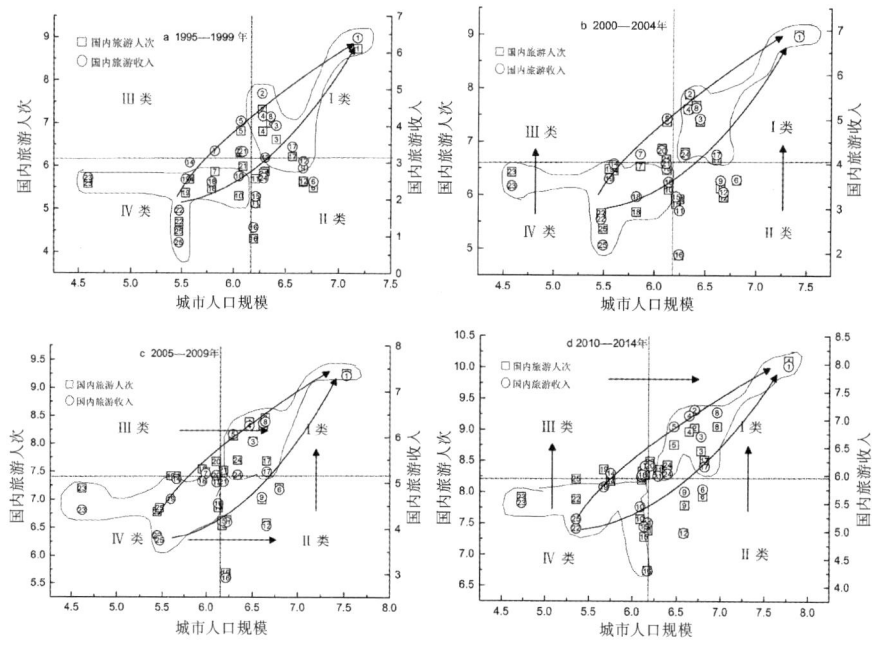

图4-10 长三角都市圈人口规模与国内旅游关系演变

Fig. 4-10 Evolution of relationship between population size and domestic tourism of Yangtze River Delta

1. 人口规模与旅游发展关系的演变

（1）人口规模与国内旅游。1995—1999年，上海、杭州、宁波、南京、苏州城市分布在第Ⅰ类象限区，直辖市、省会城市表现出双高，即高人口规模和高国内旅游发展；Ⅳ类城市一般是地级市、县级市等，即本区的连云港、嘉兴、湖州和舟山等城市；徐州、盐城、淮安等城市分布在第Ⅱ类象限区；温州、无锡、徐州等城市表现出城市人口规模与国内旅游在整体上的非线性关系，城市的历史延承性以及城市具备的工业等特有职能，使其具有较大的人口聚集区，其国内旅游发展的水平与人口规模的大小同步性较弱；五年来本区城市规模与国内旅游发展分布主要在第Ⅰ、Ⅱ、Ⅲ、Ⅳ类象限，第Ⅱ类象限比第Ⅲ类象限的面积大，分布城市较多，第Ⅳ类象限面积最大，分布城市最多。

2000—2004年，整体看来，城市国内旅游与人口规模变化的位次关系，相比较上一阶段，较为稳定；上海、杭州、宁波、南京、苏州、温州等城市分布在第Ⅰ类象限区，本区城市分布差距相比较上一阶段增加；徐州、南通、盐城、淮安、宿迁分布在第Ⅱ类象限区，比较上一阶段，本区在这一阶段存在向第Ⅰ类象限区的演变；第Ⅳ类象限区的分布城市数量最多，城市间分布的距离比较上一阶段有所增加，并且存在向第Ⅲ类区域演变的趋势；五年来本区城市规模与国内旅游发展在四大象限区域中都有分布。

2005—2009年，上海市的龙头地位依然突出，城市国内旅游与人口规模变化的位次关系，相比较上一阶段，分布在第Ⅰ类象限区的城市较为稳定，上海与南京、杭州等城市的分布距离差有所减少；第Ⅱ类象限区和第Ⅳ类象限面积有所减小，存在向第Ⅰ类象限区演变的现象；第Ⅳ类象限区当中，城市间的规模分布结构呈现扁平化，说明本区旅游发展的速度同步性在增强，存在向第Ⅱ类象限区演变的现象；五年来本区城市人口规模与国内旅游发展在四个象限类当中都有分布。

2010—2014年，该阶段，城市人口规模与旅游发展继续演变。第Ⅰ类象限区城市分布的数量有所增加，在象限中分布的距离差异在增大；在第Ⅱ类和第Ⅲ类象限区当中，城市分布数量减少，存在向第Ⅰ类象限区演变的现象；五年来本区城市人口规模与国内旅游发展在四个象限类当中都有分布。

（2）人口规模与入境旅游。长三角都市圈人口规模与入境旅游关系演变如图4-11所示。整体来看，城市人口规模与入境旅游发展的演变与国内旅游方面具有较高的一致性：

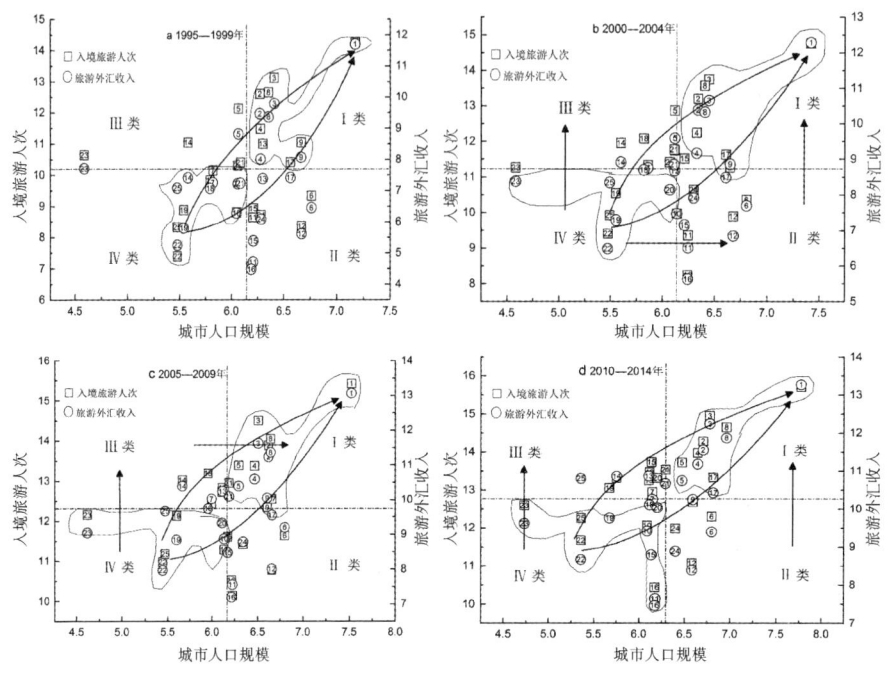

图 4-11 长三角都市圈人口规模与入境旅游关系演变

Fig. 4-11 Evolution of relationship between population size and inbound tourism of the Yangtze River Delta

1995—1999 年,上海、南京、杭州、宁波、苏州等直辖市、省会城市以及高级别城市分布在第Ⅰ类象限区,表现出入境旅游发展和城市人口规模的双高现象;第Ⅳ类城市一般是地级市、县级市等,即本区的湖州、金华、衢州、泰州、宿迁等城市;徐州、盐城等城市分布在第Ⅱ类象限区;无锡、镇江等城市分布在第Ⅲ类象限区,五年来本区城市规模与入境旅游发展分布在四个象限当中都有分布,其中第Ⅳ类象限区分布最多。

2000—2004 年,整体看来,入境旅游与人口规模变化的位次关系,第Ⅰ类象限区相比较上一阶段较为稳定,上海、南京、杭州、宁波、苏州等市依然分布于此;第Ⅳ类象限区城市分布的间距在增加,相比较上一阶段扁平化结构明显,且该象限区存在向第Ⅱ类和第Ⅲ类演变的现象,如镇江、嘉兴等城市正在向第Ⅲ类区域转变;第Ⅱ类和第Ⅲ类象限区分布的城市数量相对上一阶段有所增加,存在向第Ⅰ类象限区的演变;五年来本区城市规模与入境旅游发展分布在四个象限当中。

2005—2009 年,在第Ⅰ类象限区中,上海市与南京、杭州、宁波等城市的分布距离在减小，该阶段相比较上一阶段，位次关系变化整体较为稳定，城市分布数量有所增加；徐州、盐城、台州等城市分布在第Ⅱ类区域，该区城市分布的数量有所减弱，这与各个城市入境旅游发展的微变化有关；第Ⅳ类象限区向第Ⅲ类象限区转变；第Ⅲ类象限区当中，城市间的规模数值差异比上一阶段减小，距离更加紧密；五年来本区城市规模与入境旅游发展在四个象限中都有分布。

2010—2014年，城市规模与旅游发展继续演变。上海与南京、杭州、苏州、宁波的分布距离继续减小，第Ⅰ类象限区城市分布具有阶段的稳定性；在第Ⅳ类象限区当中，城市间的规模数值差异比上一阶段有所增加，存在向第Ⅲ类象限区演变的现象；第Ⅲ类象限区的城市分布在增加，分布第Ⅱ类区域的城市数量有所减少，整体上说明入境旅游的增长速度略高出城市规模增长，五年来本区城市规模与入境旅游发展在四个象限当中都有分布。

2. 经济规模与旅游发展关系的演变

（1）经济规模与国内旅游。长三角都市圈经济规模与国内旅游关系演变如图4-12所示。1995—1999年，整体上来看，该阶段城市经济规模与国内旅游发展之间的线性关系明显。上海、南京、杭州、宁波、苏州等城市分布在第Ⅰ类象限区，呈现簇团式结构，直辖市、省会城市、典型职能区位城市表现出双高，即高经济规模和高国内旅游发展水平；Ⅳ类城市一般是地级市、县级市等，即本区的镇江、泰州、宿迁、舟山、丽水等市，整体表现为相对双低，即相对全域而言，低国内旅游发展水平和低经济规模，该象限类城市分布数量最多；南通、台州等市分布在第Ⅱ类象限区；五年来本区城市经济规模与国内旅游发展分布主要在第Ⅰ、Ⅱ、Ⅳ类象限。

2000—2004年，城市经济规模与国内旅游发展发生变化，总体来看，上海、南京、杭州、宁波、苏州等城市依然分布在第Ⅰ类象限区，但是比较上一阶段城市间的数值差距在扩大，呈现段式结构，该区可大致呈三段式，即直辖市、省会城市及副省级城市、典型职能型大城市；第Ⅳ类象限区，该区面积在扩大，城市间的数值差距比较第一阶段在增加，城市分布数量最多，存在向第Ⅱ类象限转变的现象；第Ⅱ类象限城市分布数量相对上一阶段有所减少，存在向第Ⅰ类演变的现象；五年来本区城市经济规模与国内旅游发展分布主要在第Ⅰ、Ⅱ、Ⅳ类象限。

2005—2009年，城市经济规模与国内旅游发展继续发生变化：在第Ⅰ类象限区中，上海与南京、杭州等其他城市的分布距离值在减小，且依然是三

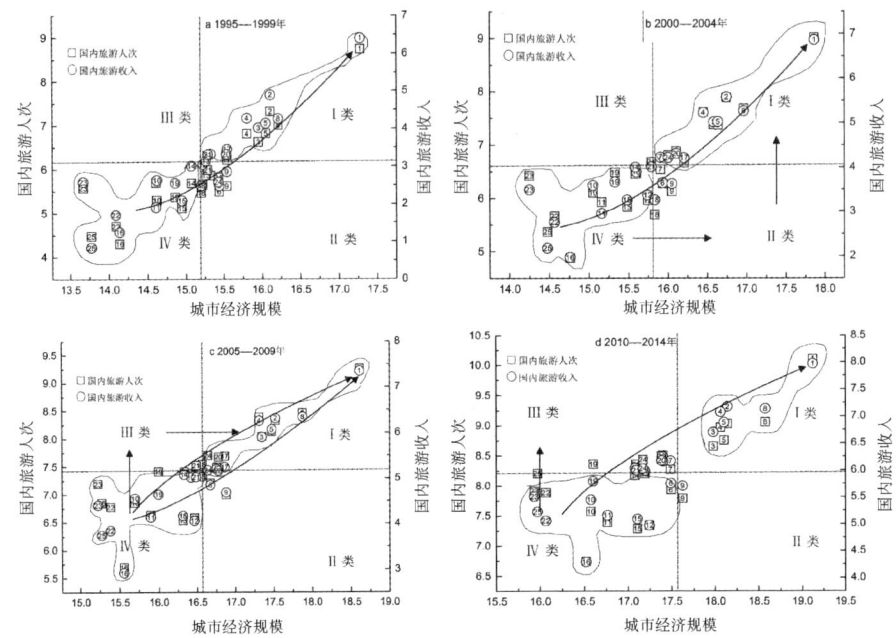

图 4-12 长三角都市圈经济规模与国内旅游关系演变

Fig. 4-12 Evolution of relationship between economy size and domestic tourism of the Yangtze River Delta

段式分布结构,中间段之间的分布距离比较上一阶段在减少;分布在第Ⅳ类象限区的城市向第Ⅲ类象限区演变,面积相比较上一阶段有所减小,此时期长三角城市经济规模与国内旅游发展在四个象限中都有分布。

2010—2014年,随着长三角区域的大发展,该阶段的演变较为明显:在第Ⅰ类象限区,比较上一阶段城市间的分布差距继续在减小,大致呈两段式分布,第Ⅰ类象限区的城市与其他象限的城市分布间距在四个阶段中,属于最大阶段;分布在第Ⅳ类象限区的城市继续向第Ⅲ类象限区演变,第Ⅳ类象限区的面积相比较上一阶段有所增加;五年来本区城市经济规模与国内旅游发展分布主要在第Ⅰ、Ⅲ、Ⅳ类象限。

(2) 经济规模与入境旅游。长三角都市圈经济规模与入境旅游关系演变如图 4-13 所示。1995—1999 年,总体来看,城市规模与旅游成长的演变过程,级别高的城市分布在第Ⅰ类象限区,指标值呈双高。上海、南京、杭州、宁波、苏州等城市分布在第Ⅰ类象限区;Ⅳ类城市一般是地级市、县级市等,即本区的镇江、嘉兴等地级市;温州、绍兴等城市分布在第Ⅱ类象限区;五年来本区城市规模与入境旅游发展基本呈线性关系，城市经济规模与入境旅游发展分布主要在第Ⅰ、Ⅱ、Ⅳ类象限，分布在第Ⅳ类象限区的城市数量远多于第Ⅰ类象限区，上海市是本区在该时期内的极值顶点，宿迁市是本区在该时期内的极值底点。城市规模位序在该时段内前五位分别是上海、杭州、南京、苏州、宁波；入境旅游综合发展位序前五位分别是上海、杭州、南京、苏州、无锡。宁波市作为工商业港口城市，在1994年被列为副省级城市，入境旅游起步低，但发展迅速。

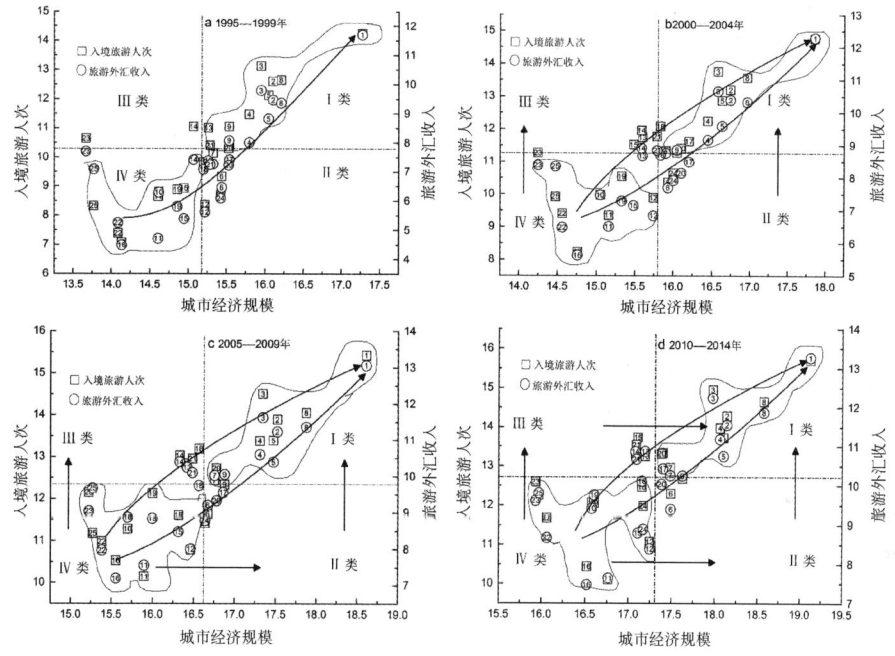

图4-13 长三角都市圈经济规模与入境旅游关系演变

Fig. 4-13 Evolution of relationship between economy size and inbound tourism of the Yangtze River Delta

2000—2004年，第Ⅰ类象限区的城市数量没有变化，相比上一阶段宁波、无锡与杭州、南京间的差距在缩小，但是第Ⅰ类象限区的数值与第Ⅳ类象限区的差距在增加。该时期，苏州城市规模位序由上阶段的第四上升到第二位，入境旅游人次与收入前6位城市位序在该阶段没有发生变化；在地级市的旅游发展位序中，常州由上阶段的20位上升到14位，上升最快；嘉兴城市规模由14位上升到11位。该阶段，城市经济规模与入境旅游发展分布在四个象限当中，城市发展为满足旅游成长的需要，不断完善功能，规模扩大，Ⅳ

类城市向Ⅱ类转变，再向Ⅰ类演变，表现出分布结构在发展过程中的阶段性；第Ⅳ类象限区的城市分布比较上一阶段更加分散均衡。

2005—2009年，第Ⅰ类象限区内部的城市分布间距比较上一阶段增加，该区与第Ⅳ类象限区的差距相对减小，城市规模与旅游发展线性关系在四个象限区都有分布，上海是本区极大值，宿迁是极小值。位序变化中，城市规模位序无锡由5位降到6位，常州由11位升到9位；入境旅游方面徐州由20位上升到17位，绍兴由14位上升到11位。相比上阶段，Ⅳ类城市向Ⅱ类演变的数量在增加，内部城市分布间距也有所扩大，地级城市发展速度在加快。

2010—2014年，该阶段位序变化中，城市规模位序常州由10位上升到7位，入境旅游人次泰州由16位上升到8位，入境旅游收入丽水由12位上升到9位。第Ⅰ类象限区的城市分布数量以及内部分布间距明显增加，在第Ⅱ、Ⅲ类象限区都有分布，第Ⅲ类象限区城市数量多于第Ⅱ类，说明城市旅游事业的发展对城市规模的增长存在倒逼效应，城市规模可以是先扩大推动旅游的成长，也可以是旅游发展推动城市建设引起规模扩大，城市规模与旅游时空演变呈"核"式分布，重心在右，即第Ⅳ类区城市分布多于第Ⅰ类区，第Ⅲ类多于第Ⅱ类；该阶段第Ⅳ类区向第Ⅱ类、第Ⅲ类区发展，再向第Ⅰ类区演变；第Ⅳ类象限区城市分布间距进一步增加，呈现团簇式分布；此时期，本区城市经济规模与入境旅游发展在四个象限类区都有分布。

3. 综合分析

四个发展阶段的演变过程中，长三角都市圈城市人口规模和经济规模与国内旅游发展的关系以及演变表现为：

（1）总体呈现高级别城市、高城市规模、高旅游发展水平，本区经济规模与旅游发展水平之间的关系表现尤为明显，对于人口规模与旅游发展之间的关系，徐州、温州、无锡、宿迁、舟山等特殊职能型城市，表现出人口规模与旅游发展水平的差异性匹配，这与京津冀地区一些城市的现象相一致，我们可将其归为一类，以确保模型的普适性，也就是说本书关系模型的提出，存在假设条件；

（2）本区人口规模与国内旅游发展之间，四个阶段在四个象限区当中都有分布，整体呈现"核"式，表现为城市分布间距的减少，即不同象限区的面积差异，说明二维关系的紧凑性发展；四个阶段的演变，大致经历了第Ⅳ象限区向第Ⅲ象限区再向第Ⅰ类象限区的转变，以及第Ⅳ象限区向第Ⅱ象限区再向第Ⅰ类象限区的转变过程；

(3) 本区经济规模与国内旅游发展之间，四个阶段的分布经历了有在第Ⅰ、Ⅱ、Ⅳ象限的分布演变成四个象限的分布再到第Ⅰ、Ⅲ、Ⅳ象限的分布；演变阶段呈现典型的团簇式分布，表现为不同级别城市的集聚，以及级别差异间的距离在扩大。

四个发展阶段的演变过程中，长三角都市圈城市人口规模和经济规模与入境旅游发展的关系以及演变表现为：

(1) 长三角都市圈城市人口规模和经济规模与入境旅游发展的关系表现为，四个阶段的演变过程中，总体呈现高级别城市、高城市规模、高旅游发展水平；

(2) 本区人口规模与入境旅游发展之间，四个阶段在四个象限区当中都有分布，整体呈现"核"式，表现为城市分布间距的减少，出现团簇式发展倾向，但是宿迁、舟山等城市相关指标是本区的较低值，这一类型城市与高级别的城市差距越来越明显；同样，四个阶段的演变，大致经历了第Ⅳ象限区向第Ⅲ象限区再向第Ⅰ类象限区的转变，以及第Ⅳ象限区向第Ⅱ象限区再向第Ⅰ类象限区的转变过程；

(3) 本区经济规模与入境旅游发展之间，四个阶段的分布经历了有在第Ⅰ、Ⅱ、Ⅳ象限的分布演变成四个象限的分布；演变阶段呈现典型的团簇式分布，表现为不同级别城市的集聚，城市聚类现象明显，同时级别差异间的距离在扩大。

4.1.4 珠三角都市圈二维关系演变

珠三角都市圈因其独特的地理区位，其区域经济和人口的变化具有独特的区位属性和环境效应。在分析该都市圈"城市规模—旅游发展"二维关系规律的基础上，本书将进一步研究这二维关系的演变过程，抽化出共性特征。对广州市、深圳市、珠海市、佛山市、江门市、肇庆市、惠州市、东莞市、中山市分别进行1~9的编码，图内数字代表相应城市。

1. 人口规模与旅游发展关系的演变

(1) 人口规模与国内旅游。珠三角都市圈人口规模与国内旅游关系演变如图4-14所示。1995—1999年，广州、深圳等城市分布在第Ⅰ类象限区，省会城市以及特区城市依然表现出双高，即高人口规模和高国内旅游发展，珠海市因其优越的地理区位，其东边与香港是隔海相望，南部与澳门相连，旅游发展水平较高,城市人口规模与国内旅游发展在区域内出现非线性;第Ⅳ类城市一般是地级市、县级市等,即本区的东莞、中山等城市;江门、肇庆、惠州等城市分布在第Ⅱ类象限区;五年来本区城市规模与国内旅游发展分布主要在第Ⅰ、Ⅱ、Ⅳ类象限区。

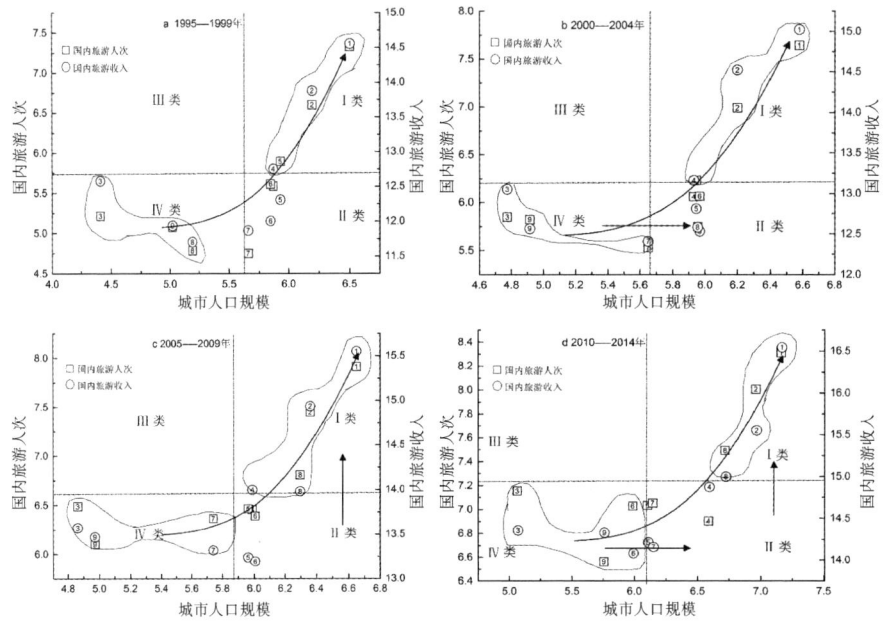

图 4-14 珠三角都市圈人口规模与国内旅游关系演变

Fig. 4-14 Evolution of relationship between population size and domestic tourism of the Pearl River Delta

2000—2004 年,整体看来,城市国内旅游与人口规模变化的位次关系,相比较上一阶段,较为稳定;分布在第Ⅰ类象限区的包括广州、深圳、佛山等城市,本区城市分布差距相比较上一阶段增加;江门、肇庆、东莞等城市分布在第Ⅱ类象限区;第Ⅳ类象限区的分布城市包括珠海、惠州、中山等市,城市间分布的距离比较上一阶段有所增加,并且存在向第Ⅱ类区域演变的趋势;五年来本区城市规模与国内旅游发展分布主要在第Ⅰ、Ⅱ、Ⅳ类象限区。

2005—2009 年,本区国内旅游业的发展进一步加速,城市国内旅游与人口规模变化的位次关系,相比较上一阶段,东莞市发展迅速,广州、深圳、东莞分布在第Ⅰ类象限区;江门和肇庆市分布在第Ⅱ类象限区,旅游收入和人次在本区具有一致性,存在向Ⅰ类象限区演变的现象;珠海、惠州、中山依然分布在第Ⅳ类象限区当中，城市间的规模分布结构比较上一阶段呈现扁平化，说明本区旅游发展的速度同步性在增强；五年来本区城市规模与国内旅游发展分布依然主要在第Ⅰ、Ⅱ、Ⅳ类象限区。

2010—2014年，该阶段，城市人口规模与国内旅游发展继续演变。第Ⅰ类象限区城市分布的数量比较上一阶段没有发生变化；佛山是和惠州市分布在第Ⅱ类象限中，比较上阶段有所变化；珠海市、肇庆市、中山市分布在第Ⅳ类象限区，存在向第Ⅱ类象限区演变的现象；第Ⅲ类象限区当中无城市分布；五年来本区城市规模与国内旅游发展分布依然主要在第Ⅰ、Ⅱ、Ⅳ类象限区，历经了第Ⅳ类象限区向第Ⅱ类象限区再向第Ⅰ类象限区转变的过程。

（2）人口规模与入境旅游。珠三角都市圈人口规模与入境旅游关系演变如图4-15所示。整体来看，珠三角地区城市人口规模与入境旅游发展的演变与国内旅游方面具有较高的一致性：

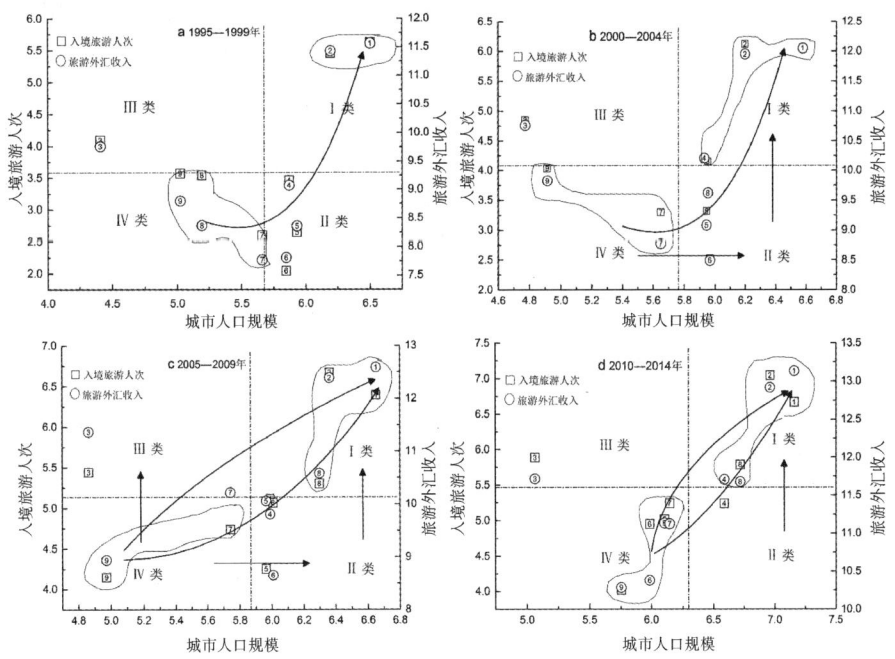

图4-15　珠三角都市圈人口规模与入境旅游关系演变

Fig. 4-15　Evolution of relationship between population size and domestic tourism of the Pearl River Delta

1995—1999年，广州、深圳作为省会城市和特区城市分布在第Ⅰ类象限区，表现出入境旅游发展和城市人口规模的双高现象，与其他城市的差距非常明显；惠州、东莞、中山分布在第Ⅳ类象限区，佛山、江门、肇庆等城市分布在第Ⅱ类象限区；珠海市分布在第Ⅲ类象限区，进一步说明珠海区位优势的明显效应。五年来本区城市规模与入境旅游发展分布主要在第Ⅰ、Ⅱ、Ⅳ类象限区。

2000—2004年，整体看来，入境旅游与人口规模变化的位次关系，第Ⅰ类象限区相比较上一阶段有所变化，广州、深圳、佛山等市分布于此，但是佛山与广州、深圳的差距非常大；第Ⅳ类象限区城市分布的间距在增加，惠州和中山市分布于此，且该象限区存在向第Ⅱ类象限区演变的现象；江门和肇庆分布在第Ⅱ类象限区，存在向Ⅰ类象限区的演变现象；五年来本区城市规模与入境旅游发展分布主要在第Ⅰ、Ⅱ、Ⅳ类象限区。

2005—2009年，在第Ⅰ类象限区中，东莞市发展快速，与广州、深圳市分布在这一区域；江门和肇庆分布在第Ⅱ类象限区，存在向第Ⅰ类象限区的演变现象，这与各个城市入境旅游发展的微变化有关；第Ⅳ类象限区向第Ⅲ类象限区转变的趋势开始出现；五年来本区城市规模与入境旅游发展在四个象限中都有分布，呈现典型的"核"状，在第Ⅱ类象限区分布的城市多于第Ⅲ类象限区。

2010—2014年，城市规模与旅游发展继续演变。广州、深圳、东莞分布在第Ⅰ类象限区，城市分布具有阶段的稳定性，城市分布间的距离相比较上一阶段有所减少；在第Ⅳ类象限区当中，城市间的规模数值差异比上一阶段有所减少，存在向第Ⅲ类象限区演变的现象；第Ⅲ类象限区的城市分布在增加，这与该阶段入境旅游发展受全球经济危机的影响下滑密不可分；分布第Ⅱ类区域的城市数量有所减少，出现向第Ⅰ类象限区演变的趋势，五年来本区城市规模与入境旅游发展在四个象限当中都有分布。

2. 经济规模与旅游发展关系的演变

（1）经济规模与国内旅游。珠三角都市圈经济规模与国内旅游关系演变如图4-16所示。1995—1999年，整体上来看，该阶段城市经济规模与国内旅游发展之间的线性关系明显。广州、深圳城市分布在第Ⅰ类象限区，表现出双高，即高经济规模和高国内旅游发展水平，与其他7个城市的差距较大；佛山市分布在第Ⅱ类象限区，珠海、江门、肇庆、惠州、东莞、中山等城市分布在第Ⅳ类象限区域，即相对全域而言，低国内旅游发展水平和低经济规模,该象限类城市分布数量最多;五年来本区城市经济规模与国内旅游发展分布主要在第Ⅰ、Ⅱ、Ⅳ类象限。

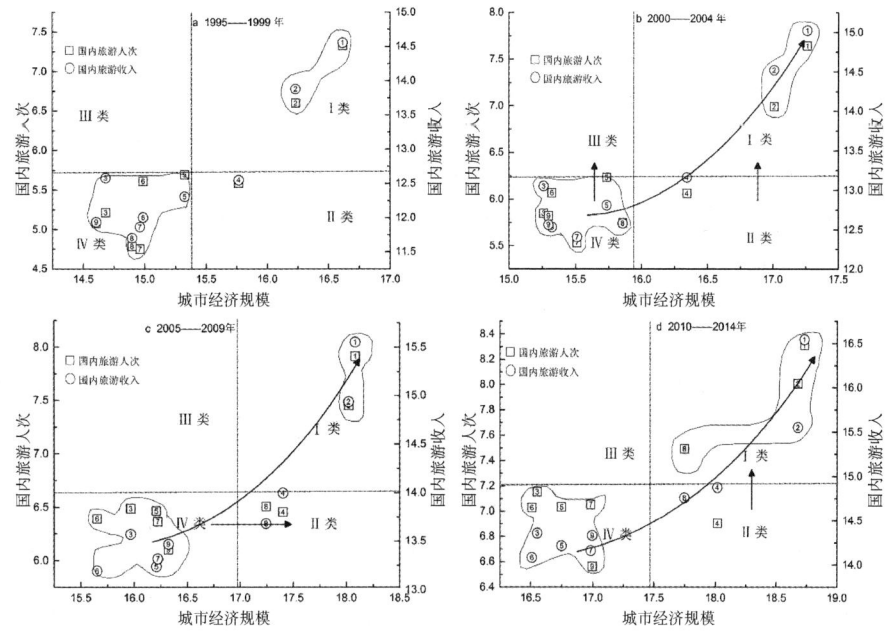

图 4-16 珠三角都市圈经济规模与国内旅游关系演变

Fig. 4-16 Evolution of relationship between economy size and domestic tourism of the Pearl River Delta

2000—2004年,城市经济规模与国内旅游发展比较上一阶段,发生变化,总体来看,广州、深圳城市依然分布在第Ⅰ类象限区,城市规模优势明显;该阶段,佛山市分布在第Ⅱ类象限区,向第Ⅰ类象限区演变,珠海、江门、肇庆、惠州、东莞、中山等城市分布在第Ⅳ类象限区域,向第Ⅲ类象限发展演变;第Ⅳ类象限城市分布数量最多;五年来本区城市经济规模与国内旅游发展分布依然主要在第Ⅰ、Ⅱ、Ⅳ类象限。

2005—2009年,城市经济规模与国内旅游发展继续发生变化:在第Ⅰ类象限区中分布的城市没有发生变化;分布在第Ⅳ类象限区的城市向第Ⅱ类象限区演变,面积相比较上一阶段有所减小;第Ⅱ类象限区中增加了东莞市,此时期第Ⅳ类象限城市分布数量依然最多;五年来本区城市经济规模与国内旅游发展分布依然主要在第Ⅰ、Ⅱ、Ⅳ类象限。

2010—2014年,随着珠三角都市圈的大发展,该阶段的演变较为明显:

在第Ⅰ类象限区，比较上一阶段城市间的分布差距在减小；该阶段，分布在第Ⅱ类象限区的城市向第Ⅰ类象限区演变，分布在第Ⅳ类象限区的城市数量最多，并且分布较为均衡；五年来本区城市经济规模与国内旅游发展分布依然主要在第Ⅰ、Ⅲ、Ⅳ类象限。

（2）经济规模与入境旅游。珠三角都市圈经济规模与入境旅游关系演变如图4-17所示。1995—1999年，总体来看，城市规模与旅游发展的演变过程，级别高的城市分布在第Ⅰ类象限区，指标值呈双高。广州、深圳分布在第Ⅰ类象限区，两城市之间的分布间距相比国内指标分析较小；佛山市依然分布在第Ⅱ类象限区；珠海市主要因为其优越的地理区位，入境旅游发展水平较高，出现"抗假设"现象，我们把其纳入条件说明；江门、肇庆、惠州、中山等城市分布在第Ⅳ类象限区域，城市分布数量最多；城市规模位序在该时段内前3位分别是广州、深圳、佛山；入境旅游综合发展位序前3位分别是广州、深圳、珠海；五年来本区城市经济规模与入境旅游发展分布在四个象限当中。

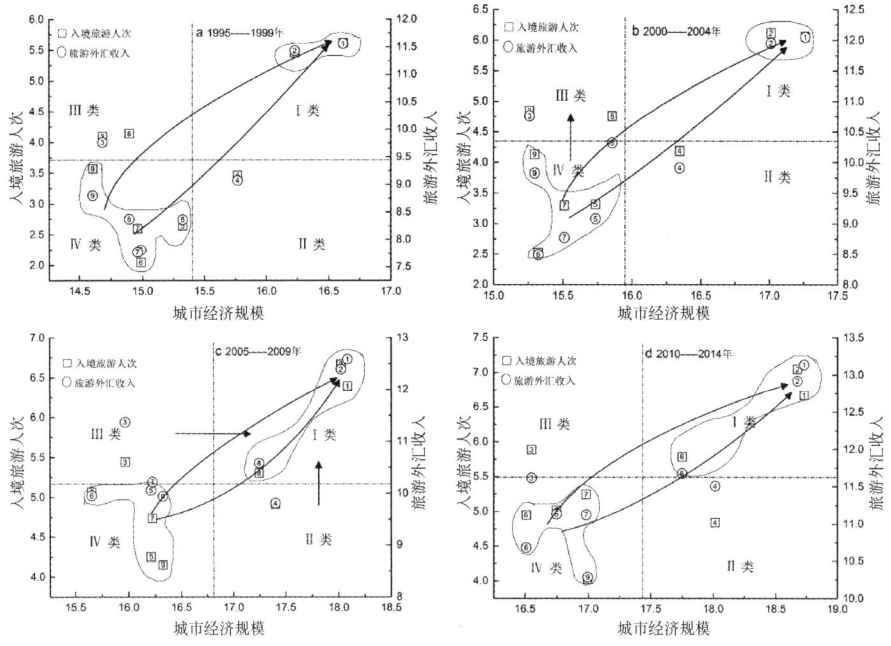

图4-17 珠三角都市圈经济规模与入境旅游关系演变

Fig. 4-17 Evolution of relationship between economy size and inbound tourism of the Pearl River Delta

2000—2004 年，第Ⅰ类象限区的城市数量没有变化，相比上一阶段的指标差距在缩小；珠海和东莞市分布在第Ⅲ类象限区，该阶段Ⅳ类城市向Ⅲ类转变，城市不断完善功能，规模扩大；佛山市依然分布在第Ⅱ类象限区；分布在第Ⅳ类象限区的城市指标间距比较上阶段有所减小；第Ⅳ类象限区的城市分布比较上一阶段更加分散均衡。该阶段，城市经济规模与入境旅游发展在四个象限当中都有分布。

2005—2009 年，第Ⅰ类象限区内部的城市分布间距比较上一阶段增加，该区与Ⅳ类象限区的差距相对减小，城市规模与旅游发展线性关系在四个象限区都有分布，广州、深圳的分布间距进一步减小，东莞发展迅速；佛山市依然分布在第Ⅱ类象限区，并且有向第Ⅰ类象限区的趋势；相比上阶段，第Ⅳ类象限区的城市数量总体在减少，但是依然是分布最多的象限；内部城市分布间距有所减小，此时期，地级城市发展速度在加快。

2010—2014 年，该阶段位序变化中，比较上一时期，较为稳定。第Ⅰ类象限区的城市分布数量没有发生变化，城市分布在四个象限区域内；在第Ⅱ、Ⅲ类象限区都有分布，城市规模与旅游时空演变呈"核"式分布。

3. 综合分析

四个发展阶段的演变过程中，珠三角都市圈城市人口规模和经济规模与国内旅游发展的关系以及演变表现为：

（1）总体来看，与假设模型相一致，即高级别城市、高城市人口和经济规模、高旅游发展水平，广州、深圳的城市地位在本区中是绝对性的，本区经济规模与旅游发展水平之间的关系表现尤为明显，对于人口规模与旅游发展之间的关系，珠海、东莞等特殊职能型城市，表现出人口规模与旅游发展水平的差异性匹配，这与京津冀都市圈和长三角都市圈一些城市的现象相一致，我们可将其归为一类，作为模型的补充条件，即模型的成立需要假设条件的存在；

（2）本区人口规模与国内旅游发展之间，主要分布在第Ⅰ、Ⅱ、Ⅳ象限，表现为城市分布间距的减少，即不同象限区的面积差异，说明二维关系的发展越发密切；四个阶段的演变，大致经历了第Ⅳ象限区向第Ⅱ象限区再向第Ⅰ类象限区的转变过程；

（3）本区经济规模与国内旅游发展之间，四个阶段的分布都是分布在在第Ⅰ、Ⅱ、Ⅳ象限中；同样，四个阶段的演变，大致经历了第Ⅳ象限区向第Ⅱ象限区再向第Ⅰ类象限区的转变过程。

四个发展阶段的演变过程中，珠三角都市圈城市人口规模和经济规模与入境旅游发展的关系以及演变表现为：

（1）四个阶段的演变过程中，总体依然呈现高级别城市、高城市规模、高旅游发展水平；

（2）本区人口规模与入境旅游发展之间，四个阶段的演变大致经历了由第Ⅰ、Ⅱ、Ⅳ象限的分布转向在四个象限区当中都有分布，整体呈现"核"式，表现为城市分布间距的减少；同样，四个阶段的演变，大致经历了第Ⅳ象限区向第Ⅲ象限区的转变，以及第Ⅳ象限区向第Ⅱ象限区再向第Ⅰ类象限区的转变过程；

（3）本区经济规模与入境旅游发展之间，四个阶段在四个象限当中都有分布；大致经历了第Ⅳ象限区向第Ⅲ象限区的转变，再向第Ⅰ类象限区的转变过程；同时高级别城市间距在缩小，高级别城市与较低级别城市的分布间距也出现减小的趋势。

4.1.5 三大都市圈的综合比较分析

本书依据统计数据值特征，分别对基期值、增长倍数、阶段平均增速进行指标描述，根据指标总体特征，采取数值分段的方法，划分增长类型，包括增长培育阶段、调整发展阶段、突破发展阶段、稳定增长阶段。基于四个阶段，本书对三大都市圈城市规模与国内旅游、入境旅游发展的关系进行了二维分析。城市规模包括人口规模和经济规模，本书从国内旅游和入境旅游两个角度展开研究分析。

1. 人口规模与国内旅游的二维关系

整体来看，20年来城市人口规模与国内旅游发展之间的演变：

京津冀都市圈主要分布在第Ⅰ、Ⅱ、Ⅳ象限区域，大致经历了由第Ⅳ象限区向第Ⅱ象限区再向第Ⅰ象限区的转变过程，北京市是本区双指标的极高值点，秦皇岛是人口规模的极低值点，沧州市是本区旅游发展的极低值点，秦皇岛、沧州、承德市的二维关系呈现出高人口规模、较低国内旅游水平或者高国内旅游水平、较低人口规模。

长三角都市圈在四个象限当中都有分布，大致经历了由第Ⅳ象限区向第Ⅱ象限区再向第Ⅰ象限区的转变，以及由第Ⅳ象限区向第Ⅲ象限区再向第Ⅰ象限区的转变过程，上海市是本区范围内双指标的极大值点，舟山是本区范围内城市人口规模的极低值点，徐州、南通、盐城、宿迁等市的二维关系呈现出高规模、较低国内旅游水平或者高国内旅游水平、较低人口规模。

珠三角都市圈与京津冀都市圈的城市象限分布具有一致性，20年来4个发展阶段都主要分布在第Ⅰ、Ⅱ、Ⅳ象限区域，大致经历了由第Ⅳ象限区向第Ⅱ象限区再向第Ⅰ象限区的转变过程，广州市是本区范围内双指标的极大值点，珠海市在时间序列范围内表现出低城市人口规模、高国内旅游水平现象。

2. 人口规模与入境旅游的二维关系

整体来看，20年来城市人口规模与入境旅游发展之间的演变：

京津冀都市圈的城市分布由在第Ⅰ、Ⅱ、Ⅳ象限区域演变为在四个象限区域的分布，大致经历了由第Ⅳ象限区向第Ⅱ象限区的演变以及向第Ⅲ象限区的演变过程，北京市是本区双指标的极大值点，与国内方面比较一致的是秦皇岛市是人口规模的极低值点，沧州市是本区旅游发展的极低值点，不同的是秦皇岛市和承德市的入境旅游发展水平抗线性现象更加突出。

长三角都市圈20年来城市在四个象限当中都有分布，大致间歇式经历了由第Ⅳ象限区向第Ⅲ象限区再向第Ⅰ象限区的转变，以及由第Ⅳ象限区向第Ⅱ象限区再向第Ⅰ象限区的转变过程，上海市依然是本区范围内双指标的极大值点，舟山是本区范围内城市人口规模的极低值点，徐州、淮安、盐城、宿迁等市的二维关系呈现出高规模、较低入境旅游水平或者高入境旅游水平、较低人口规模，将此类城市收入假设条件分析。

珠三角都市圈的城市象限分布都存在于四个象限当中，主要经历了由第Ⅳ象限区向第Ⅱ象限区再向第Ⅰ象限区的转变过程，广州市是本区范围内双指标的极大值点，深圳与广州之间的分布距离非常紧密。珠海市在时间序列范围内表现出低城市人口规模、高入境旅游水平现象，这种现象比国内表现得更为明显。

3. 经济规模与国内旅游的二维关系

整体来看，20年来城市经济规模与国内旅游发展之间的演变，规律更加明显：

京津冀都市圈城市分布前5年主要是在第Ⅰ、Ⅱ、Ⅳ象限区域，后期分布在四个象限当中。20年来，大致经历了由第Ⅳ象限区向第Ⅲ象限区以及第Ⅱ象限区向第Ⅰ象限区的转变过程，北京市是本区双指标的极高值点，承德是区域内经济规模的极低值点，沧州市是本区旅游发展的极低值点，秦皇岛、沧州、承德市的二维关系呈现出高经济规模、较低国内旅游水平或者高国内旅游水平、较低经济规模。

长三角都市圈城市在 1995—2004 年，主要分布在第Ⅰ、Ⅱ、Ⅳ象限区域，2005—2014 年主要分布在四个象限当中，大致经历了由第Ⅳ象限区向第Ⅱ象限区再向第Ⅰ象限区的转变，以及由第Ⅳ象限区向第Ⅲ象限区向第Ⅰ象限区的转变过程。上海市的龙头地位非常明显，表现出与其他城市聚类性间距缩短，舟山是本区范围内城市经济规模的极低值点，表现出相对高的国内旅游水平和较低的经济规模，将此纳入假设条件。

珠三角都市圈城市分布，20 年来 4 个发展阶段都主要分布在第Ⅰ、Ⅱ、Ⅳ象限区域，大致经历了由第Ⅳ象限区向第Ⅱ象限区再向第Ⅰ象限区的转变，以及第Ⅳ象限区向第Ⅲ象限区演变的过程。

4. 经济规模与入境旅游的二维关系

京津冀都市圈城市分布前 5 年主要是在第Ⅰ、Ⅱ、Ⅳ象限区域，后期分布在四个象限当中。20 年来，大致经历了由第Ⅳ象限区向第Ⅲ象限区的转变过程，北京市是本区双指标的极高值点，承德和秦皇岛的入境旅游发展水平较高，呈现整体水平上的非线性关系。

长三角都市圈城市在 1995—1999 年，主要分布在第Ⅰ、Ⅱ、Ⅳ象限区域，2000—2014 年主要分布在四个象限当中，大致经历了由第Ⅳ象限区向第Ⅱ象限区再向第Ⅰ象限区的转变，以及由第Ⅳ象限区向第Ⅲ象限区再向第Ⅰ类象限区的转变过程，在演变的过程中，也会出现第Ⅱ象限区向第Ⅰ象限区的同步转变。上海市的龙头地位依然突出，依然表现出与其他城市聚类性间距缩短，舟山、丽水等城市，表现出相对高的国内旅游水平和较低的经济规模，将此纳入假设条件。

珠三角都市圈城市分布，20 年来 4 个发展阶段都分布四个象限区域当中，大致经历了由第Ⅳ象限区向第Ⅲ象限区再向第Ⅰ象限区的转变，以及第Ⅱ象限区向第Ⅰ象限区演变的过程。广州和深圳市分布间距一直紧密，二维关系方面，深圳的经济规模以及入境旅游发展的优势明显；珠海和中山在研究范畴中，表现出较大差异，也将其纳入模型的假设条件。

4.2 "城市规模—旅游发展"的演变模型

从时间、空间视角研究要素关系是行之有效的方法。城市规模与旅游发展的二元关系，表现为时空动态变化的过程（如图 4-18 所示）。结合旅游人次、旅游收入、城市规模指数三项指标基础数据走向趋势，其中 a、b 分别是城市规模指数与旅游成长水平的平均线，依据 a、b 数值将其划分为四个象限类，内涵着随着时间变化，整体时间和空间上在不同阶段其分布是不同的，可能呈 A 线走向，也可是 B 线走向，也会出现 A、B 的过渡分布。

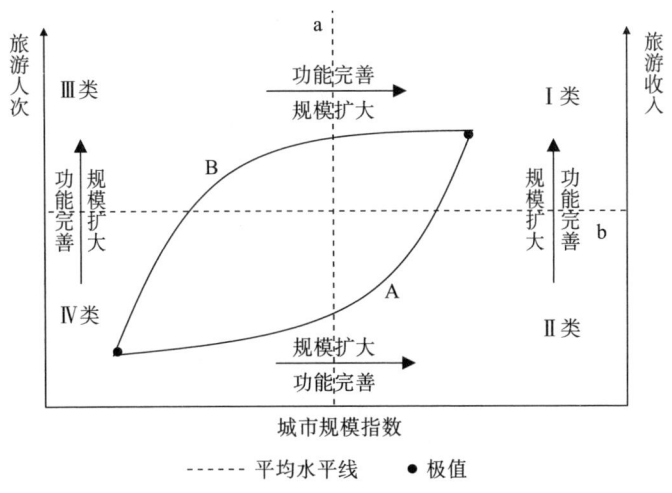

图 4-18 "城市规模—旅游发展"的演变模型

Fig. 4-18 " City size – tourism development" evolution model

模型在整体时空概念上揭示了二元关系的演变过程，我们总结出第三条规律：Ⅰ类城市一般是直辖市、副省级城市以及省会城市或者旅游大都市；Ⅳ类城市一般是地级市、县级市、城镇等；城市发展为了与旅游成长匹配，完善功能，规模扩大，从时间演变上Ⅳ类城市向Ⅲ类、Ⅱ类转变，表现为分布结构在发展过程中的阶段性。同时，四类城市空间分布面积不同：一般情况下，Ⅳ类城市分布区域最大，Ⅰ类城市分布区域较小；Ⅱ类、Ⅲ类城市一般有两种现象，一是Ⅳ类城市向Ⅱ、Ⅲ类城市的演变，再向第Ⅰ类象限的转变，也可是阶段性的发展构成整体的层次性演变；二是城市规模指数高旅游发展水平不高的地区或者是旅游发展水平较高，城市规模暂未与之匹配的地区。该模型采用闭合式表述，是考虑到区域空间分布中存在"极值"的可能，如直辖市在城市体系中的独霸性地位，是其他城市远非能比。城市在演变过程中可以呈 A 线走向或者 B 线分布，也可是 A、B 构成的"核"状，A 线即是本书过程中的第Ⅰ、Ⅱ、Ⅳ象限分布区，B 线是第Ⅰ、Ⅲ、Ⅳ象限分布区。

"城市规模—旅游发展"的演变模型是基于京津冀都市圈、长三角都市圈以及珠三角都市圈城市规模和旅游发展的演变实际归纳总结出来的模型,与"城市规模—旅游发展"的关系模型是一致的,从某种程度上来说进一步验证了关系模型的合理性,从演变模型中,我们归纳总结出了模型成立的假设条件,也就是进一步解释了关系模型当中的不确定关系。在三大都市圈的区域范畴中,城市规模与旅游发展的关系是,高城市规模、高旅游发展水平的双高现象,对于高级别的城市是具有普适性的,这里所提到的高级别城市是指直辖市、省会、副省级、特区等类别的城市,而对于地级市、县级城市等一般普通类型的城市大致也是适用的,除了一些典型职能类型或者特殊地理区位性质的城市,这与上一章中的差异性城市一致。本书所提出的模型,存在特殊性的城市,不仅是对模型本身适用性的提高和补充,也为这些特殊类型的城市以及其他区域同等类型的城市提供了参考和借鉴。

4.3 20年来二维关系空间演变轨迹分析与形变比较

空间轨迹是表征某一发展时空均衡与否的地理现象,是特定时段内某一地理现象自身成长变化规律与空间独特格局形成的集中体现。国内外诸多学者先后对旅游发展空间轨迹展开广泛研究:引入重心模型理论、核心—边缘理论、网络理论、分形理论、点轴系统理论等基础理论作为研究支撑[177~183];依托空间尺度与模式[184~188],从要素学角度,拓展研究旅游流、旅游活动参与者、旅游企业、旅游资源、景区以及区域交通的空间结构[189~195],并提出旅游空间的关键要素[196];采用赫芬达尔指数、位序—规模、G指数、因子分析等方法[197~199],通过对空间变量等因素分析,探讨了旅游空间相关模型[200~202];同时,相关学者还对影响旅游空间发展的因素进行了阐述[203~206],如交通、节事等。学者在对旅游空间以及时空演变的研究主要集中于大尺度空间范围,以城市作为空间基本单元进行的旅游研究则相对较少,在阐述演变机制方面偏重于定性描述或者单因素分析,缺乏多元素的比较研究。

本书以1995—2014年三大都市圈以及所辖各市国内旅游、入境旅游、经济规模、人口规模等基础数据为依据,系统梳理案例区域"城市规模—旅游发展"二维关系整体空间轨迹特征,从市级、省级以及区域3个尺度对案例地国内旅游、入境旅游发展空间演变轨迹和空间格局进行探索、比较研究，在一定程度上是对区域城市演变以及"演变模型"的进一步验证，能够明确案例地城市规模与旅游发展空间地域分布以及组合规律。

4.3.1 数据模型

重心概念源于牛顿力学，是指区域空间上存在某一点，在该点的前后左右各个方向的力量对比保持相对平衡[207]。空间意义上的重心是指地区空间内的一点，在该点的四周各方向的旅游发展实力都是相对均衡的。本书采用ArcGIS10.0的相关模块，导入三大都市圈各个城市2002—2014年旅游数据，其具体算法为（樊杰等，2010）：

$$G_T(x, y) = \frac{\sum(E_t \cdot Q(x_i, y_i))}{\sum T_i}$$

标准差椭圆是以重心作为起点对 x 坐标和 y 坐标的标准差进行计算，包括长轴和短轴的标准差以及长轴和正北方向的夹角 θ 等定量信息，长轴能够反映离散程度较大的方向，短轴则反映聚集程度较高的方向，总体说明要素的分布中心、离散趋势以及扩散方向等空间特征。本书应用 ArcGIS10.0 相关模块，计算得出相关参数，公式如下：

$$SDE_x = \sqrt{\frac{\sum_{i=1}^{n}(x_i - \overline{X})^2}{n}} \qquad SDE_y = \sqrt{\frac{\sum_{i=1}^{n}(y_i - \overline{Y})^2}{n}}$$

4.3.2 20年来京津冀都市圈二维关系空间演变轨迹分析

京津冀都市圈是中国经济发展的高地，与长三角、珠三角城市群南北呼应，2002年以来，国内旅游与入境旅游获得长足发展：国内旅游客流量与国内旅游收入平均增长率分别为18.41%和24.61%，呈持续增长态势，相比较基期值的增长倍数分别为6.37和10.44；入境旅游客流量与外汇收入平均增长率分别为13.22%和18.74%，呈下降趋势，相比较基期值的增长倍数分别为3.73和6.51。在这种旅游发展背景下，本书基于二维空间演变分布关系，我们把20年来各城市的人口数据、经济数据、国内旅游、入境旅游发展数据导入 ArcGIS10.0 相关模块，继续深入探求城市规模与旅游发展之间的演变轨迹。

1. 人口规模与旅游发展的演变轨迹

京津冀都市圈包含 10 城市，其中首都、直辖市大致位于本区的偏中部，省会城市位于本区的南部，经过研究发现相关轨迹变化呈现以下的变化过程：

如图 4-19 和图 4-20 中的左部分，京津冀都市圈人口发展的演变轨迹大致呈现西北—东南—西南，变化经度范围为 116°24′15.693″E ~ 116°21′53.506″E，纬度范围 39°26′6.049″N ~ 39°24′16.109″N，空间轨迹变化幅度较小，年份最大移动距离是 2009 年相对 2010 年向西南偏移 3.695km，2009—2014 年的偏移速度相对 2002—2008 年的偏移速度明显加快。20 年来城市人口规模标准差椭圆的变化范围较小，基本位于北京与廊坊交界处，基本标准差椭圆范围内大致包括北京、天津、保定大部，唐山西部，廊坊全部以及沧州北部。从转角 θ 的演变范围角度来看，整体上呈现"增大—减小—波动减小"的特点，由 45.51°减小到 44.73°，表明人口空间分布整体由北向南的转变。结合图 4-19 的左部分可以得出，沿主轴方向上由 174.71km 缩短至 174.16km，表明城市人口在主要方向上出现极化，具体来看 1995—1999 年标准差减少，2000—2004 年的波动增加，2005—2009 的波动减小，2010—2014 的继续波动减少，整体反映主轴方向变化上的极化到分散再到持续极化的过程。沿短轴方向上由 112.83km 减少到 111.07km，表明人口空间分布整体呈辅轴上的极化特征，其中 1995—1999 年整体表现不稳定变化，2000—2014 年由 112.85km 波动下降到 111.07km，反映该方向上的极化，整体偏向了西南变化，即石家庄、保定的拉力在近年来表现出增强态势。

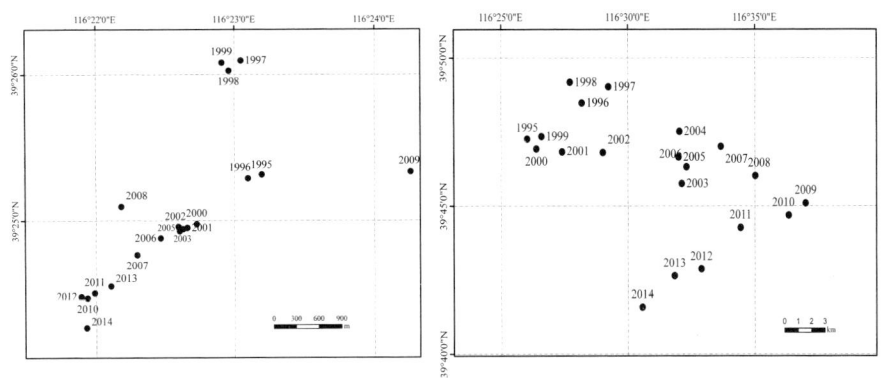

图 4-19　京津冀城市人口规模（左）与国内旅游发展（右）空间演变轨迹

Fig. 4-19 Space evolution trajectory of city population size (left) and domestic tourism development (right) of the Beijing-Tianjin-Hebei Region

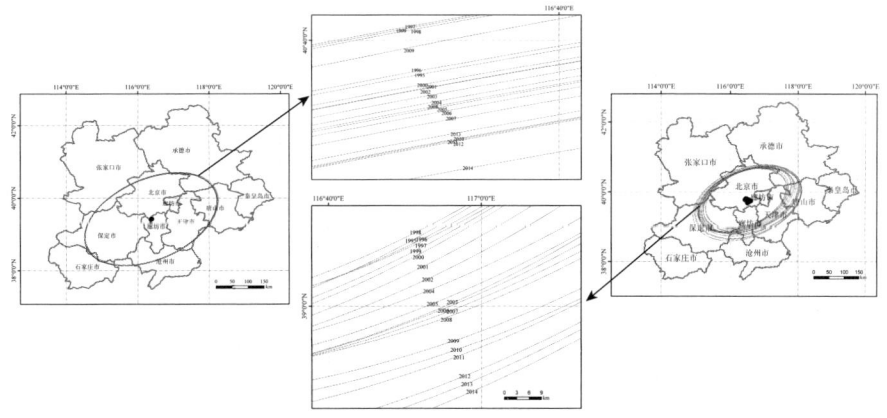

图 4 – 20　京津冀城市人口规模（左）与国内旅游发展（右）标准差椭圆
Fig. 4 – 20　Standard deviation ellipse of population size (left) and domestic tourism development (right) of the Beijing – Tianjin – Hebei Region

如图 4 – 19 和图 4 – 20 中的右部分，京津冀都市圈国内旅游的发展空间演变轨迹大致呈现东北—西南—东南—西南，变化经度范围为 116°26′3.979″E ~ 116°37′0.967″E，纬度范围 39°49′10.301″N ~ 39°41′35.463″N，空间轨迹变化幅度相对稍大于人口变化轨迹，国内旅游剔除 2003 年 SARS 危害的非正常影响，年份最大移动距离是 2011 年相对 2012 年向西南偏移 3.453km，2009 年以后的偏移速度明显加快。20 年来国内旅游标准差椭圆的变化范围较小，基本位于北京市的南端点，基本标准差椭圆范围内大致包括北京、天津大部，廊坊全部，保定东段，唐山西端以及沧州的西北点。从转角 θ 的演变范围角度来看，整体上呈现"增大—减小"的特点，1995—2009 年持续增大，2009 年后呈现减小趋势，整体由 40.71°增加到 50.85°，表明国内旅游发展在空间分布整体由东向西南的转变。结合图 4 – 20 的右部分可以得出，沿主轴方向上由 115.78km 增加至 145.66km，表明国内旅游在主要方向上出现波动中的分散，具体来看 1995—1999 年标准差先减后增，2000—2005 年的波动增加，2006—2010 年的波动减小，2011—2014 年的波动增加，整体反映主轴方向变化上的分散到极化再到波动分散的过程。沿短轴方向上由 76.358km 增加到 101.003km，表明国内旅游分布整体呈辅轴上的分散特征，其中 1995—1999 年整体表现为波动增加，2000—2014 年继续波动中增长，反映该方向上的分散，整体偏向了西南变化，这与城市人口空间分布在主方向具有一致性。

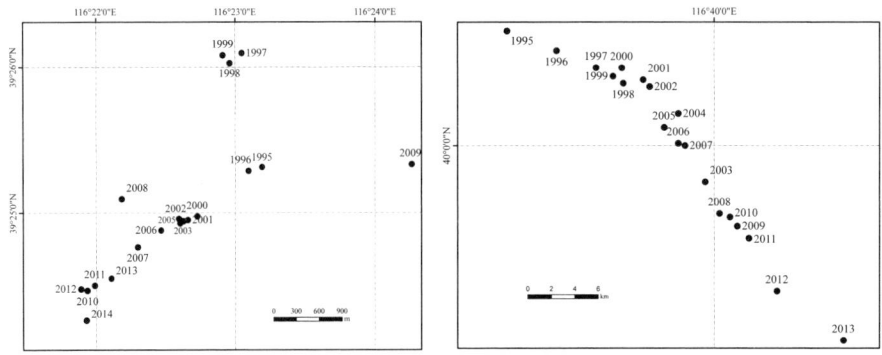

图 4-21 京津冀城市人口规模（左）与入境旅游发展（右）空间演变轨迹

Fig. 4-21 Space evolution trajectory of city population size (left) and inbound tourism development (right) of the Beijing – Tianjin – Hebei Region

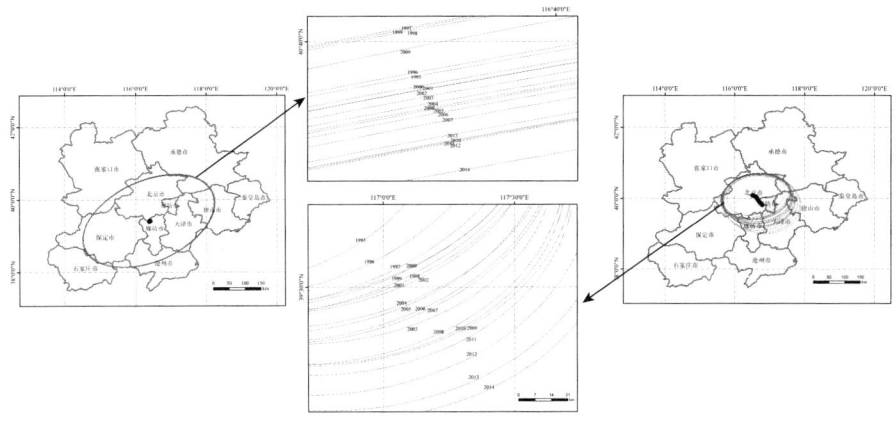

图 4-22 京津冀城市人口规模（左）与入境旅游发展（右）标准差椭圆

Fig. 4-22 Standard deviation ellipse of population size (left) and inbound tourism development (right) of the Beijing – Tianjin – Hebei Region

如图 4-21 和图 4-22 中的右部分，京津冀都市圈入境旅游的发展空间演变轨迹大致呈现波动中向东南发展，可见本区东部的秦皇岛、天津等沿海城市入境旅游的发展对全域的拉力。变化经度范围为 116°30′24.854″E ~ 116°47′22.567″E，纬度范围 40°5′12.2″N ~ 39°49′3.677″N，空间轨迹变化幅度相对稍大于人口变化以及国内旅游的轨迹，2002—2003 年的轨迹向东南偏移了 8.868km，剔除 2003 年 SARS 危害的惯性影响，年份最大移动距离是 2007 年相对 2008 年向东南偏移 6.188km，2010 年以来的偏移速度表现出不稳定状态,这与全球金融危机以及相关经济低迷有一定的关系,影响中国入境旅游事业的发展。20年来入境旅游标准差椭圆的变化,基本以北京的中南部为核心,基本标准差椭圆范围内大致包括北京、天津西北端,廊坊北部,唐山西端。从转角 θ 的演变范围角度来看,20年来整体上呈现逐渐增大的特点,2003—2007年呈现波动式变化,与SARS危机的惯性影响密不可分,2008年后转角 θ 逐渐增加。20年来整体由33.39°增加到105.20°,表明入境旅游发展在空间分布整体向东南的变化。结合图4-21的右部分可以得出,沿主轴方向上由64.941km增加至89.765km,表明入境旅游在主要方向上的分散趋势,即一般城市入境旅游的快速起步,对轨迹的变化产生了影响。具体来看1995—1999年标准差逐步增加状态,2000—2005年呈现先减后增,2006—2010年呈现先减后增,2011—2014年反映标准差的波动增加,整体反映主轴方向变化上的分散到极化再到波动分散的过程。沿短轴方向上是由55.846km增加到92.729km,表明入境旅游发展空间分布整体呈辅轴上依然是分散特征,其中1995—2000年整体表现为先增后减,2001—2014年呈现继续波动中增长,反映该方向上的分散,整体偏向了东南的变化,非沿海城市入境旅游的快速成长,正在改变空间轨迹的方向。

总体来看,城市人口规模和旅游发展之间,在空间分布以及演变关系规律的基础上,我们通过空间轨迹的变化研究,可以发现:①高级别城市的拉力作用依然明显;②随着高级别城市与一般城市在指标发展差异上的缩小或者扩大,空间轨迹变化方向不同;③国内旅游与人口规模发展的轨迹变化具有较高的一致性;④入境旅游与人口规模发展之间,反映出沿海城市发展入境旅游的优势,但是趋势上,内陆高级别以及一般城市的入境旅游正在加速增长,影响着空间轨迹的变化;⑤进一步说明,在演变模型中,提出特殊城市分类作为假设条件的必要性。

2. 经济规模与旅游发展的演变轨迹

(1) 经济规模与国内旅游。如图4-23和图4-24中的左部分,京津冀都市圈经济发展的演变轨迹大致呈现西南—东北—东南,整体呈现"簇团式"分布,变化经度范围为116°32′6.045″E~116°40′16.04″E,纬度范围39°29′26.602″N~39°35′43.938″N,空间轨迹变化幅度较小,年份最大移动距离是2004年相对2005年向西南偏移7.562km,2011年以来的偏移速度相对2005—2010年的偏移速度明显减慢。20年来城市经济规模标准差椭圆的变化范围比人口规模的变化范围稍大,基本是以北京与廊坊交界处为核心,其基本标准差椭圆范围内大致包括北京、天津、保定大部,唐山西部,廊坊全部沧州的北部以及承德的南端。从转角 θ 的演变范围角度来看,整体上呈现"减小—波动增加"的特点,20 年来整体上经历了 47.35°~49.50°,表明经济空间分布整体由北向南的轨迹变化过程。结合图 4-24 的左部分可以得出,沿主轴方向上 1995 年标准差为 159.578km,2014 年为 138.544km,中间经历了先增加后波动式的减少,表明城市经济规模在主要方向上出现极化的趋势,具体来看 1995—1998 年标准差呈增加趋势,除 2006—2008 年处于标准差的增加态势,1999—2014 年呈现持续式的波动减少,整体反映主轴方向变化上的分散再到波动极化的过程。沿短轴方向上,大致呈现"减小—增大—减少"的变化过程,1995 年的标准差为 99.156km,2014 年的数值为 97.051km,表明经济发展空间分布整体呈辅轴上的极化特征,其中 1995—2003 年整体表现为减小的态势,2004—2009 年表现为增加的态势,2010 年以来表现出波动减小的趋势,反映短轴方向上的极化,整体由北向南的变化特征。说明京津冀都市圈的经济发展大致经历了不稳定变化期、北部经济发展力量较大、南部城市经济正在快速崛起的过程。

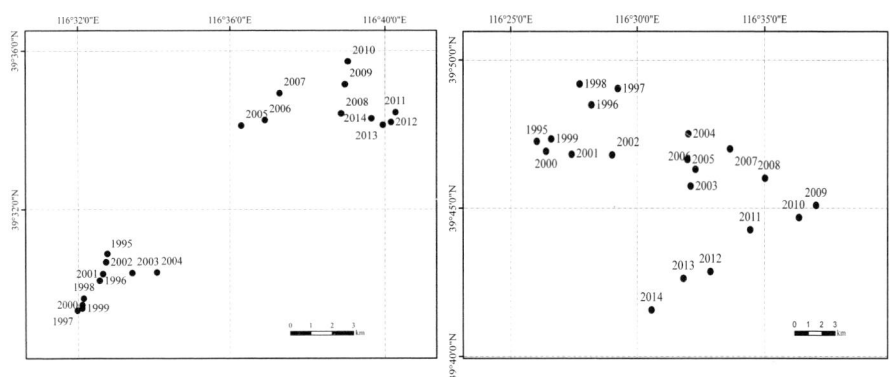

图 4-23 京津冀城市经济规模(左)与国内旅游发展(右)空间演变轨迹
Fig. 4-23 Space evolution trajectory of city economy size (left) and domestic tourism development (right) of the Beijing-Tianjin-Hebei Region

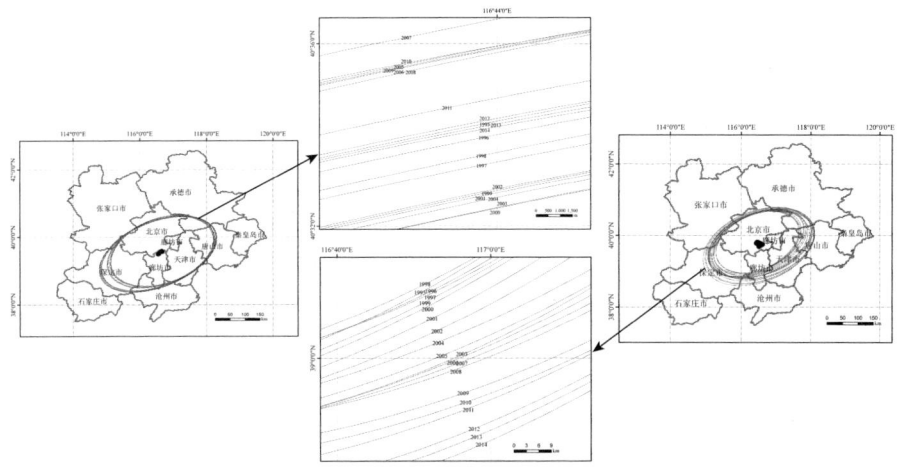

图 4-24 京津冀城市经济规模（左）与国内旅游发展（右）标准差椭圆
Fig. 4-24 Standard deviation ellipse of economy size (left) and domestic tourism development (right) of the Beijing-Tianjin-Hebei Region

结合上述国内旅游的分析，京津冀都市圈城市经济规模和国内旅游的演变轨迹年际变化，大致都经历了由北向南的变化过程，并且近年来向西南偏移，二者在年际的偏转速度、转角大小以及距离上有所差异，主要方向上变化的一致性说明本区城市经济规模与国内旅游的空间相关性，以及增长拉力的同位性。这与二者的演变关系是一致的。

（2）经济规模与入境旅游。如图 4-25 和图 4-26，结合上述已经做出的分析，20 年来京津冀都市圈入境旅游的发展在整体上表现为东南方向的走向，以及分散性的趋势。具体来看，通过图中的标准差椭圆的放大图，2002—2004 年时段内，旅游成长速度较快的是秦皇岛、承德、保定等市，此时段内重心轨迹与主轴方向是先向西南再转向东北；2005—2009 年时段内，承德、沧州等市发展速度较快，空间轨迹与主轴方向主要是向西偏移，前半段时间点是向西北移动，后半段向西南转移；2010—2014 年时段内，廊坊、唐山等市成长速度较快，速度差异导致轨迹向南的偏移。进入 2010 年以来，城市经济规模和入境旅游空间轨迹的变化南向发展的趋势明显。京津冀地区整体上受北京、天津等高级别城市的拉力影响，而省会城市石家庄对整体的轨迹走向同样具备影响力，最终形成了区域区位中心和指标演变轨迹中心大致一致的格局。

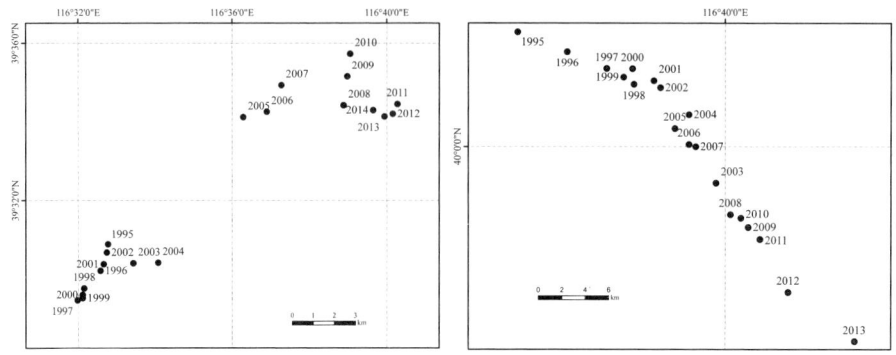

图 4-25 京津冀城市经济规模（左）与入境旅游发展（右）空间演变轨迹

Fig. 4-25 Space evolution trajectory of city economy size (left) and inbound tourism development (right) of the Beijing – Tianjin – Hebei Region

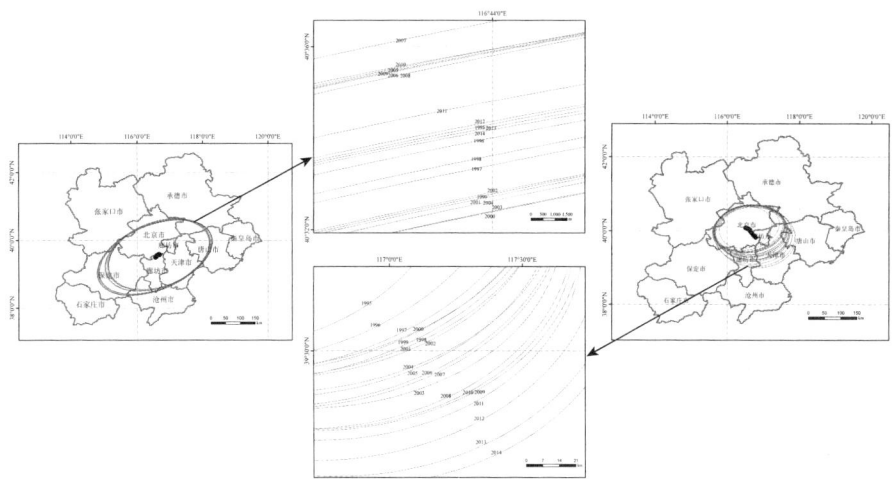

图 4-26 京津冀城市经济规模（左）与入境旅游发展（右）标准差椭圆

Fig. 4-26 Standard deviation ellipse of economy size (left) and inbound tourism development (right) of the Beijing – Tianjin – Hebei Region

4.3.3 20 年来长三角都市圈二维关系空间演变轨迹分析

长三角地区是我国综合经济发展的高地，土地面积占全国的 2%，人口占全国的近 10%，在 2014 年核心城市总 GDP 已突破 10 万亿元。该区入境旅游业起步较早，发展迅速，2014 年入境旅游人次占全国总数的 26.41%，外汇旅游收入占全国总额的31.12%,发展水平较高;国内旅游发展方面,长三角地区区位优越、经济发达、资源丰富,无疑是全国高地所在。20年来,上海平均国内旅游客流量与旅游收入分别占据全区域的19.99%和22.08%,两个指标分别是全域最小值的26.04倍和32.65倍,独霸地位不可取代,首位效应明显;上海、南京、杭州、宁波四个城市的国内旅游客流量和旅游收入占到全区的40.3%和44.2%,城市旅游影响力大,行政级别效应明显。20年来我国政府在政策制度、权力配置、资金支持以及资源配给方面,对长三角地区加以倾斜。2010年中央财政专项拨款两省一市共53.261亿元,本区城市功能更加完善,城市人口与地区生产总值逐年增加,城市交通网络更加发达,投资环境有益于招商引资,旅游资源不断开发创新。总体来说,本区城市规模得到长足发展,旅游发展迅速,综合国际水平快速提高。

1. 人口规模与旅游发展的演变轨迹

(1) 人口规模与国内旅游。长三角都市圈区域当中,直辖市上海位于中部,省会城市南京和杭州分别位于上海的西北部和西南部,形成长三角都市圈中的核心"金三角"城市区域。我们把该区域的数据指标,导入ArcGIS10.0相关模块和Origin软件当中,经过研究发现相关轨迹变化呈现出以下的演变情况:

如图4-27和图4-28中的左部分,长三角都市圈人口发展的演变轨迹大致呈现西北—西南—西北,1995—2014年变化的经度范围为119°59′54.097″E~119°57′22.287″E,纬度范围为31°24′37.185″N~31°26′20.494″N,空间轨迹变化幅度相对较小。20年来,最大移动距离是1996年相对1995年向西北偏移1.98km,最小移动距离是2008年相对2007年向东南偏移了0.15km,2010年以来,本区偏移速度相对2000—2009年的偏移速度明显加快,1995—1999年,轨迹偏移在方向以及速度方面表现出不稳定现象。20年来城市人口规模标准差椭圆的变化范围相对较小,核心基本位于无锡市和常州市的交界处,处于上海—南京—杭州范围内的偏北部,基本标准差椭圆范围内大致包括绍兴、嘉兴、无锡、苏州、常州、镇江、扬州等城市的全部,杭州、金华、台州的东部、北部以及南通、盐城的西端等。从转角θ的演变范围角度来看,整体上呈现的是"先增大后减小"的特点,20年来,整体由152.55°减小到152.13°,其中1995年的转角度数为152.48°,2005年为152.36°,表明人口的空间分布整体西以及西北的转变。结合图4-27的左部分可以得出,20年来沿主轴方向上由120.60km缩短至120.21km,表明城市人口在主要方向上出现极化，具体来看 1995—2000 年标准差数值表现为先减后增的不稳定态势，2001—2005 年标准差数值呈现波动式减小，2006—2010 年表现波动增加，2011 年以来标准差数值呈现波动减少，整体反映主轴方向变化上的极化到分散再到波动式极化的过程。沿短轴方向上，20 年来数值整体表现为波动式增大的趋势，由 304.83km 增加到 311.17km，表明人口空间分布整体呈辅轴上的分散特征，其中 1995—2000 年整体表现为持续增加，2001~2004 年由 308.57km 波动下降到 308.40km，反映该方向上的极化，整体偏向了由西到西偏北的变化。

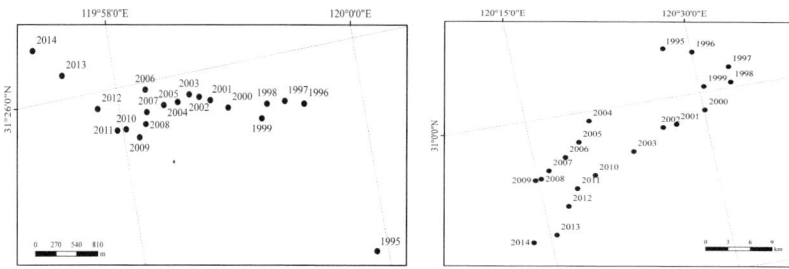

图 4-27 长三角城市人口规模（左）与国内旅游发展（右）空间演变轨迹
Fig. 4-27 Space evolution trajectory of city population size (left) and domestic tourism development (right) of the Yangtze River Delta

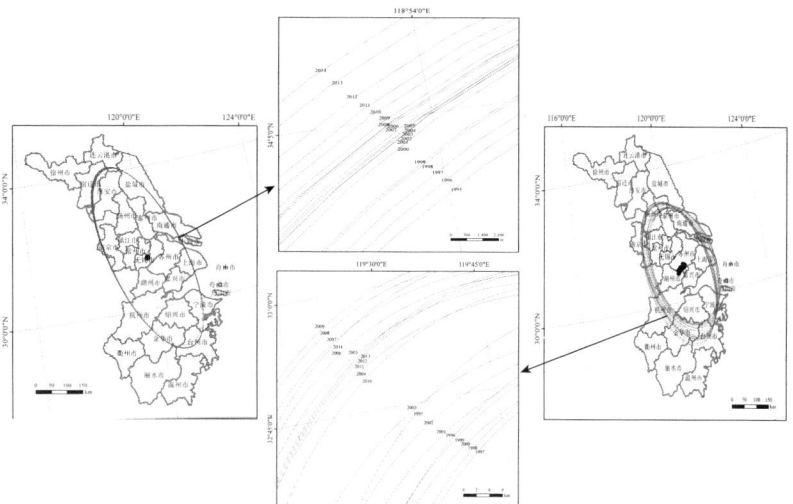

图 4-28 长三角城市人口规模（左）与国内旅游发展（右）标准差椭圆
Fig. 4-28 Standard deviation ellipse of city population size (left) and domestic tourism development (right) of the Yangtze River Delta

如图 4-27 和图 4-28 中的右部分，长三角都市圈国内旅游发展的演变轨迹大致整体上表现为曲折式向西以及西南变化，1995—2014 年变化的经度范围为 120°32′41.975″E ~ 120°13′24.763″E，纬度范围为 31°4′6.85″N ~ 30°50′1.039″N，空间轨迹变化幅度比人口规模变化幅度较大。1995—2014 年，最大移动距离是 2010 年相对 2009 年向东偏北方向偏移了 7.99km，最小移动距离是 2009 年相对 2008 年向西南偏移了 0.91km，最大与最小偏移距离所发生的年份与人口规模的最大最小偏移距离错位 1 年；1995—2002 年，长三角都市圈国内旅游发展的偏移方向由东南向西南发生转变，2004—2009 年，轨迹偏移在方向持续向西南偏移，2010—2014 年表现出先向东北的偏移再转向西南方向的变化。通过标准差椭圆的放大图，可以看出，20 年来国内旅游标准差椭圆的变化范围相对比人口规模变化范围较大，核心基本位于苏州市和湖州市的交界处，处于上海—南京—杭州范围内的偏东北部，基本标准差椭圆范围内大致包括绍兴、嘉兴、无锡、苏州、常州、湖州、镇江等城市的全部，杭州、金华、台州的东部、北部以及南京的东端等。从转角 θ 的演变范围角度来看，整体上呈现的是"先减小后增大"的特点。20 年来，整体由 150.36°增加到 156.35°，其中 1995 年的转角度数为 152.48°，2004 年为 150.36°，表明国内旅游发展的空间分布整体经历向西以及西南的转变。结合图 4-28 的左部分可以得出，20 年来沿主轴方向上由 122.59km 增加至 127.18km，表明本区国内旅游发展在主要方向上出现了极化，具体来看 1995—2000 年标准差数值表现为增加的态势，由 122.59km 增加到了 126.07km，2001—2005 年标准差数值呈现波动式减小，由 125.18km 减少到 122.18km，2006—2014 年表现波动增加，由 122.24km 增加到 126.52km，整体反映主轴方向变化上的分散到极化再到波动式分散的过程。沿短轴方向上，20 年来数值整体表现为波动式增大的趋势，整体由 197.39km 增加到 245.13km，表明本区国内旅游发展空间分布整体呈辅轴上的分散特征，其中 1995—2000 年整体表现为不稳定的变化，2001—2009 年由 206.49km 波动增加到 239.16km，反映该方向上的分散，整体偏向了由西到西偏南的变化。

通过研究，可以发现，20 年来，长三角都市圈城市人口规模与国内旅游发展的空间轨迹变化主要方向是向西偏移，这与本区城市"人口规模—国内旅游"二维关系的演变具有一致性，如湖州等市数据指标的由第Ⅳ象限类向第Ⅲ象限的演变，自身的成长对整体区域轨迹的变化产生了力的影响。

(2) 人口规模与入境旅游。如图 4-29 和图 4-30 中的右部分，长三角都市圈入境旅游发展的演变轨迹大致整体上表现为曲折式向西以及西南变化，1995—2014 年变化的经度范围为 120°37′9.949″E～120°21′26.557″E，纬度范围为 31°4′37.069″N～30°52′23.861″N，空间轨迹变化幅度大于人口规模变化幅度。1995—2014 年，最大移动距离是 1998 年相对 1997 年向西偏北方向偏移了 8.28km，最小移动距离是 2009 年相对 2008 年向西南偏移了 0.99km；1995—1998 年，入境旅游发展的偏移方向主要是向西北方向发生转变，2000—2005 年，因受 SARS 等危害的影响，轨迹偏移在方向上不稳定，2006—2014 年整体表现出波折式向西南方向的变化，期间偏移距离最大为 7.07km，最小为 0.99km。通过标准差椭圆的放大图，可以看出，20 年来入境旅游标准差椭圆的变化范围大于人口规模变化范围，核心基本位于苏州市和湖州市的交界处，处于上海—南京—杭州范围内的偏东北部，这与国内旅游情况基本一致。其基本标准差椭圆范围内大致包括湖州、嘉兴、上海、苏州、无锡等城市的全部，杭州、绍兴、宁波等城市的部分以及南京的东南端和南通的西南端等。从转角 θ 的演变范围角度来看：20 年来整体上呈现的是"波动式增减"的特点，整体变化范围为 60.68°至 163.64°，其中 1995 年的转角度数为是最小值，为 60.68°；2000 年为 149.18°，表明入境旅游发展的空间分布整体经历向西的转变。结合图 4－29 的右部分可以得出，20 年来沿主轴方向上的变化范围为由 123.32km 至 130.1km，整体呈现"先减后增再减"的趋势，表明本区入境旅游发展在主要方向上出现了极化，具体来看 1995—2003 年标准差数值表现为波动减小的态势，由 130.1km 减小到了 123.88km，2004—2009 年标准差数值呈现波动式增大，由 124.17km 增大到 126.8km，2010—2014 年表现波动增加，由 124.35km 增加到 125.32km，整体反映主轴方向变化上的极化到分散再到波动式极化的过程。沿辅轴方向上，20 年来数值整体表现为波动式增大的趋势，整体波动范围是由 123.57km 至 195.85km，表明本区入境旅游发展空间分布整体呈辅轴上的分散特征，其中 1995—2003 年整体表现为波动式增加，2004—2014 年由 155.97km 波动增加到 195.85km，反映该方向上的分散变化。

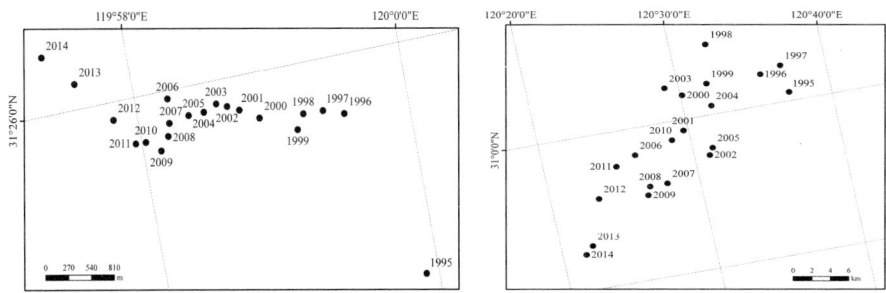

图 4-29　长三角城市人口规模（左）与入境旅游发展（右）空间演变轨迹
Fig. 4-29　Space evolution trajectory of city population size (left) and inbound tourism development (right) of the Yangtze River Delta

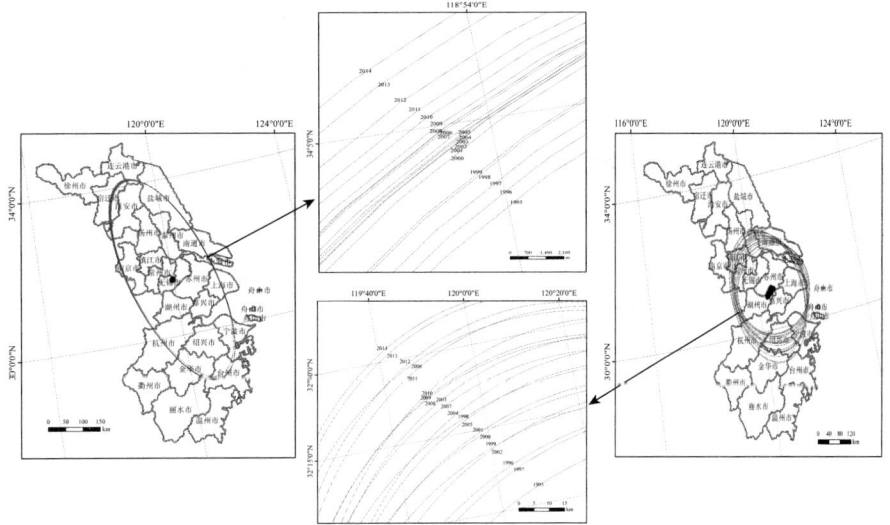

图 4-30　长三角城市人口规模（左）与入境旅游发展（右）标准差椭圆
Fig. 4-30　Standard deviation ellipse of city population size (left) and inbound tourism development (right) of the Yangtze River Delta

通过上述研究，可以发现，20 年来，长三角都市圈城市人口规模与入境旅游发展的空间轨迹变化主要方向是向西偏移，这与本区城市"人口规模—入境旅游"二维关系的演变同样具有一致性，如位于西部、南部的镇江、金华等市数据指标的由第Ⅳ象限类向第Ⅲ象限再向第Ⅰ象限区的演变，自身的成长对整体区域轨迹的变化产生了力的影响。可以验证，"城市规模—旅游发展"二维关系的演变与空间轨迹变化具有力上的一致性。

2. 经济规模与旅游发展的演变轨迹

（1）经济规模与国内旅游。如图4-31和图4-32中的左部分，长三角都市圈国内经济发展的演变轨迹大致整体上表现为由东南向西北的转变，1995—2014年变化的经度范围为120°20′30.281″E~120°13′37.367″E，纬度范围为31°3′.928″N~31°13′36.248″N。20年来，最大的移动距离是1996年相对1995年向东偏南方向偏移了6.19km，最小移动距离是2007年相对2006年向东北偏移了0.31km；1995—2003年，长三角都市圈经济发展的偏移方向主要是向由东南发生变化，偏移距离范围为0.69~6.19km；2004—2014年，轨迹偏移在方向上主要是波动式向西北偏移的变化，偏移距离范围为1.04km~6.46km，其间以2009年的偏转力度最大。通过标准差椭圆的放大图，可以分析出，20年来经济发展的标准差椭圆的变化范围相对比国内旅游规模变化幅度较小，表现更为稳定，其核心基本位于苏州市的西南端，处于上海—南京—杭州范围内的偏北部位置，基本标准差椭圆范围内大致包括绍兴、嘉兴、无锡、苏州、常州、湖州、镇江等城市的全部，杭州、金华的东北部，沧州的北部以及南京的东端，南通的西端等。从转角θ的演变范围角度来看，整体上呈现的是"先波动增大后波动减小"的特点，并且以2002年为拐点；时间序列范围内，转角度数变化的范围是149.5°~151.85°，其中1995年的转角度数为150.68°，2002年为151.85°，2014年为149.57°，可见本区国内经济发展的空间分布整体经历了两次大的转变；通过图中的标准差椭圆轴向，可以得出，20年来沿主轴方向上的变化范围是116.8km至118.9km，整体表现为先增后减的趋势，表明本区国内经济的发展在主要方向上成分散到极化的态势，具体来看1995—2001年指标数值表现为逐步增加的态势，由117.03km增加到了118.84km，2002—2014年指标数值呈现段式发展结构，即"减小—增加—减小"，整体由118.37km减小到117.15km，整体反映主轴方向变化上的分散到极化再到波动式分散的过程。沿短轴方向上，20年来数值整体表现为先减后增的趋势，波动范围为235.1~242.3km，以2005年为拐点，其中1995—2005年整体表现为波动式的减小，由240.3km减少到230.9km；2006—2014年波动式增加，由231.2km波动增加到241.6km，表明本区国内经济发展空间分布整体呈辅轴上的由极化到分散特征，反映偏移方向上由东南向西北的变化。

通过研究可以发现，20年来，长三角都市圈城市经济规模与国内旅游发展的空间轨迹变化的共性特征是主要方向的南向偏移，不同特征是经济规模的发展出现了西北偏向的趋势,我们通过本区城市"经济规模—国内旅游"二维关系的演变模型,可以发现南通等北部城市的经济快速增长,在象限区域内表现为向第Ⅱ类象限的演变。整体来说本区国内旅游发展过程中,南部城市整体的力量对区域轨迹的变化产生了力的影响,在象限区域内表现为诸如衢州、舟山、丽水等城市由第Ⅳ类象限向第Ⅲ类象限的演变。

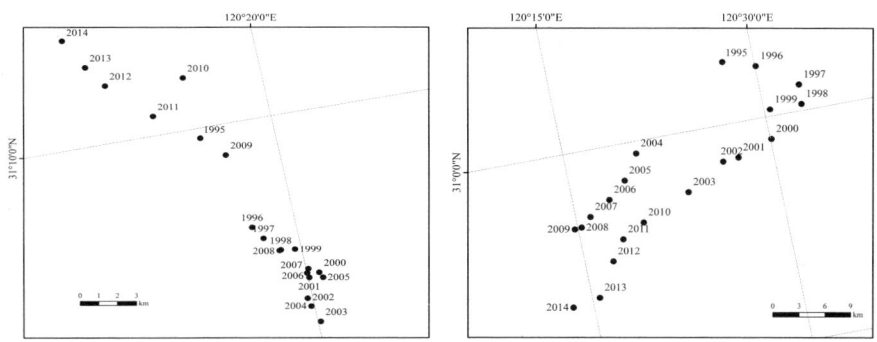

图4-31 长三角城市经济规模(左)与国内旅游发展(右)空间演变轨迹
Fig. 4-31 Space evolution trajectory of city economy size (left) and domestic tourism development (right) of the Yangtze River Delta

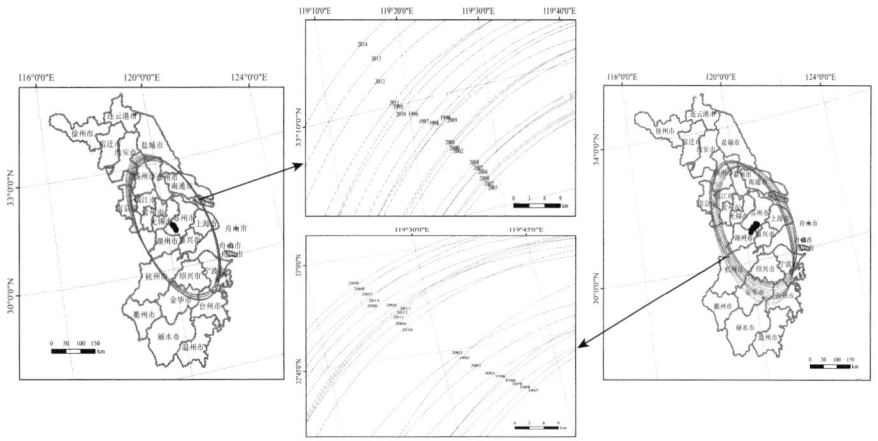

图4-32 长三角城市经济规模(左)与国内旅游发展(右)标准差椭圆
Fig. 4-32 Standard deviation ellipse of city economy size (left) and domestic tourism development (right) of the Yangtze River Delta

(2)经济规模与入境旅游。结合上述分析中关于长三角都市圈经济规模和入境旅游发展轨迹变化的部分,依据图4-33和图4-34,可以发现,本区入境旅游发展的轨迹变化方向与国内旅游轨迹变化方向大致一致，即在波动中向西南偏移的趋势。同样，这种空间轨迹的变化，可以在本区"经济规模—入境旅游"二维关系的演变过程中找到根据。在此不再赘述。

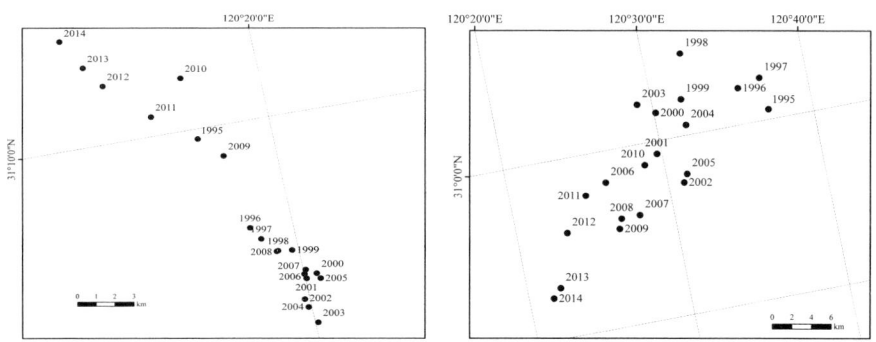

图 4 – 33　长三角城市经济规模（左）与入境旅游发展（右）空间演变轨迹
Fig. 4 – 33　Space evolution trajectory of city economy size（left）and inbound tourism development（right）of the Yangtze River Delta

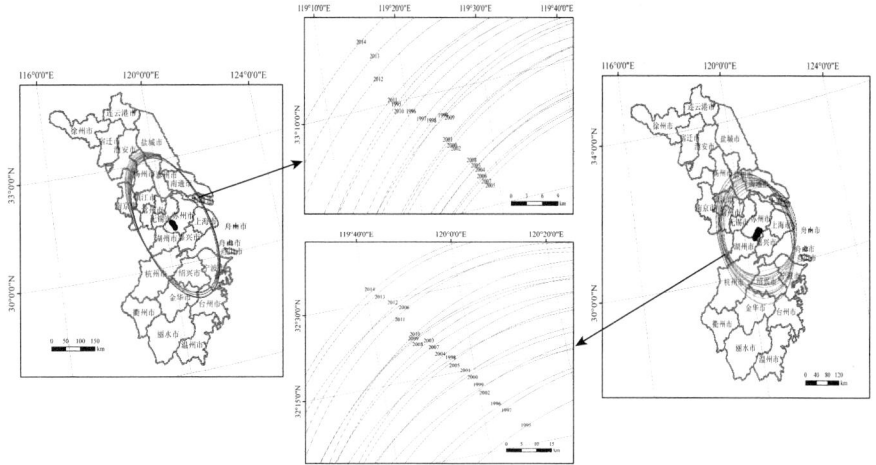

图 4 – 34　长三角城市经济规模（左）与入境旅游发展（右）标准差椭圆
Fig. 4 – 34　Standard deviation ellipse of city economy size（left）and inbound tourism development（right）of the Yangtze River Delta

4.3.4 20年来珠三角都市圈二维关系空间演变轨迹分析

珠三角都市圈9个地级市，总人口约4230万，土地总面积41698万平方公里，2013年，珠三角都市经济圈9个地级市加港澳的国内生产总值（GDP）为73429.74亿元人民币，约占中国经济总量的13%，珠三角都市圈在中国乃至世界范围内的地位举足轻重。本书在分析该区域内相关指标二维关系的基础上，将统计数据导入ArcGIS10.0模块，对相关指标的空间轨迹变化进行深入探究，不仅是对本区二维模型的验证，也是对形成这种空间关系原因的阐释。

1. 人口规模与旅游发展的演变轨迹

（1）人口规模与国内旅游。如图4-35和图4-36中的左部分，珠三角都市圈人口发展的演变轨迹大致整体上表现为波动式向东变化，1995—2014年的经度变化范围为113°14′33.191″E～113°20′12.881″E，纬度变化范围23°2′55.639″N～23°2′37.737″N，变化范围相对较小。20年来，偏移距离整体经历了"两增两减"，最大的移动距离是1999年相对1998年偏移了1.47km，最小移动距离是1998年相对1997年向东偏移了0.24km，最大值和最小值位于头5年，反映此时期变化的不稳定性；1995—2001年，珠三角都市圈人口发展的偏移方向主要是向由东偏北发生变化，偏移距离范围为0.238～1.466km；2002—2009年，轨迹偏移在方向上主要是波动式向东南偏移的变化，偏移距离范围为0.428km～0.884km，其间以2006年的偏转距离最长。通过标准差椭圆的放大图，我们可以分析出，20年来城市人口的标准差椭圆的变化范围幅度较小，其核心基本位于广州市的南部，在地理空间上大致是本区域的中心区位，其基本标准差椭圆范围内大致包括中山市的北部，深圳的西北部，东莞的大部，惠州的西部，肇庆的东南部以及佛山的大部等。从转角θ的演变范围角度来看，整体上呈现的是"波动式增大"的特点，时间序列范围内，转角度数变化的范围是74.89°～86.94°，其中基期年1995年的转角度数为80.22°，拐点年1999年为74.90°，2014年为86.93°，可见本区人口发展的空间分布整体向东偏南的方向；通过图中的标准差椭圆的轴向，可以分析出，20年来沿主轴方向上的变化范围是102.78km至106.08km，整体表现为先增后减再波动式增加的趋势，表明本区城市人口的发展在主要方向上成分散到极化再到主方向上的波动式分散态势，具体来看，1995—1999

年指标数值表现为先增后减的趋势,整体变化范围是由 102.78km 至 104.998km,2000—2005 年指标数值呈现先减后增,整体的变化范围是 104.49km 到 105.05km,2006—2014 年指标数值大致呈现逐年增加的态势,变化范围是 105.34km 至 106.08km。沿短轴方向上,20 年来数值整体表现为波动式减小的趋势,波动的范围为 67.049~71.632km,以 1999 年为拐点,即最小值 67.049km,2000 年以来,波动式减少,由 71.368km 波动减少到 69.723km,表明本区城市人口规模空间分布整体呈辅轴上的波动式极化的特征,反映偏移方向上主要是向东略偏南的变化。

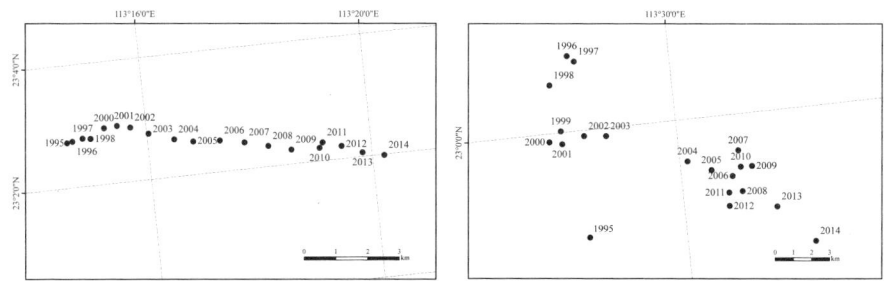

图 4-35 珠三角城市人口规模(左)与国内旅游发展(右)空间演变轨迹

Fig. 4-35 Space evolution trajectory of city population size (left) and domestic tourism development (right) of the Pearl River Delta

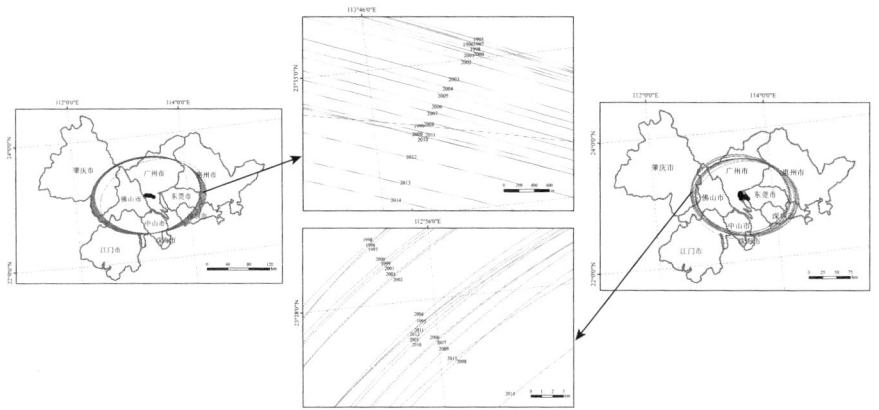

图 4-36 珠三角城市人口规模(左)与国内旅游发展(右)标准差椭圆

Fig. 4-36 Standard deviation ellipse of city population size (left) and domestic tourism development (right) of the Pearl River Delta

如图 4-35 和图 4-36 中的右部分，珠三角都市圈国内旅游发展的演变轨迹大致经历了两大阶段，1995—2003 年先是向北再向南以及东南偏移，2004—2014 年呈现波动式向东南方向偏移；20 年来本区国内旅游发展的轨迹的经度变化范围为 113°26′.795″E ~ 113°33′57.177″E，纬度变化范围 23°2′12.845″N ~ 22°56′54.361″N。20 年来，空间轨迹偏移距离整体经历了"三增两减"，最大的移动距离是 1996 年相对 1995 年偏移了 10.057km，最小移动距离是 2010 年相对 2009 年向东偏移了 0.659km，时间序列范围内的初始时期变化具有不稳定性；1995—1999 年，珠三角都市圈国内旅游发展的偏移方向主要是向西南偏南发生变化，偏移距离范围为 0.537 ~ 10.056km，反映明显的不稳定现象；2000—2003 年，轨迹偏移在方向上主要是向东南偏移，偏移距离范围为 0.835 ~ 1.281km，其间以 2002 年的偏转距离最长；2004—2014 年，波动式向东南偏移，偏移距离范围 0.659 ~ 4.742km，其间在 2007—2009 年经历了 3 次拐点，主方向是偏向东南。通过标准差椭圆的放大图，我们可以分析出，20 年来珠三角都市圈国内旅游发展的标准差椭圆的变化范核心基本位于广州市的东南端以及至与东莞的交界处，其基本标准差椭圆范围内大致包括广州市、佛山市以及中山市的大部，深圳的西北部，东莞的全部，惠州的西部，珠海的北端等。从转角 θ 的演变范围角度来看，整体上呈现的是"两次波动式减小"的特征，本区 20 年来，转角度数变化的范围是 90.8° ~ 100.20°，其中基期年 1995 年的转角度数为 91.47°，拐点年 2003 年为 96.93°，2008 年为 93.15°，2008—2011 年是持续增加年，2014 年转角 θ 为 90.897，可见本区国内旅游发展的空间分布整体向东偏南的方向；通过图 4-36 中的标准差椭圆的轴向，可以分析出，20 年来本区沿主轴方向上的变化范围是 65.079km 至 71.374km，整体表现为"一增一减"到"波动式增减"的趋势，表明本区国内旅游的发展在主要方向上成分散到极化再到主方向上的波动式变化态势。具体来看，1996—2001 年指标数值表现为逐步增大的趋势，整体变化范围是由 68.024km 至 69.549km，2002—2007 年指标数值呈现逐步减少的态势，整体的变化范围是 65.079km 到 68.911km，2008—2014 年指标数值大致呈现"减—增—减"态势，变化范围是 66.032km 至 67.857km。沿短轴方向上，20 年来数值整体表现为波动式增大的趋势，波动的范围为 85.481 ~ 94.406km，其间 2007 年、2008 年以及 2013 年、2014 年略有下降，整体比较前期是以增长为主，表明本区国内旅游发展空间分布整体呈辅轴上的波动式分散的特征，反映偏移方向上主要是向东南的变化。

通过研究，可以发现，20 年来，珠三角都市圈城市人口规模与国内旅游发展的空间轨迹变化的共性特征是主要方向的东南向偏移，不同特征是国内旅游的发展空间偏移的幅度略大，我们通过本区城市"人口规模—国内旅游"二维关系的演变模型，可以发现东莞等东南部城市的经济快速增长，在象限区域内表现为由第Ⅱ类象限向第Ⅰ类象限的演变。整体来说本区国内旅游发展过程中，东部以及南部城市整体的力量对区域轨迹的变化产生了更大的力影响。

（2）人口规模与入境旅游。如图 4 – 37 和图 4 – 38 中的右部分，珠三角都市圈入境旅游发展的演变轨迹大致经历了"西北—东南"到"西北—东南"的反复过程，1995—2007 年先是向西北再向东南的偏移，2008—2014 年同样是先是向西北再向东南的偏移；20 年来本区入境旅游发展的轨迹的经度变化范围为 113°39′59.046″E ~ 113°46′6.635″E，纬度变化范围为 22°57′22.237″N ~ 22°51′4.802″N。20 年来，空间轨迹偏移距离整体增减交替的趋势状态，最大的移动距离是 2008 年相对 2007 年向西南偏移了 8.564km，最小移动距离是 2001 年相对 2000 年向东南偏移了 0.624km，表现为时间序列范围内阶段不稳定性特征；1995—1999 年，珠三角都市圈入境旅游发展的偏移方向主要是向西北方向略偏南发生变化，偏移距离范围为 1.489 ~ 3.791km，偏移距离逐渐增加；2000—2007 年，该时段内轨迹偏移在方向上主要是曲折的向东南偏移，2000 年、2001 年、2002 年是一段，2003 年、2004 年是一段，2005 年、2006 年、2007 年是一段，偏移距离范围为 0.624 ~ 4.344km，其间除 2003 年 SARS 危害的特殊影响外，以 2005 年的偏转距离最长，为 4.098km；2008—2014 年，先向北偏移再向南偏移，偏移距离范围 0.273 ~ 8.564km，其中 2008—2010 年是向北偏移，2011—2014 年向东南偏移。依据标准差椭圆的放大图，研究发现，与国内旅游不同的是，20 年来珠三角都市圈入境旅游发展的标准差椭圆的变化核心基本位于东莞市的西南部，这体现入境旅游发展与国内旅游发展的区别性，其基本标准差椭圆范围内大致包括广州、佛山、深圳以及中山的大部，东莞的全部，惠州的西部等。从转角 θ 的演变范围角度来看，整体上呈现的是"波动式减小"的特征，本区 20 年来，转角度数整体变化的范围是 93.53° ~ 134.78°，其中基期年 1995 年的转角度数为 132.51°，拐点年 2003 年为 127.54°，2005 年为 126.55°，尤其是进入 2010 年以来，转角 θ 值持续减小，2014 年转角 θ 为 93.53，可见本区入境旅游发展的空间分布整体向东南的方向；通过图中的标准差椭圆的轴向，可以分析出，20年来本区沿主轴方向上的变化范围是47.664km至63.877km，整体表现为"波动式增加"的趋势，表明本区入境旅游的发展在主要方向上由不稳定分散到稳定分散的变化态势，具体来看，1995—1999年指标数值表现为逐步增大的趋势，整体变化范围是由47.664km至56.892km，2000—2005年指标数值呈现波动式增长，整体的变化范围是53.879km到56.226km，2006—2014年指标数值大致呈现"增—减—增"的态势，变化范围是55.31km至63.877km。沿短轴方向上，20年来数值整体表现为先减小后增大的趋势，波动的范围为68.127~87.619km，其中2008年以来呈现逐步增大趋势，2008年之前大致是逐步减小趋势，2008年的短轴数值是82.499km，表明本区入境旅游发展空间分布整体呈辅轴上的极化向分散特征的变化过程，反映偏移方向上主要是向东南的变化。

结合珠三角都市圈人口规模的分析，通过研究，可以发现，20年来珠三角都市圈城市人口规模与入境旅游发展的空间轨迹变化的共性特征是主要方向的东南向偏移，实际上就是广州市、佛山市等西部、北部城市与深圳、东莞、惠州等东部、南部城市在相关指标发展上的力量比较，当西、北部城市指标发展力量强于东、南部时则向西北偏移，当西、北部城市指标发展力量弱于东、南部时则向东南偏移；我们通过本区城市"人口规模—入境旅游"二维关系的演变模型，可以发现例如佛山市等西部城市，或者如东莞等东南部城市的人口以及入境旅游的发展，在象限区域内表现为不同时期的由第Ⅱ类象限向第Ⅰ类象限的演变。整体来说本区入境旅游发展过程中，东部以及南部城市整体的力量对区域轨迹的变化产生了更大的力影响。这与国内旅游发展具有较高的一致性。

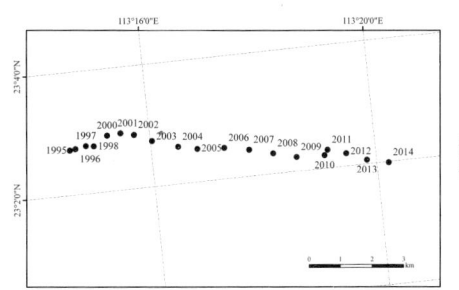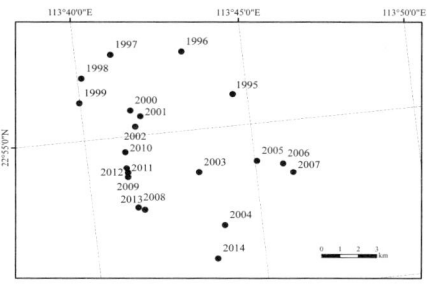

图4-37 珠三角城市人口规模（左）与入境旅游发展（右）空间演变轨迹

Fig. 4-37 Space evolution trajectory of city population size（left） and inbound tourism development（right） of the Pearl River Delta

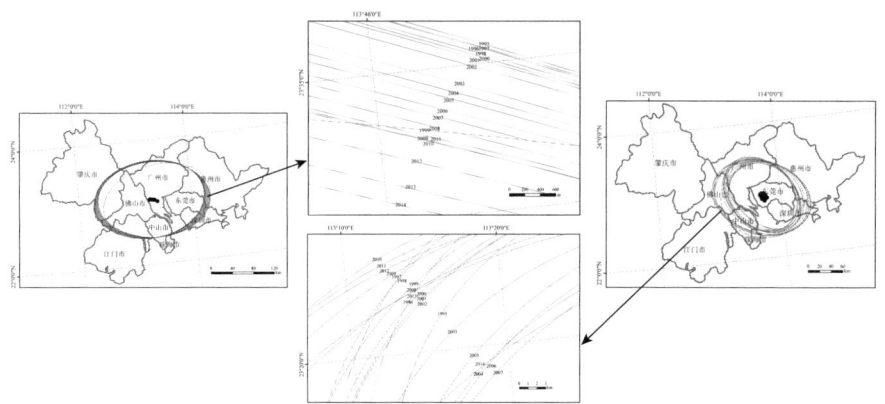

图 4-38　珠三角城市人口规模（左）与入境旅游发展（右）标准差椭圆

Fig. 4-38　Standard deviation ellipse of city population size (left) and inbound tourism development (right) of the Pearl River Delta

2. 经济规模与旅游发展的演变轨迹

（1）经济规模与国内旅游。如图 4-39 和图 4-40 中的左部分，珠三角都市圈经济发展的演变轨迹大致经历了波动式向东南偏移的过程，1995—2004 年处于持续向东南的偏移，2005—2010 年处于向西偏北方向偏移，2011 年以来向东南继续偏移；20 年来，本区经济发展的轨迹的经度变化范围为 113°27′32.453″E ~ 113°36′41.197″E，纬度变化范围为 22°59′9.41″N ~ 22°57′19.561″N，纬度变化范围较小。整体来看，20 年空间轨迹偏移距离整体表现为减增交替的状态，最大的移动距离是 2005 年相对 2004 年向东南偏移了 5.469km，最小移动距离是 2004 年相对 2003 年向东南偏移了 0.134km，表现为时间序列范围内的阶段不稳定性特征；1995—2005 年，珠三角都市圈的经济发展，偏移方向主要是向东偏南方向发生变化，偏移距离范围为 0.134 ~ 5.469km，这十年内出现了偏移距离的极大值和极小值，增减交替变化；2006—2010 年，该时段内轨迹偏移在方向上主要是曲折的向西发生了偏移，这期间的偏移距离逐步增加，偏移距离范围为 0.318 ~ 1.631km，其间以 2009 年的偏转距离最长；2011—2014 年，开始逐步向东偏移，偏移距离范围 0.637 ~ 1.580km，其中 2012 年偏移的距离最大。依据标准差椭圆的放大图，研究发现，与人口规模以及旅游发展不同的是，20 年来珠三角都市圈经济规模发展的标准差椭圆的变化核心基本位于广州的东南端和东莞的西南部，其基本标准差椭圆范围内大致包括广州、佛山、深圳以及中山的大部，东莞的全部，惠州的西南部等。从转角 θ 的演变范围角度来看，整体上呈现的是"逐渐增大"的趋势，本区 20 年来，转角度数整体变化的范围是 85.59°~101.25°，其中基期年 1995 年的转角度数为 89.59°，拐点年 2000 年为 92.80°，2001 年以来，转角 θ 值持续增大，2014 年转角 θ 为 101.25°，可见本区经济发展的空间分布整体向东的方向偏移；通过图中的标准差椭圆的轴向，可以分析出，20 年来本区沿主轴方向上的变化范围是 55.673~90.773km，整体表现为"逐渐减小"的趋势，表明本区经济的发展在主要方向上逐步极化的趋势特征，具体来看，1995—1999 年指标数值表现为逐步减小，整体变化范围是 64.271km 至 90.774km，2000—2004 年指标数值逐步减小，整体的变化范围是 60.866km 到 63.739km，2005—2009 年指标数值呈现继续减小的态势，变化范围是 55.933km 至 56.556km，2010—2014 年继续减小，变化范围是 55.673km 至 56.107km。沿短轴方向上，20 年来数值整体表现为先减小后增大的趋势，波动的范围为 66.416~91.417km，其中 2008 年以来呈现逐步增大趋势，2008 年之前大致是逐步减小趋势，2008 年的短轴数值是 80.743km，这与入境旅游发展相类似，表明本区经济发展的空间分布整体呈辅轴上的极化向分散特征的变化过程，反映偏移方向上主要是向东偏南的变化。

结合珠三角都市圈国内旅游规模的相关分析，通过研究可以发现，20 年来珠三角都市圈城市经济规模与国内旅游发展的空间轨迹变化的共性特征是主要方向的东南向偏移，即在本区范围内的城市经济在发展过程中力量比较的结果，向东南偏移，说明深圳、东莞、珠海等城市的经济发展、国内旅游发展的力量大于东部以及北部的城市；我们通过本区城市"经济规模—国内旅游"二维关系的演变模型，可以发现例如江门市等南部城市，或者如东莞等东南部城市的经济以及国内旅游的发展，在象限区域内表现为不同时期的由第Ⅳ类象限向第Ⅲ类象限的演变或者由第Ⅱ类象限向第Ⅰ类象限的演变。整体来说本区经济发展过程中，东部以及南部城市整体的力量对区域轨迹的变化产生了更大的力影响。这与国内旅游以及人口规模的发展具有较高的一致性。

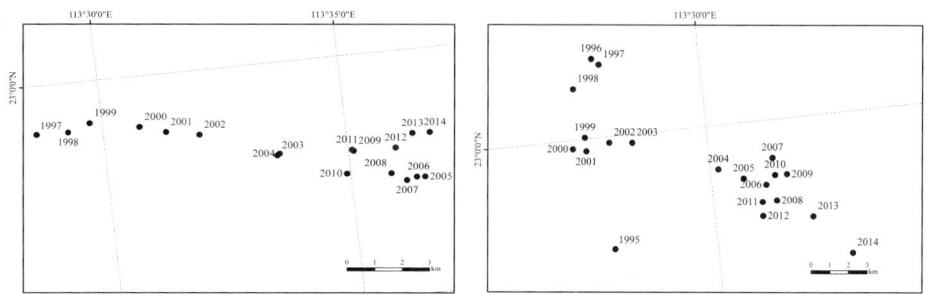

图 4-39 珠三角城市经济规模（左）与国内旅游发展（右）空间演变轨迹

Fig. 4-39 Space evolution trajectory of city economy size (left) and domestic tourism development (right) of the Pearl River elta

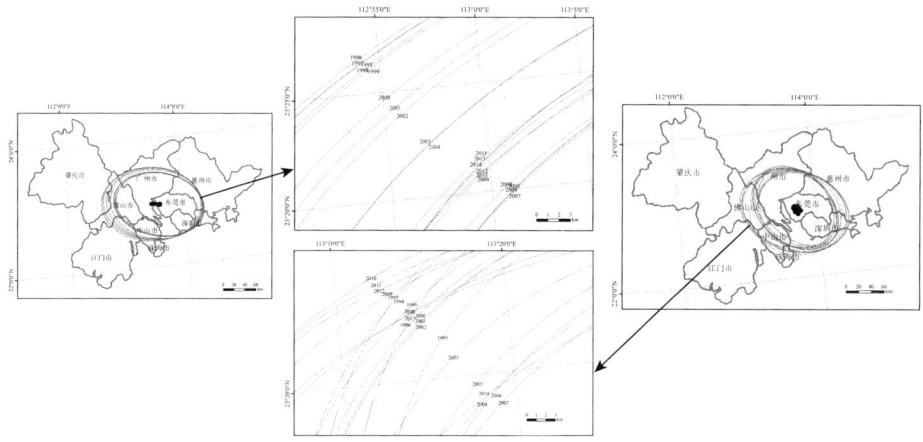

图 4-40 珠三角城市经济规模（左）与国内旅游发展（右）标准差椭圆

Fig. 4-40 Standard deviation ellipse of city economy size (left) and domestic tourism development (right) of the Pearl River Delta

（2）经济规模与入境旅游。上述分析中对珠三角都市圈的经济规模以及入境旅游发展的轨迹变化做出了分析，结合图4-41和图4-42中的信息，可以发现，本区入境旅游发展的轨迹变化方向与经济发展的轨迹变化，在主要方向上是向东偏南，入境旅游在增长发展过程中波动性较大。如同上述分析，这种空间轨迹的变化，可以在本区"经济规模—入境旅游"二维关系的演变过程中找到根据。在此不再赘述。

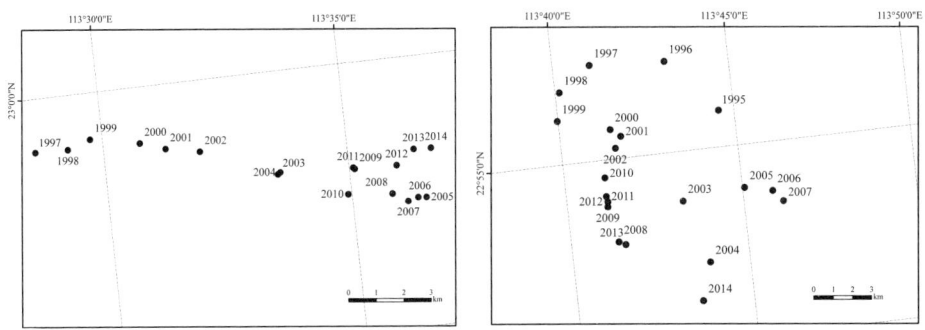

图 4 – 41 珠三角城市经济规模（左）与入境旅游发展（右）空间演变轨迹

Fig. 4 – 41 Space evolution trajectory of city economy size（left）
and inbound tourism development（right）of the Pearl River Delta

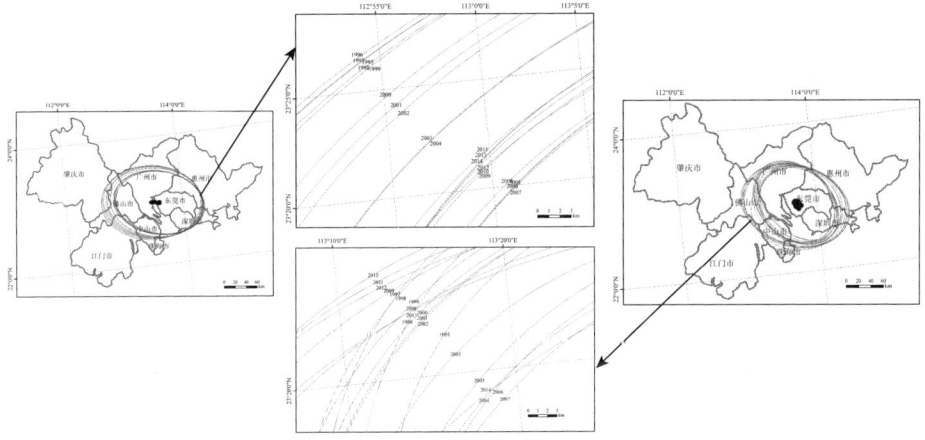

图 4 – 42 珠三角城市经济规模（左）与入境旅游发展（右）空间演变轨迹

Fig. 4 – 42 Standard deviation ellipse of city economy size（left）
and inbound tourism development（right）of the Pearl River Delta

4.3.5 三大都市圈的形变比较

从整体来看，三大都市圈城市人口规模、经济发展、国内旅游以及入境旅游在发展轨迹变化范围方面，大致呈三角轴线分布，不同方位指向包括轨迹变化的多变期和定向期；不同都市圈各个指标轨迹变化表现出不同的特征，同一都市圈各个指标在轨迹变化共性的基础上具有一定的差异性；各个指标形变轨迹轴线的方向偏移以及变化的范围，表现出强弱差异，这与各都市圈的不同属性有密切关系,总体表现出不同的演变过程和演变特征。

从城市人口发展规模指标来看(如图4-43所示),京津冀都市圈城市人口轴线的变化,最大偏移方向是西南的变化,初期表现出明显的不稳定性,形变过程多变性特征明显,主方向偏移西南指向,其余2次西北偏向、2次东北部偏向,且交替式变化;长三角都市圈城市人口轴线的变化,最大偏移方向是也是西南向的变化,整个形变过程反映出不稳定变化到稳定的过渡,截至2014年主方向偏移是西南向,过程有波动,期间有2次短暂西北向变化,以2009年为拐点年,次形变方向是西北向;珠三角都市圈城市人口轴线的变化,规律更为明显,1995年以来,主要形变的方向是向东偏南的偏移,其间略有波动,主方向规律显著。

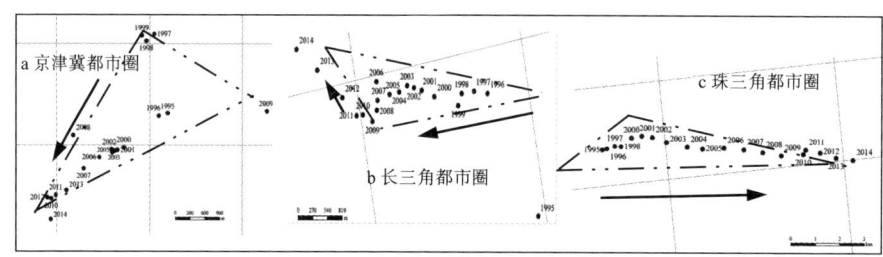

图4-43 三大都市圈人口发展轨迹形变比较

Fig. 4-43 Deformation comparison of population development track of the three metropolitan areas

从三大都市圈经济发展规模指标来看,京津冀都市圈经济规模的变化轴线,组团式变化明显,先是以东北方向为最大偏移方向,初期表现出明显的不稳定性,形变过程反复性特征明显,然后主方向偏移为东南指向,仍然表现出反复性的交替式变化;长三角都市圈经济发展规模轴线的变化,最大偏移方向规律特征较为明显,整个形变过程主要是向西北方向,形变过程有波动,1995—2003年,形变轴线主要向东南,大致以2003年作为拐点年份;珠三角都市圈城市经济发展规模的轴线变化,规律同样较为明显,1995年以来,主要形变的方向是向东偏南的偏移,这与人口规模的轴线偏移具有较高的一致性,期间略有波动,但是主方向规律显著。三大都市圈经济发展轨迹形变比较如图4-44所示。

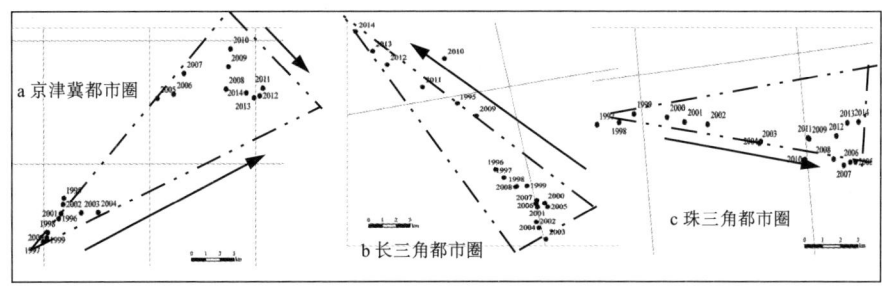

图 4-44 三大都市圈经济发展轨迹形变比较

Fig. 4-44 Deformation comparison of economy development track of the three metropolitan areas

从三大都市圈国内旅游发展的指标来看，京津冀都市圈国内旅游发展变化的轴线，经历了东南向到西南偏向的变化过程，大致以 2009 年为拐点年，2009 年以前主要是以东南方向为最大偏移方向，初期表现出不稳定的特征，2009 年以后主方向偏移为西南指向，轴线形变规律较为明显；长三角都市圈国内旅游发展规模轴线的变化，最大偏移方向规律特征较为明显，整个形变过程主要是向西南方向，形变过程有波动，"段式"特征明显，以 2004 年和 2010 年为特征年份；珠三角都市圈国内旅游发展规模的轴线变化，规律同样较为明显，1995 年以来，主要形变的方向是向东偏南的偏移，这与人口规模以及经济发展规模的轴线偏移具有较高的一致性，其间略有波动，但是主方向仍然规律显著。三大都市圈国内旅游发展轨迹形变比较如图 4-45 所示。

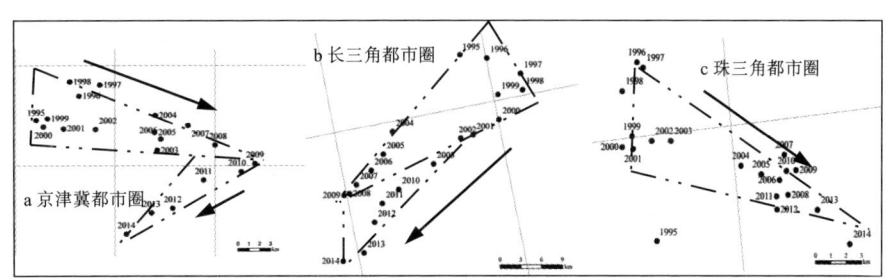

图 4-45 三大都市圈国内旅游发展轨迹形变比较

Fig. 4-45 Deformation comparison of domestic tourism development track of the three metropolitan areas

从三大都市圈入境旅游发展的指标来看，京津冀都市圈入境旅游发展变化的轴线，规律特征非常显著，形变过程主要是向东南方向，其间略有波动，以 2003 年为特殊年份；长三角都市圈入境旅游发展规模轴线的变化，最大偏移方向规律特征较为明显，整个形变过程主要是向西南方向，这与国内旅游发展形变过程大致相同，前期表现出曲折反复的特征，以 2003 年和 2010 年为特征年份；珠三角都市圈入境旅游发展规模的轴线变化，规律同样较为明显，1995 年以来，主要形变的方向是向东偏南的偏移，这与人口规模、经济发展规模以及国内旅游的发展轴线偏移具有较高的一致性，形变轴向段式结构明显，东南主方向仍然规律显著。三大都市圈入境旅游发展轨迹形变比较如图 4-46 所示。

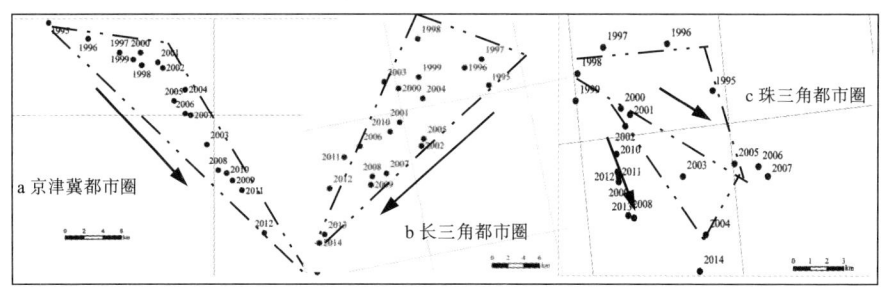

图 4-46　三大都市圈入境旅游发展轨迹形变比较
Fig. 4-46　Deformation comparison of inbound tourism development track of the three metropolitan areas

4.4　小结

由于国民经济的发展对于人口的增长、旅游的发展都具有重要的影响力，在三大都市圈各个指标具有较高一致性变化趋势的基础上，选择关键参照指标，以国民经济发展的阶段性特征为依据，按照"时间分段，过程可见"的方法，分别对基期值、增长倍数、阶段平均增速进行指标描述，根据指标总体特征，划分增长类型，将 20 年的数据划分为 4 个阶段，1995—1999 年，2000—2004 年，2005—2009 年，2010—2014 年，分别为增长培育阶段、调整发展阶段、突破发展阶段、稳定增长阶段，基于这四个阶段，本书对三大都市圈城市规模指标与国内旅游、入境旅游发展的关系演变进行了二维分析。依据三大都市圈二维指标关系特征，应用归纳法，发现城市规模与旅游发展

的动态演变过程中,"大者恒大"的现象依然突出,个别城市表现出差异性。本章研究主要得出以下结论:

(1) 在四个发展阶段的演变过程中,京津冀都市圈城市人口规模和经济规模与旅游发展的关系表现为:①总体呈现高级别城市、高城市规模、高旅游发展水平;②北京、天津、石家庄、保定主要位于第Ⅰ类象限区,之间的关系差距越来越大;③第一阶段本区城市人口规模、经济规模与国内旅游发展分布主要在第Ⅰ、Ⅱ、Ⅳ类象限,第二阶段开始,经济规模与国内旅游发展分布在四个象限当中,即呈现出"核"形,表现为不同象限区的面积差异;京津冀都市圈城市人口规模和经济规模与入境旅游发展的关系表现为,第一阶段本区城市人口规模、经济规模与入境旅游发展分布主要在第Ⅰ、Ⅱ、Ⅳ类象限,第二阶段至第四阶段,经济规模与国内旅游发展分布在四个象限当中,即呈现出"核"形,表现为不同象限区的面积差异。

(2) 四个发展阶段的演变过程中,长三角都市圈城市规模与旅游发展的关系以及演变表现为:①总体呈现高级别城市、高城市规模、高旅游发展水平,二者之间的关系表现尤为明显,对于人口规模与旅游发展之间的关系,徐州、温州、无锡、宿迁、舟山等特殊职能型城市,表现出人口规模与旅游发展水平的差异性匹配,这与京津冀地区一些城市的现象相一致,我们可将其归为一类,以确保模型的普适性;②本区人口规模与国内旅游发展之间,四个阶段在四个象限区当中都有分布,整体呈现"核"式,表现为城市分布间距的减少,说明二维关系的紧凑性发展,四个阶段的演变,大致经历了第Ⅳ象限区向第Ⅲ象限区再向第Ⅰ类象限区的转变,以及第Ⅳ象限区向第Ⅱ象限区再向第Ⅰ类象限区的转变过程;人口规模与入境旅游发展之间整体转变过程与国内旅游较为一致;本区经济规模与国内旅游发展之间,四个阶段的分布经历了由在第Ⅰ、Ⅱ、Ⅳ象限的分布演变成四个象限的分布再到第Ⅰ、Ⅲ、Ⅳ象限的分布;经济规模与入境旅游由第Ⅰ、Ⅱ、Ⅳ象限的分布演变成四个象限的分布;③演变阶段呈现典型的团簇式分布,表现为不同级别城市的集聚,城市聚类现象明显,同时级别差异间的距离在扩大。

(3) 四个发展阶段的演变过程中,珠三角都市圈城市人口规模和经济规模与国内旅游发展的关系以及演变表现为:①对于人口规模与旅游发展之间的关系,珠海、东莞等特殊职能型城市,表现出人口规模与旅游发展水平的差异性匹配,这与京津冀都市圈和长三角都市圈一些城市的现象相一致;主要分布在第Ⅰ、Ⅱ、Ⅳ象限,四个阶段的演变,大致经历了第Ⅳ象限区向第

Ⅱ象限区再向第Ⅰ类象限区的转变以及第Ⅳ象限区向第Ⅲ象限区的转变过程；③本区经济规模与旅游发展之间，四个阶段的分布都是分布在在第Ⅰ、Ⅱ、Ⅳ象限中；同样，四个阶段的演变，大致经历了第Ⅳ象限区向第Ⅱ象限区再向第Ⅰ类象限区的转变以及第Ⅳ象限区向第Ⅲ象限区的转变过程，高级别城市与较低级别城市的分布间距出现减小的趋势。

（4）本书对三大都市圈"城市规模—旅游发展"的演变过程进行归纳总结，提出"城市规模—旅游发展"的演变模型。该模型是基于京津冀都市圈、长三角都市圈以及珠三角都市圈城市规模和旅游发展的时空变化实际归纳总结出来的模型，与"城市规模—旅游发展"的关系模型是一致的，一定程度上来说进一步验证了关系模型的合理性，从演变模型中，我们归纳总结出了模型成立的假设条件，也就是进一步解释了关系模型当中的不确定关系。在三大都市圈的区域范畴中，城市规模与旅游发展的关系是，高城市规模、高旅游发展水平的双高现象，对于高级别的城市是普适性的，而对于地级市、县级城市等一般普通类型的城市大致也是适用的，一些典型职能类型或者特殊地理区位性质的城市，作为该模型的补充成立条件，本书将这些城市划分为四大类型。

（5）在提出演变模型的基础上，本书继续深入展开演变轨迹的变化，系统梳理案例区域"城市规模—旅游发展"二维关系整体空间轨迹特征，从市级、省级以及区域3个尺度对案例地国内旅游、入境旅游发展空间演变轨迹和空间关系进行探索、比较研究，在一定程度上是对区域城市演变以及"演变模型"的进一步验证，明确了案例地城市规模与旅游发展空间地域分布以及组合规律。

第 5 章

城市规模与旅游发展的双向互动机制

本书是以"揭示规律,解释规律"为研究出发点,结合20年来三大都市圈城市发展和旅游发展的实际,对案例地"城市规模—旅游发展"的空间关系以及时间序列范围内的空间演变进行了系统研究,提出了"城市规模—旅游发展"的分布模型和演变模型,对三大都市圈的发展实际具有总结性和引导性,对同类型的案例地具有参考性。社会科学,多因多果,在揭示规律的基础上,我们将重点探讨所发现规律的原因所在,从定性和定量的角度尽可能全面的阐述形成这种规律模型的机制。

在上述研究的基础上,我们归纳总结出:

第一条规律:高人口规模、高级别的城市,城市旅游发展水平也较高;高经济规模、高级别的城市,城市旅游发展水平也较高;高旅游发展水平、高级别的城市,城市人口规模也会较大;高旅游发展水平、高级别的城市,城市经济规模也较大。

第二条规律:"城市规模—旅游发展"金字塔结构中,位于塔尖的城市分布数量最少,城市级别最高;位于塔底的城市分布数量最多,城市级别一般最低;整体数量关系呈梯度变化。

第三条规律:Ⅰ类城市一般是直辖市、副省级城市以及省会城市或者旅游大都市;Ⅳ类城市一般是地级市、县级市、城镇等;城市发展为了与旅游成长匹配,完善功能,规模扩大,Ⅳ类城市向Ⅲ类、Ⅱ类转变,表现为分布结构在发展过程中的阶段性。同时,四类城市空间分布面积不同:一般情况下,Ⅳ类城市分布面积最大,Ⅰ类城市分布面积较小;Ⅱ类、Ⅲ类城市一般有两种现象,一是Ⅳ类城市向Ⅱ、Ⅲ类城市的演变,再向Ⅰ类象限的转变。

结合前期所得出的结论，要揭示这些规律的形成机制，归根到底本章研究内容实质上就是要回答以下问题：①规模较大的城市，或者行政级别较高的城市，旅游发展为什么较强；②旅游的不断增长，对城市规模的扩大有何驱动作用；③"城市规模—旅游发展"理论模型中城市分布为什么会呈梯度结构；围绕这三个核心问题，进行以下研究。

5.1 城市规模与旅游发展因素作用模型

5.1.1 采用中介因素解释机制的缘由

1. 城市规模与旅游发展的相关性分析

关于城市规模与旅游发展之间的相关性，本书首先对出数据进行同质化分类，计算其相关系数，以确保测量结果的科学性。相关系数这一指标是用于描述两组变量之间所表现出的离散程度，根据计算结果来判断该两组变量的变化的相关性，结果可反映出正相关、负相关与互不相关。本书分别对三大都市圈的城市规模指标与旅游发展指标进行了相关性分析，得出结果如表5-1、表5-2、表5-3所示。从各个区域的角度单独来看，三大都市圈的城市规模与旅游发展之间的关系并非是完全线性关系；从整体相关性结果来看，部分典型城市的相关性结果是比较明显的正相关，如北京、天津、上海、南京、杭州、广州、深圳等区域内级别较高的城市；城市经济规模与旅游发展是呈现正相关的。最终可得出结论，有些城市是线性相关，有些城市较弱相关，也就是说并不是所有城市的城市规模与旅游发展是较好的线性相关，呈现区域的不稳定性。为了确保本相关性分析结论的正确性，本书进一步对城市规模和旅游发展的对应指标进行回归分析。

表 5-1 京津冀都市圈城市规模与旅游发展的相关性分析

Tab. 5-1 Correlation analysis of city scale and tourism development of Beijing-Tianjin-Hebei Region

R	北京	天津	石家庄	唐山	秦皇岛	保定	张家口	承德	沧州	廊坊	平均
人口与国内旅游	0.82	0.96	0.86	0.90	0.96	0.74	0.80	0.90	0.82	0.74	0.88
人口与入境旅游	0.70	0.76	0.74	0.77	0.85	0.72	0.59	0.83	0.53	0.50	0.76
经济与国内旅游	0.99	0.97	0.89	0.86	0.96	0.94	0.97	0.93	0.96	0.93	0.92
经济与入境旅游	0.97	0.98	0.83	0.78	0.91	0.83	0.75	0.91	0.83	0.71	0.84

表 5-2 长三角都市圈城市规模与旅游发展的相关性分析

Tab. 5-2 Correlation analysis of city scale and tourism development of Yangtze River Delta

R	上海	南京	杭州	宁波	无锡	徐州	常州	苏州	南通	连云港	淮安	盐城	扬州
人口与国内旅游	0.90	0.95	0.93	0.97	0.95	0.97	0.94	0.98	0.78	0.84	0.81	0.85	0.77
人口与入境旅游	0.98	0.97	0.98	0.96	0.97	0.87	0.88	0.91	0.85	0.80	0.65	0.80	0.72
经济与国内旅游	0.95	0.91	0.96	0.91	0.92	0.92	0.88	0.92	0.88	0.89	0.78	0.86	0.88
经济与入境旅游	0.85	0.67	0.99	0.98	0.72	0.76	0.90	0.91	0.83	0.82	0.70	0.74	0.81

R	镇江	泰州	宿迁	温州	嘉兴	湖州	绍兴	金华	衢州	舟山	台州	丽水	区域平均
人口与国内旅游	0.84	0.82	0.82	0.93	0.99	0.96	0.89	0.88	0.90	0.53	0.86	0.36	0.85
人口与入境旅游	0.83	0.80	0.62	0.88	0.92	0.85	0.84	0.88	0.73	0.64	0.83	0.41	0.82
经济与国内旅游	0.90	0.88	0.85	0.97	0.91	0.93	0.86	0.92	0.83	0.75	0.91	0.85	0.89
经济与入境旅游	0.87	0.81	0.60	0.89	0.90	0.89	0.85	0.89	0.75	0.67	0.85	0.83	0.82

表 5 - 3 珠三角都市圈城市规模与旅游发展的相关性分析

Tab. 5 - 3　Correlation analysis of city scale and tourism development of Pearl River Delta

R	广州	深圳	珠海	佛山	江门	肇庆	惠州	东莞	中山	区域平均
人口与国内旅游	0.96	0.98	0.94	0.94	0.86	0.70	0.71	0.51	0.57	0.80
人口与入境旅游	0.98	0.99	0.96	0.98	0.86	0.36	0.61	0.52	0.40	0.74
经济与国内旅游	0.98	0.99	0.99	0.96	0.94	0.98	0.98	0.92	0.98	0.97
经济与入境旅游	0.99	0.99	0.85	0.97	0.97	0.88	0.97	0.93	0.87	0.94

2. 城市规模与旅游发展的回归分析

在回归分析当中，Significance F 对应为弃真概率，1 - P 对应模型为真的概率，可见 P 值越小越好。经过计算，如表 5 - 4、表 5 - 5、表 5 - 6 所示，发现三大都市圈城市规模与旅游发展之间的回归分析，模型为真的概率基本为负值，不稳定性和偶发性突出，明显是不显著。也就是说，城市规模与旅游发展之间不存在显著线性关系。

表 5 - 4 京津冀都市圈城市规模与旅游发展回归分析的显著结果

Tab. 5 - 4　Significant results of regression analysis about Beijing - Tianjin - Hebei Region

P	北京	天津	石家庄	唐山	秦皇岛	保定	张家口	承德	沧州	廊坊	平均
人口与国内旅游	1.17	3.7	2.53	5.74	2.05	0.000197	1.99	5.39	3.85	1.31	2.77
人口与入境旅游	0.00537	4.87	3.44	5.54	1.46	0.000349	1.12	1.785	2.58	1.04	2.18
经济与国内旅游	2.68	1.34	1.01	1.67	3.93	0.011	3.62	4.14	1.02	2.02	2.14
经济与入境旅游	1.10	2.56	1.06	2.24	0.00289	1.84	3.65	3.67	2.94	2.30	2.14

表 5-5　长三角都市圈城市规模与旅游发展回归分析的显著结果
Tab. 5-5　Significant results of regression analysis about Yangtze River Delta

P	上海	南京	杭州	宁波	无锡	徐州	常州	苏州	南通	连云港	淮安	盐城	扬州
人口与国内旅游	1.15	2.33	2.89	2.16	3.26	4.26	3.56	2.76	4.18	3.17	4.88	2.96	0.49
人口与入境旅游	2.02	2.92	3.01	2.74	3.78	4.19	3.64	2.93	4.49	3.65	4.92	3.87	0.77
经济与国内旅游	0.0071	1.02	0.46	1.15	0.000159	2.29	1.43	0.000515	0.074	0.78	0.89	0.028	0.0012
经济与入境旅游	0.00103	0.023	0.42	1.37	0.012	2.11	1.64	0.0038	0.091	0.86	1.01	0.083	0.0045

P	镇江	泰州	宿迁	温州	嘉兴	湖州	绍兴	金华	衢州	舟山	台州	丽水	平均
人口与国内旅游	2.95	2.57	5.61	4.82	1.05	1.45	1.97	2.08	2.29	0.02	3.21	4.69	2.83
人口与入境旅游	3.09	2.91	6.07	4.91	1.12	1.59	2.34	2.22	2.43	0.39	3.34	5.01	3.13
经济与国内旅游	0.0036	0.00063	0.6094	0.53	0.00067	0.07	0.75	1.11	0.57	0.54	0.001	2.21	0.58
经济与入境旅游	0.039	0.0097	0.71	0.71	0.00094	0.11	1.23	1.47	0.96	0.77	0.079	2.63	0.66

表 5-6　珠三角都市圈城市规模与旅游发展回归分析的显著结果
Tab. 5-6　Significant results of regression analysis about Pearl River Delta

P	广州	深圳	珠海	佛山	江门	肇庆	惠州	东莞	中山	平均
人口与国内旅游	2.18	1.85	4.22	2.99	2.5	0.00083	0.000685	0.96	0.4	1.68
人口与入境旅游	2.74	3.16	1.16	2.76	1.89	0.13	0.000645	0.95	0.33	1.46
经济与国内旅游	1.23	1.65	1.39	1.15	1.15	0.05	0.73	0.36	0.51	0.91
经济与入境旅游	1.17	1.69	1.32	1.008	1.23	0.73	0.89	0.74	0.83	1.06

3. 引入中介因素的必然

三大都市圈城市规模与旅游发展的相关性分析显示二者不是完全显著的线性关系，即部分城市相关系数较高，一些城市则表现出弱相关，进而本书进行了回归分析,发现二者之间模型为真的概率为负值,也就是说城市规模与旅游发展之间不存在线性因果关系。但是事情本身的现象反映出,三大都市圈城市规模较大、级别较高的,其旅游发展水平也较高,并且存在梯度结构。社会现象本身纷繁多杂,追根溯源,根据这种现象本书引入中介变量,总结其原因主要包括:①回归结果不显著,线性关系不成立;②多数城市规模与旅游发展之间存在关系,但少有研究能解释其存在关系的原因;③二者之间的现象关系和演变关系互为应证,说明在表象上看是复杂的驱动关系。基于这三点原因,引入中介变量因素成为适宜时机,中介变量因素是为解释复杂关系变量引入的重要变量,它是社会科学研究过程中的重要概念。

基于分析,旅游发展与城市规模之间的相关性研究与回归分析,结论较为一致。因此,要清楚地回答文初提出的三个核心问题,合理地选择中介影响因素成为研究的必然。

5.1.2 中介因素选择的理论基础

从三大都市圈的数据结果来看,城市规模大的城市,旅游发展的人次和收入相对较高,我们在选择中介因素的时候,也就是要回答,众多旅游者为什么会选择规模大的城市作为目的地,旅游发展又如何驱动城市规模的变化。升华到理论高度,本书对于中介变量因素的选取,理论依据有四个层次:

第一,依据孙根年教授在《资源-区位-贸易三大因素对日本游客入境旅游目的地选择的影响》一文中,提出的客源地与目的地相互联系的概念模型以及"三择原理",系统阐述目的地资源、交通、经济等因素对旅游者行为选择的重要影响,定量验证了这些因素是吸引旅游者、促进旅游发展的关键因子。

第二,从要素禀赋理论以及旅游要素学说角度,资源、交通、基础设施等是解决游客在目的地吃、住、行、游等基本问题的关键支撑,也是游客在目的地进行游玩、娱乐、购物的基础。同时,旅游者对的选择行为与目的地的空间要素特征相关,自身的地位、知名度是城市的魅力标签,是影响旅游者行为的因子,城市的地位越高,城市知名度越大,旅游者在目的地行为选择时会越加倾向。

第三，根据城市发展的规模效应理论，城市规模发展到一定阶段，必然在政策设置、资源配置、制度安排等方面具有优越性，即规模大的城市，城市地位较高，聚集各种诸如教育、金融、医疗、大型企业等资源，具有较强的决策影响能力。

第四，结合旅游发展的倒逼效应理论，旅游的发展会拉动消费、促进就业，支撑目的地服务业，在文化传播与交流的过程中，实现要素的集聚、转化和推进。同时，在旅游的大发展过程中，大批量的游客进入城市，对城市的资源建设、基础设施以及经济发展方向等方面提出新的要求，对供给方产生旅游的倒逼效应，进而对目的地人口和经济的增长产生影响，驱动城市规模的变化。

5.1.3 概念模型

本书在在城市规模与旅游发展关系规律的基础上，对城市规模与旅游发展之间数理关系进行分析，引入中介要素，以四大理论为重要支撑，提出关于解释城市规模与旅游发展关系的中介因素作用机制，在城市规模作用旅游发展方面包含六大因素，在旅游发展驱动城市规模方面，包含四大转化路径，如图5-1所示。

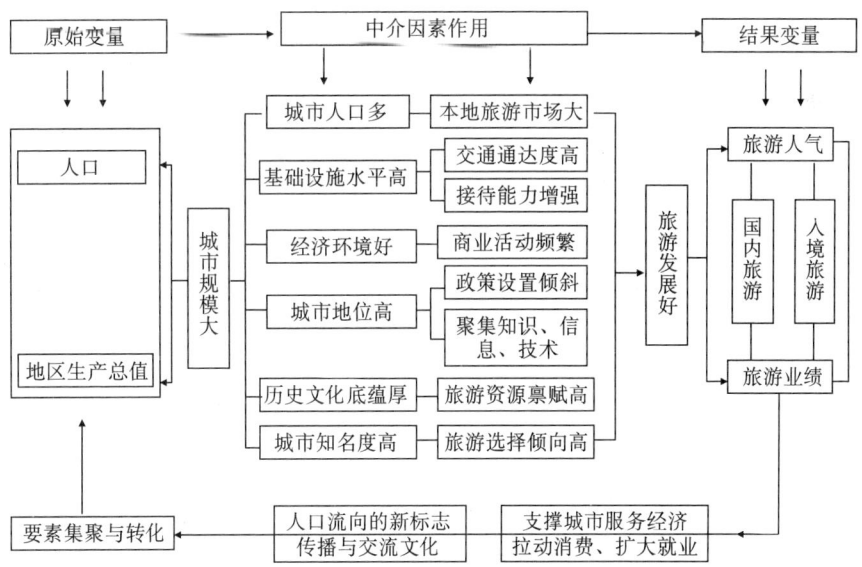

图 5-1 城市规模与旅游发展的因素作用概念模型

Fig. 5-1 The concept model with factors of city scale and tourism development

1. 城市规模作用旅游发展的因素

（1）城市人口增加与本地市场旅游需求增强机制。依据数据统计指标，城市规模的扩大，表现为人口规模的增加以及经济水平的提高，规模大的城市首先意味着该城市的人口数量多，本地旅游市场需求基数大，可以从两个方面理解，一是本地人口多，出游人次统计多于规模较小的城市；二是旅游需求群带效应突出，规模大的城市，旅游需求口碑传播渠道多元，群带需求明显。这也是旅游发展优越于规模较小城市的直接因素。

（2）基础设施建设与旅游通达度和接待能力提升机制。城市的基础设施建设主要包括能源设施、环保设施、交通设施等，在本书当中主要是指城市交通和宾馆饭店建设。城市发展过程中，城市规模较大的城市在交通、宾馆饭店建设以及经济发展水平方面高出其他城市，交通通达度以及接待能力较高，对旅游者产生吸引力。

首先，完善的交通网络是城市实现集聚扩散功能的基础，城市交通的通达性在新时期成为城市经济社会地位提升的重要部分，也是作为旅游业充分发展的重要影响因子，空间距离和交通可达性是旅游者进入目的地、体验旅游吸引物、感受目的地文化氛围的先决条件，也是影响旅游者选择出游目的地的首要因素。城市交通网络的建设与发展满足游客"进得来、散得开、出得去"的需求，航空运输业的建设和改进提高了入境旅游者的可进入性，铁路及高速公路网的建设增强了省际游客的进入性，城市内部交通的完善便捷游客在城市内部的流动。城市交通的建设与发展势必会增加城市建设用地的面积，促进城市规模的扩大，而城市规模的扩大，也要求交通运输业的匹配，随着交通网络的完善，城市以及区域通达性得以提高，继而使得客流量增加。20世纪90年代以来，我国城市交通业的发展逐步加快，尤其是规模较大的城市不断加大交通运输业的投资力度，轨道交通发展尤为迅速，旅游交通也不断纳入城市发展建设当中，包括基础道路交通和旅游专项交通都取得突破性进展，对地区经济结构和社会生活发生产生深远影响。2015年，中国铁路的实际固定资产投资达到8200多亿元，全年新建铁路线9500多公里，创下了历史新高，北京半日到达的城市就有53个之多，海南环岛、合福高铁、上海至哈尔滨、城际铁路等高铁项目成功建设；同时，我国公路实际完成投资额比2014年增长了6%，多条重要路段等项目逐渐落地；布局合理、层次分明、功能完善的机场体系已初步建成，这些都为为地区经济和旅游发展奠定了基础。

其次，从旅游业"三大支柱"和"五大部门"说以及旅游"六要素"说来看，住宿业和餐饮业是旅游发展的基础支撑内容。从供给角度来说，宾馆饭店的建设水平反映城市的接待能力和水平；从需求角度看，游客进入目的地之后，宾馆饭店的硬件设施和软件服务管理影响旅游者的停留时间和体验质量，目的地接待条件已成为影响旅游者行为选择的影响因子；从定量角度切入分析，衡量宾馆饭店与旅游发展的关系，以我国北京、上海市例，结合旅游星级饭店数及客房数以及相关旅游数据，采用SPSS17.0软件进行相关性分析，结论显示宾馆饭店建设与国内旅游和入境旅游的相关系数都在0.85以上，城市规模越大，这种相关性越突出。随着城市经济的发展和旅游业的快速增长，大批游客进入城市，以规模较大的城市为核心向周边景区扩散，这对城市的接待能力提出需求，表现在量上的增加和质上的提升，两者相辅相成，为国内旅游和入境旅游的发展提供保障。

（3）经济环境建设与商业贸易增多机制。新时期，旅游的定义虽然是指不以经济目的的观光、度假等活动，但是旅游活动的全过程是与经济有着密切的联系，旅游者从离开居住地到目的地，需要具备一定的支付能力。另外，大众旅游者，在目的地选择的过程中，更倾向于经济发达的城市。邵诚以世界185个国家（或地区）为样本，通过截面模型与时序模型的分析，发现跨国旅游者在目的地选择上具有"嫌贫爱富"的特征[208]，并认为经济发达的国家（或地区），对旅游者的吸引力更强[209]。Jordan等[209]和Kulendran等[210]分别以中国和澳大利亚为例，采用时间序列数据分析了旅游与贸易关系，发现入境旅游和进出口贸易之间存在着稳定的因果关系；孙根年以32个伙伴国为例，认为贸易与旅游有着密切的联系，即贸易推动了旅游[211]；马丽君等以中日、中韩为例，采用时间序列数据的相关分析，认为旅游与贸易活动存在稳定的推拉关系[212,213]。

规模大的城市，经济发展基础好，表现为商业政策环境以及经济效益的吸引性，商业投资规模以及贸易活动量大于规模较小的城市。以2014年区域实际实现的商业贸易情况为例，京津冀都市圈当中，北京占区域总额的27.16%，天津占区域总额的46.67%，具有区域绝对性优势；长三角都市圈当中，上海占据总额的29.12%，南京、杭州、宁波等副省级城市、省会城市占据区域总额的21.88%，都市圈内的这4个高级别城市，商业贸易总额占据全域的51%；珠三角都市圈中，广州占据总额的20.54%，深圳占总额的23.35%，东莞占总额的18.22%，这3个城市2014年实际实现的商业贸易额达到了 62.11%。可见,规模较大的城市,其商业投资与贸易活动比规模小的城市多,对于旅游活动尤其是入境旅游的发展起到更大的促进作用。

(4) 城市地位与制度变迁和资源集聚机制。魏后凯教授 (2014) 在《中国城市行政等级与规模增长》一文中,详细阐述了,行政地位不同的城市,在城市的政策设置倾向以及资源配置上所得到的偏向也不同,一般地位高的城市,是各种高级功能相互叠加的结果。在政策设置方面,以长三角地区为例,如图 5-2 所示。20 世纪 90 年代以来,国家对地方在投资力度、权力配置、资源补给等方面的政策不断加大倾斜,同时长三角区域地方政府之间的合作政策驱动城市规模的发展,旅游发展的区域合作水平不断升华,政策设置过程中,以上海为主导,南京、杭州、宁波等副省级以及省会城市与之相辅相成,政策效应由上海向南京等地辐射,再向一般城市扩散,形成区域层面上的政策梯度结构。城市规模越大,政策与之影响力越大,越能够驱动旅游业的快速增长。

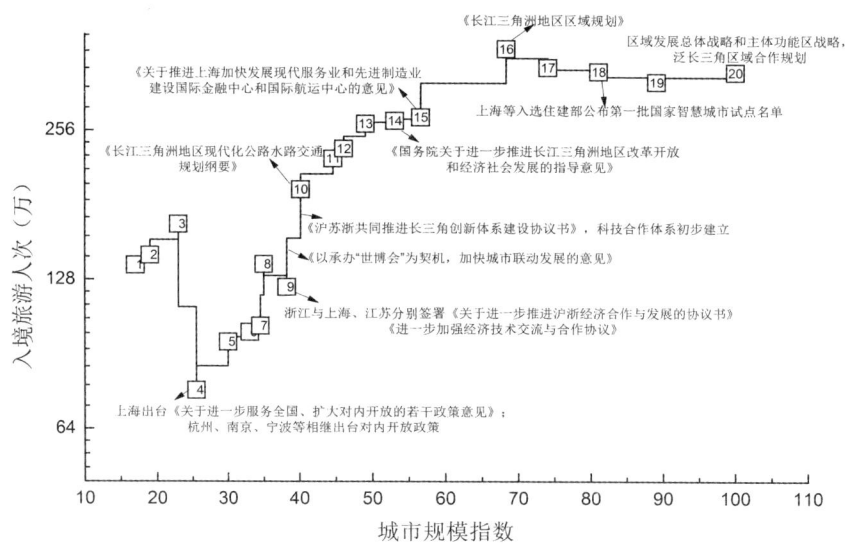

图 5-2 20 年来长三角地区政策设置

Fig. 5-2 Policy settings of Yangtze River Delta for 20 years

在资源集聚方面,在当前资源配置状态下,城市规模大的城市,其城市地位越高,获得各种诸如教育、科技、信息、医疗、文艺等资源的机会就会越多,聚集各种人才的能力就越强,对外界的吸引力随之增大,优越的资源条件,是吸引资源弱之区域的旅游者的驱动力,城市规模越大的城市,聚集资源的能力以及优质资源的储备程度会高于规模较小的城市,这也是大众旅游者以及某些专项旅游者行为选择的重要影响因素。

(5) 历史文化底蕴与旅游资源禀赋增大机制。随着生产力的发展以及社会经济文化的进步,城市从古到今担负着越来越多的功能,包括基础功能和提升功能,其中基础功能主要是生产功能、聚集扩散功能、服务与管理功能等,提升功能主要是协调、创新、主导等功能。当前经济新常态下,城市空间不仅是本区城市居民的功能生活生产空间单元,也是游客进行旅游活动的重要目的地,城市"宜居宜游"的理念逐渐广为应用在城市建设方面,城市旅游资源的建设一般包括两个方面:一是城市本身具有的自然风貌资源与历史人文资源开发及其提升性建设,每一个城市都具有属于自身的地域特征以及"一方水土一方人"的独特气质,也都有城市的形成历史,并且传承至今;二是城市空间中的园林、广场、标志性建筑等城市景观资源的建设,不仅提升城市居民的生活环境水平,也为游客进入城市提供新的吸引点,如上海世博园、迪斯尼乐园等。城市旅游资源的建设和完善,推进了美丽城市的建设,城市的整体吸引力得到增强,游客进入城市后,形成良好城市印象,重游率以及城市停留时间也将可能提高和延长,这也是目的地城市形成潜在拉力的重要部分。

根据《关于调整城市规模划分标准的通知》,我国城市规模的类型由四类变成了五类,数据显示,截至2013年,我国的北京、上海、广州、重庆、天津、深圳按照新标准是超大城市,南京、苏州、杭州、哈尔滨、香港、西安、沈阳是特大城市。结合这个划分结果,我们可以看出三大都市圈,超大城市占据了83.33%,特大城市占据了近50%。从这些大规模城市来看,北京、天津、上海、广州、深圳、南京、苏州、杭州等城市以及一些省会城市,在关系模型、分布模型以及演变模型当中都表现为双高现象,即高城市规模,高旅游发展。这些城市同时也是我国知名的历史文化名城,资源先天禀赋价值高,依据《2014年中国旅游景区发展报告》统计数据,京津冀都市圈中,北京市国家AAAA级及以上景区数量达到71处,占全区域总数的34.98%,天津市占区域总数的17.24%,石家庄占总数的13.3%,3个城市占总量的65.52%;长三角都市圈中,上海、南京、杭州、宁波4个城市有国家AAAA级及以上的景区占全域总数的36.16%;珠三角都市圈中,广州、深圳的AAAA级及以上景区占全区总数的42.86%。可见,三大都市圈中,城市规模大的地方,知名景区景点数量较多,历史文化资源相对区域中的其他地方更为丰富。在我国,城市规模大的城市,基本都是在历史上具有影响力的城市,城市旅游资源丰富,禀赋价值高,这是吸引旅游者的基础支撑,对于发展旅游业具有先天优势。

(6) 城市知名度与旅游行为选择倾向增加机制。万绪才研究团队对影响入境旅游的影响因素进行了系统研究,发现入境旅游规模与目的地知名度的相关性都在0.01水平下显著[214],说明知名度是旅游者行为选择的重要参考因素,知名度越高,被选择的可能性越强。依据陈云松教授《近三百年中国城市的国际知名度》的研究,发现北京、香港、上海、广州、南京、澳门、天津、台北、重庆和拉萨依次为近300年国际知名度的前十强[215],其中三大都市圈占据一半城市。三大都市圈中规模较大的高级别城市,城市的国际知名度较高,国内影响力较大,增强了旅游者选择的可能,进而促进旅游业的发展。

中介因素作用机制主要包括上述6个层次,这6个层次是一个系统里的6个方面,即规模大的城市同时在资源、交通、宾馆饭店、经济环境、知名度等方面发展水平较高,最终共同驱动旅游业的高水平发展,任何一个层次都不能够独立成为唯一中介变量因素。

2. 旅游发展驱动城市规模的因素

(1) 城市旅游服务经济与经济增长的支撑机制。世界国际化的城市,有一个显著共性的特点就是服务业在产业结构中所占的比重较大,一些规模较大的城市,其比重在70%~80%以上。就中国而言,规模较大的城市,第三产业占GDP的比重逐年增加,截至2014年,京津冀都市圈中,北京第三产业占GDP的77.95%,天津和石家庄的比重分别达到49.34%和43.81%;长三角都市圈中,上海的第三产业占GDP的64.82%,南京、杭州、宁波等城市的该比重分别达到了56.49%、55.25%、44.07%;珠三角都市圈中,广州和深圳的该比重分别为65.23%和57.39%,东莞达到了52.14%。这些城市国际化特征越来越明显,城市服务经济逐渐成为甚至已经成为城市经济的重要支撑。

新时期,旅游业是服务业的重要组成部分,旅游收入与国民生产总值存在着长期稳定的关系。改革开放以来,我国城市旅游业得到快速发展,产业规模不断壮大,旅游收入占国内生产总值的比重呈现逐年增加的态势。依据统计资料,2014年,北京旅游收入达到了4280.1亿元,占GDP比重20.06%,天津旅游总收入达到2487亿元,占GDP比重为15.81%;上海旅游总收入达到3415.96亿元,占GDP比重为14.49%,南京、杭州、宁波等城市旅游总收入分别占GDP的比重为17.01%、20.49%、14.04%;广州和深圳的旅游收入占 GDP 比重分别达到 15.09%、11.82%。通过数据可以看到，旅游业的发展日益成为城市服务经济的重要支撑，也是城市经济增长的驱动因素，尤其是规模较大的知名城市，旅游业发展越好，旅游人次与旅游收入水平越高，对国民经济的贡献比会增加，在其他因素不变的情况下，旅游业的快速增长会驱动城市经济规模出现逐渐增大的趋势。

（2）旅游拉动消费与经济繁荣的推进机制。我国改革开放以来，在全球经济范围内一直保持较高的增长速度，三十年来我国的 GDP 年均增长率持续稳居在 9.5% 左右，成为世界关注的"中国经济"。依据经济学理论，投资需求与贸易出口是驱动经济快速增长的关键因素，同时凯恩斯理论中说了一个"节俭悖论"，核心思想是只有消费才能使经济越来越繁荣，这一理论在解决短期的经济总量问题时效用明显，在面临长期经济结构调整过程中也发挥了作用。理论结合中国国情，这种对投资和出口高度依赖的经济增长模式具有较大的不稳定性和高度风险性，因此我国持续大力调整需求结构，逐步稳定扩大消费需求，进而推动我国经济的稳步发展。越来越多的研究表明，消费需求不仅是中国经济增长的主导力量，也是烫平宏观经济剧烈变动的稳定力量[216]。

事实表明，内需和外需被认定为是驱动我国经济长足发展的两大重要引擎[216]，伴随着旅游业在世界范围内的快速崛起，无论是从内需还是从外需的角度，旅游消费对中国经济增长的拉动效应和贡献作用都是不可忽视的[217]。旅游消费能够直接带动经济的发展，是由于旅游所带来的消费需求增加以及商贸投资的需求扩大等导致的；旅游消费对经济发展的间接作用是其本身能够明显带动关联产业的体现，一方面表现为旅游消费需求的增长会带来相应消费品供应量的提升，从而会促使相关行业提高相应劳动生产率并且扩大生产规模，最终拉动了经济的增长；另外一方面表现为旅游消费需求的扩大会促使相关行业增加投资或者吸引新的投资，优化资源配置和相关行业的产业结构，从而驱动了经济的发展。就本书而言，则表现为规模较大的城市，旅游发展水平较高，对城市经济规模扩大的效应越明显。

（3）旅游促进就业与人口增加的潜在机制。随着中国经济的快速稳步发展，第三产业的就业比重逐步增加，依据《中国城市统计年鉴》数据统计，截至 2014 年，三大都市圈规模较大城市的第三产业就业比重情况表现为：北京、天津、石家庄的第三产业就业比重分别为 78.41%、44.55%、63.83%，10 年来平均增长了 8.94%；上海、南京、杭州、宁波等城市第三产业就业比重分别为 64.02%、50.03%、45.51%、35.57%，10 年来平均增长了

8.47%；广州、深圳等城市第三产业就业比重分别为62.87%、46.46%，10年来平均增长了7.54%。可见，第三产业就业对全产业就业的拉动效应越来越明显。就业率从某种程度上可以反映经济形势的状况，良好的就业结构和就业秩序，表明地方经济和社会的稳定发展性。

中国作为世界重要的旅游目的地国家，无论入境旅游还是出境旅游的发展都具有世界意义的影响力，新时期中国的旅游发展带有典型的时代特征，旅游就业效应、就业结构以及就业模式正在发生变革，旅游业具有就业量大、层次多等特点，对于扩大就业、促进社会经济稳定具有突出贡献。依据国家旅游局统计资料，2015年我国旅游直接就业总数约为2798万人，直接和间接旅游就业总和约为7911万人，对全国就业的综合贡献率达到10.21%。旅游产业是由核心旅游服务业及与其直接相关的行业和部门共同构成的综合性产业，一个由众多行业链组成的产业群体，旅游活动所提供的就业范围非常多样化，几乎存在于任何一个经济部门[218]。这表明旅游发展好的城市，旅游就业容量相对旅游发展弱的城市要大，就业机会相对较多，需要吸纳更多的就业人才，甚至形成旅游劳务移民现象。旅游劳务移民是指旅游目的地的旅游相关服务行业从业人员短缺而产生的从"外地"引入、吸纳劳力所引起的人口迁移[219]，且从业时间超过一定期限的移民[220]。旅游劳务移民与旅游消费移民是旅游移民现象的主体构架，作为三大都市圈中的大规模城市，其旅游劳务移民倾向更高，这成为城市人口增加的潜在因素，即是城市人口规模扩大的影响因素。

（4）旅游流与人口学的新标志。新时期大批量的旅游者进入城市空间，其数量甚至是城市常住居民的数倍，旅游流在城市空间的停留，一方面成为城市人口增加的诱因之一，另外一方面城市为满足日益增长的旅游需求，不断调整原来的城市功能结构，同时包括城市资源建设、交通、宾馆饭店、经济环境等方面的调整，原城市居民的生活居住环境也会因此发生潜移默化的改变。

旅游流（即旅游客流）作为一个具有空间属性的旅游地理学概念，空间流动模式是其最根本的特征[221]。旅游流的主体本质上是人的行为，具有共同属性的这部分特殊群体进入城市空间后，对本区的生活环境空间以及地方群体生活的行为方式产生影响，同时旅游者自身在目的地城市历经所见、所闻、所感后，意识认知以及行为方式也会受到影响，即两类具有不同人口学特征的群体，在城市空间里因旅游活动而形成新的共存秩序。

目前，我国统计城市旅游的重要指标是旅游人次和旅游收入，旅游发展好的城市，意味着旅游人次多、旅游收入高，即旅游发展越好的城市，进入城市的旅游人次就越多，对城市规模产生的影响也是多元的，可以认为，新时期旅游流在城市空间载体中，产生的效应以及长期影响力成为当下人口学的又一标志性内涵。

（5）旅游文化传播与城市提升的媒介机制。社会属性是旅游活动的基本特征，旅游者到达目的地必然会与当地居民产生社会性的交往，表现为不同程度上的差异性，这种交往具有互动性和双向性，不同地区之间文化的交流与传播在不自觉的行为中进行。从城市目的地角度来看，旅游者进入城市空间后，观赏游玩城市的良辰美景、体验城市的旅游资源、感受城市经济的繁荣，既增加了自身的文化认知，也会对这种异域文化产生向往，城市文化因此得以传播和发扬；城市居民尤其是在典型旅游活动范围的主体参与者，对来到城市空间旅游者的言谈举止、生活习惯、消费特征等行为有所认知，甚至在经营的过程中能够总结出各个地方旅游者的不同行为特征。在旅游活动全过程当中，两大群体在互动的过程中，形成了文化的交流与传播行为。无论是从旅游文化的实践系统、旅游方式的制度系统，还是从旅游心理性格系统、旅游知识思想系统等来说，文化的要素已全面渗透在旅游的各个层面，对旅游的发展的质和量方面都起着举足轻重的作用[222]。

对于旅游发展较好的大规模城市，旅游活动可以被视为一种独特的传播形式，这种有效的双向传播进行的广度和深度越大，城市在国内外的知名度也就越高，这对城市自我提升产生媒介驱动作用。

5.2　城市规模对旅游发展的作用路径

依据数理关系分析的结论，引入中介作用因素阐述形成机制，结合城市规模与因素作用的概念模型，构建城市规模对旅游发展作用因素的综合模型，从定量角度验证机制的合理性和科学性。本部分内容重点回答第一个问题，即城市规模较大的城市，或者行政级别较高的城市，旅游发展为什么较强。

对于解释城市规模对旅游发展作用的6层因素机制，是从供给角度以及倒逼供给效应角度提出的。供给角度是指城市自身在设施、经济、地位、资源禀赋、知名度这些方面的条件和效应，对旅游发展的推动作用力，这些因素本身与城市规模的大小息息相关；倒逼供给效应是指旅游业的大发展需要城市在设施、经济建设、资源禀赋、城市知名度方面进行提升。实质上从微观机理层面上来看，城市规模的扩大，内涵着经济的发展、交通网络的完善、城市吸引力的提高以及星级酒店的增加等，进而为旅游业的发展提供平台。旅游的发展表现为客流量的增加以及旅游收入的提高，城市势必会扩大基础设施建设、完善旅游资源结构等满足日益增长的行业发展需要，城市规模也因此而扩大。因此，概念模型中的 6 层因素机制是双向互动要求的结果，我们采取"分层解释，综合构建"的回归方法，先阐述城市规模与这些因素的关系，再解释其与旅游的相关性，总体上假设此概念模型是成立的，然后对此进行真伪检验。

5.2.1 数据来源与方法整合

1. 城市规模

结合上述分析，本书在因子分析的基础构建相应的计量模型：

$$CS = \alpha + \beta_1 LR + \beta_2 RH + \beta_3 IT + \beta_4 CL + \beta_5 TRV + \beta_6 CP + u \tag{1}$$

式中：CS 代表城市规模；LR 代表城市交通指数，RH 代表城市宾馆饭店；IT 代表投资强度；CL 代表城市地位；TRV 代表旅游资源禀赋；CP 代表城市知名度，u 代表误差项。为了便于计算，对相应时间序列范围内人口和 GDP 数据做对数处理，可以缩小数据的绝对差值，不会改变原始数据的性质，原始数据来源于 1996—2015 年《中国城市统计年鉴》。

2. 基础设施因素

（1）交通因素。城市交通指数（LR）：本书在测算样本选取地交通区位指数时，主要以城市铁路客运量占有比率（X_1）、航空客运量占有比率（X_2）以及公路客运量占有比率（X_3）为变量，采用加权叠加模型测算各个城市的交通指数。交通指数的测算公式：

$$LR = 0.5X_1 + 0.3X_2 + 0.2X_3 \tag{2}$$

其中：X_1 = 各城市铁路客运量/全区铁路客运总量，X_2 = 各城市航空客运量/全区航空客运总量，X_3 = 各城市公路客运量/全区公路客运总量。原始数据来源于《中国城市统计年鉴》和《中国交通年鉴》。依据计算，三大都市圈的样本值具有不同的统计特征，以长三角都市圈为例分析：1995 年以来，尤其是进入 2000 年以后，上海交通指数由 36.71 增加到 103.78，南京交通指数由 35.6 增长到 85.67，杭州交通指数由 36.65 增长到 89.78，宁波由 34.51 增长到 85.82，本区域当中起始年排名最低的宿迁市交通指数，由 4.29 增长到24，丽水增长缓慢，由6.81增长到18.34，截至2014年，该都市圈中上海、南京、杭州、宁波、苏州等城市交通指数水平依然高出周边规模较小的城市，指标数据在表面特征上说明城市规模越大交通通达能力和建设水平越好。京津冀都市圈和珠三角都市圈分别按照此方法进行统计计算，得出测算结果。

值得说明的是：①国内旅游和入境旅游关于交通方式的选择是不同的，得出的测算公式不同，这里列出是国内旅游的指数计算，入境旅游的交通指数测算可按照同样方法进行，结果与此同样可检验。②关于方程中的系数确定主要是层次分析法（AHP）的应用。城市交通指数在指标权重的确定上，先由本行业的专家利用层次分析法对各项指标两两进行相对系数的确定，再利用Yaahp层次分析软件进行一致性检验，将结果反馈给专家进行赋值的修正，在反复多次修正之后，最终确定出两两指标相比较的赋值，并利用软件计算出各项指标的权重，一致性比例阈值为大于0.2即为不一致。其中，在城市交通指数权重确定过程中，又对票据价格水平及空间距离进行第三分层的反复修正之后，利用Yaahp程序计算权重时最大一致性比例为0.1，说明判断矩阵具有满意的一致性，即得出的权重分配是适用合理的。

（2）宾馆饭店因素。宾馆饭店因素是一个城市接待能力的体现，也是旅游活动过程中解决吃、住两大基础问题的关键。通过数据统计发现，目前我国城市规模大的地区，其宾馆饭店的级别和数量相对于规模较小的城市会越优越。原始数据来源与《中国旅游统计年鉴》与《城市统计公报》。根据统计结果，三大都市圈的指标特征不同：京津冀都市圈最大数量差异达到26，平均值49.5；长三角都市圈的最大数量差达到98，平均79.3；珠三角都市圈最大数量差异为193，平均值为86.3；同样在各个都市圈内，首都、直辖市、副省级城市以及省会城市等规模大的城市，星级宾馆饭店的数量显著高于一般规模小的城市。

3. 经济发展因素

城市规模扩大的过程中，多种效应并发，其中经济水平的提高是城市建设与规模扩大的目标，也是重要的衡量指标。经济水平的提高，不仅仅是收入结果的提高，内在经济环境的良好发展也是关键，在商业上表现为实际投资活动的活跃性。投资的强度指标不仅能够反映城市经济发展政策设置情况，也能够反映出城市的整体商业经济环境。原始数据来源于《中国城市统计年鉴》和《区域统计年鉴》。

投资强度（IS）：以各城市实际投资额占全区投资总额的比值，来反映该城市的投资实力以及活力。

投资强度（IT）＝［各个城市的投资额/全区投资总额］×100% （3）

通过统计测算，发现三大都市圈该指标呈现不同特征：京津冀都市圈中，北京、天津、石家庄的投资强度比占全域的86.91%，最大差距比值为56.23%；长三角都市圈中，上海的投资强度比为29.12%，南京、杭州、宁波投资比总和达到21.88%，最大差距值为29.01%；珠三角都市圈中，广州、深圳地位显著，最大差距为17.8%。

4. 城市地位因素

本书中的"城市地位"概念主要指的是城市行政级别和城市非级别行政影响力。城市行政级别是指城市级别包括城市行政级别、功能级别等，目前我国城市行政级别可以细分为直辖市、副省级市、一般省会城市、一般地级市、县级市、县城和一般建制镇七级[223]，我国共有4个直辖市，15个副省级城市，271个地级市，368个县级市[224]，城市行政级别不同，在享有的权力范围、政策福利、财力支持以及资源配给上也具有差异性；城市非级别行政影响力是指，城市不具有行政级别，因其历史地位或者现今社会地位具有区别于小城市属性的城市，表征为城市人口和经济规模的双高性。

本书并没有完全采用"行政级别"指向，是由于案例地城市当中，存在一些非省会、副省级以及直辖市等级别的城市，但是城市本身的实际政策设置以及资源聚集能力都会优越于规模小的城市，如苏州市等。在方法整合上，将"城市地位"视为虚拟因子，根据规模比较和综合计算，对"城市地位"进行赋值为1、2、3、4四个等级。

5. 资源禀赋因素

旅游资源禀赋（TRV）：旅游资源是一个地区旅游发展的基础，为了测定各个城市的旅游资源禀赋值，我们统计各个城市的AAAAA级景点数和AAAA级景点数，结合加权模型测定数值，旅游资源原始数据来源与《中国国家级风景名胜区名录》，数据统计到2014年各个案例地城市的AAAA级以上风景名胜区：

$$TR = 5.0N_5 + 2.5N_4 \qquad (4)$$

其中：N_5、N_4分别代表AAAAA景点数和AAAA级景点数，5.0、2.5为各级景点权数。

旅游资源禀赋的指标，主要选取AAAA级景区及以上数据，出于以下考虑：一是依据孙根年教授在《资源-区位-贸易三大因素对日本游客入境旅游目的地选择的影响》一文中，提出旅游者行为选择"景点择高"的规律；二是京津冀、长三角、珠三角地区旅游资源丰度较高，选取高级别景区具有典型性和代表性；三是本文研究城市规模与旅游发展长的关系，旅游资源禀赋作为影响城市规模与旅游发展的因子之一，城市拥有更多高级别的旅游资源，其旅游吸引性越高，城市规模与旅游成长之间的关系就越明显。

6. 城市知名度因素

关于城市知名度的测量，本书综合考虑样本城市的国内和国际知名度，测算城市总体知名度。具体测量方法包括：

（1）国际知名度方面，搜索时间序列范围内，城市在书籍载体中出现的频次、国际知名媒体报道的频次以及在国际知名网站的搜索频次，以这三大频次加和，形成次级数据，根据综合频次进行赋值划分等级。其中，书籍里面出现的中国城市词频，一方面可以反映出作者对中国城市的关注度，另一方面也能够反映出时间序列范围内大众群体的总体城市概识；国际知名媒体以及知名网站能够反映一些具有影响力事件的发生地，即重大庆典事件或者主流宣传载体以及事件新闻等，本书主要捕捉正面效应发生城市频次。

（2）国内知名度，统计 Womvalue 平台和微信城市名称出现词频、知名媒体报道、国内大型事件举办地频次，以这些载体频次加和，形成次级数据，根据综合频次进行赋值划分等级。其中，WomValue 达闻微指数是一款社会化媒体分析工具，目前主要分析关键词在主流的微博平台、视频平台、搜索引擎平台上的每日趋势[225]，达闻微博图表平台里涵盖了新浪微博指数、百度指数、优酷视频指数、论坛热议度等数据信息，本书以搜索案例地城市名称为基础点，以 WomValue 搜索平台为媒介，通过旅游网站查阅、不同地区的检索、论坛以及微博的热议程度等信息反应城市在时间序列范围内的知名度。

5.2.2 综合关系模型

基于上述分析，城市规模与上述6层指标之间是单向的逻辑关系，城市规模大的城市在基础设施、经济发展、城市地位、资源禀赋以及知名度方面具有优越于规模较小城市的必然性和实证性，城市规模大者通过这六大因素共同作用，旅游业的发展质量和水平也会高于规模较小的城市，即实现了城市规模与旅游发展的双高现象；这六大作用因素，任何一个因素都不能够单独逆向成立，即基础设施好的城市，未必城市规模就大，资源禀赋高的城市也未必城市人口或者经济规模就越大等。

在理顺关系的基础上，依据6大指标的数据特征，本书采用OLS多元回归，对三大都市圈的所有样本城市进行了因素作用的验证分析，构建综合关系模型，同时对区域总体数据关系进行检验，其中这种因素效应是固定效应的估计而非随机效应，是因为整体上来说，P值的显著性水平通过检验，因此拒绝了随机效应。进行多元回归分析需要建立在各个因素相互独立的基础上，因为模型所选择的作用因素之间可能会因为存在相关性而导致显著多重共线性，所以我们首先对作用因素进行相关性分析，如表5-7～表5-9所示。此处分析我们整体分析三大都市圈，每个城市按照用此方法，结果也可以验证，在此不再赘述。

表5-7　京津冀都市圈因素指标相关性分析

Tab. 5-7　Correlation analysis of factors index about Beijing-Tianjin-Hebei Region

	RH	LR	IT	CL	TRV	CP
RH	1					
LR	0.030977	1				
IT	0.140762	0.467703	1			
CL	0.056219	0.570532	0.542109	1		
TRV	-0.249782	0.697904	0.247037	0.603708	1	
CP	-0.076454	0.880641	0.640812	0.810510	0.853913	1

表5-8　长三角都市圈因素指标相关性分析

Tab. 5-8　Correlation analysis of factors index about Yangtze River Delta

	RH	LR	IT	CL	TRV	CP
RH	1					
LR	0.024892	1				
IT	0.118508	0.597231	1			
CL	-0.16837	0.700489	0.643643	1		
TRV	-0.14423	0.726906	0.272423	0.686882	1	
CP	-0.05005	0.903338	0.620630	0.790341	0.872487	1

表5-9　珠三角都市圈因素指标相关性分析

Tab. 5-9　Correlation analysis of factors index about Pearl River Delta

	RH	LR	IT	CL	TRV	CP
RH	1					
LR	0.140766	1				
IT	-0.074903	0.601192	1			

续表

	RH	LR	IT	CL	TRV	CP
CL	0.296274	0.750006	0.602279	1		
TRV	0.107395	0.767702	0.272423	0.701944	1	
CP	-0.173088	0.816433	0.596635	0.805725	0.827789	1

从表 5-9 中，我们发现这 6 大因素之间的相关程度不高，一般通过系数的大小来判断，表中值得关注的高系数是交通与城市资源禀赋以及城市知名度的相关性，以及城市知名度与与城市地位间的相关性，一般而言，城市知名度较高的城市，交通、城市地位以及城市旅游资源禀赋会有可能较高，这与现实情况也相符合。总体可以判定，这 6 大作用因素之间关联性不密切。根据多元回归的加法模型，用 SPSS 软件测算长三角都市圈整体 6 大因素与城市规模的回归关系方程：

$$CS_{京津冀} = 11.29 + 2.62LR + 1.94RH + 2.07IT + 2.57CL + 2.13TRV + 0.79CP$$

$$CS_{长三角} = 10.83 + 3.31LR + 1.26RH + 2.57IT + 1.89CL + 1.75TRV + 0.64CP$$

$$CS_{珠三角} = 20.07 + 5.66LR + 1.13RH + 3.17IT + 1.09CL + 1.14TRV + 1.01CP$$

多元回归分析中，R^2 分别为 0.94、0.94、0.96，说明自变量能够解释至少 94% 因变量的变化，回归系数皆为正值，长三角都市圈的 P-value 值分别为 0.034、0.03、0.047、0.016、0.029 以及 0.0008，整体小于 0.05，在 95% 的置信水平下，结果显著，京津冀和珠三角都市圈的 P-value 值结果也比较显著。从所得到的回归方程中，我们可以看出，6 大因素指标中，对于城市规模的影响程度侧重不同，京津冀都市圈中交通因素作用最大，城市地位因素紧跟其次，长三角和珠三角都市圈中城市地位和商业经济因素作用都较大。

这 6 大作用因素与旅游发展之间的关系极为密切，从实际逻辑出发，旅游的发展离不开旅游资源、交通、宾馆饭店，这是旅游活动得以完成的基础支撑，商业活动、城市地位、城市知名度是锦上添花的重要因素，一个城市具备良好的旅游资源、交通以及接待能力，再加上繁荣的经济、高级别的行政倾向以及好的口碑，旅游业发展水平必然较高，目前从反例逆推中找不出个例；从定量角度，这 6 大因素与旅游发展的相关性极高，京津冀都市圈分别为 0.91、0.96、0.87、0.93、0.96、0.94，长三角都市圈分别为 0.93、0.95、0.90、0.95、0.96、0.96，珠三角都市圈分别为 0.89、0.94、0.88、0.95、0.95、0.93。

通过以上分析,回到我们问题的起点,为什么城市规模大的旅游业发展水平高,原因在于城市规模大的城市,在交通、宾馆饭店、商业活动、城市自身地位、城市旅游资源禀赋以及城市知名度这6个因素共同作用下,城市旅游发展的水平也较高。从结果变量的角度也说明,这6因素选择的适宜性。

5.3 旅游发展对城市规模的驱动

本部分内容重点回答第二个问题,即旅游的发展,对城市规模的扩大有何驱动作用,具体来说是阐述旅游如何作用于经济与人口变化的问题。

5.3.1 城市旅游服务经济与经济增长的支撑机制

1. 旅游发展与经济增长的相关分析

以三大都市圈国内旅游与经济发展数据为基础,入境旅游可采取同样方法进行验证。通过计算得出结论,如表5-10所示。44个样本城市的国内旅游收入与GDP的相关系数值分布在0.9050~0.9984,两组数据密切相关,其中京津冀都市圈总体旅游发展与国民经济的相关系数为0.9497,长三角都市圈为0.9811,珠三角都市圈为0.9704,总体来看三大都市圈的旅游发展与经济发展是密切相关的。

表5-10 三大都市圈旅游收入与国民经济相关系数

Tab. 5-10 Correlation coefficient of tourism income and national economy of three metropolitan areas

城市	相关系数	城市	相关系数	城市	相关系数	城市	相关系数
北京	0.9910	承德	0.9512	无锡	0.9924	盐城	0.9940
天津	0.9937	沧州	0.9050	徐州	0.9983	扬州	0.9967
石家庄	0.9233	廊坊	0.9772	常州	0.9936	镇江	0.9966
唐山	0.9295	上海	0.9816	苏州	0.9975	泰州	0.9971
秦皇岛	0.9688	南京	0.9984	南通	0.9951	宿迁	0.9532
保定	0.9407	杭州	0.9839	连云港	0.9903	温州	0.9773
张家口	0.9163	宁波	0.9965	淮安	0.9908	嘉兴	0.9522

续表

城市	相关系数	城市	相关系数	城市	相关系数	城市	相关系数
湖州	0.9709	舟山	0.9855	深圳	0.9889	肇庆	0.9824
绍兴	0.9845	台州	0.9809	珠海	0.9868	惠州	0.9978
金华	0.9777	丽水	0.9396	佛山	0.9642	东莞	0.9189
衢州	0.9616	广州	0.9757	江门	0.9393	中山	0.9795

2. 旅游发展与经济发展的回归分析

三大都市圈旅游收入与国民经济回归分析如表 5 – 11 所示。回归分析作为一种统计方法，依据具有相互关系相互影响变量的关系形态，寻找出适合解释的数学模型，能够揭示两组或多组变量之间相关关系，即研究 A 组变量 Y 与 B 组变量 X_t（t = 1，2，…，n）之间的相互关系，则可依据两组变量的基础数据确定其相互影响关系的数学表达式为：$Y = f(x_1, x_2, …, x_t)$；作为一种定量分析方法，能够确定两组变量或两组以上变量间的解释依赖的程度。在得出的回归方程中，$Y = aX + b$，a 为斜率，也是回归系数，表示自变量每变化 1 个单位，因变量将变动 a 单位，实质上回归系数表示 B 组自变量 x 对 A 组因变量的影响程度的参数，回归系数越大表示自变量对因变量的影响越大，回归系数为正值表示因变量随自变量的增大而增大，回归系数为负值表示因变量随自变量的增大而减小。

在两组变量密切相关的基础上，利用 SPSS19.0，我们对 44 个城市的 20 年数据进行了回归分析计算，在假设"旅游发展与经济发展无关"的命题下，三大都市圈总体检验得出 R^2 分别为 0.93、0.98、0.95，P 值分别为 0.0189、0.0043、0.0384，都小于 0.05，拒绝原来的假设，说明区域总体旅游发展与经济发展存在明显的线性关系；三大都市圈 44 个城市的回归分析，R^2 最小值为 0.824，至少解释 82.4% 的因变量变化，最大值为 0.996，可以解释 99.6% 的因变量变化，同时显示两组变量之间最大的 P 值为 0.0496，最小值为 0.00104，说明城市单元下的两组变量同样存在显著的线性关系；回归系数方面，44 个城市皆为正值，说明经济发展随着旅游的增长而增加，最小值为 1.73，最大值为 27.44，即旅游每增长 1 个单位，经济最小变动 1.73 个单位，最大变化 27.44 个单位。可见，旅游发展高程度的解释了其与经济发展的变化相关程度，旅游发展能够促进城市经济规模的扩大，尤其是规模大的城市，旅游水平高，对经济的促进作用也就相对越大。

表 5 – 11　三大都市圈旅游收入与国民经济回归分析
Tab. 5 – 11　Regression analysis of tourism income and national economy of three metropolitan areas

城市	回归方程	R^2	城市	回归方程	R^2	城市	回归方程	R^2	城市	回归方程	R^2
北京	Y = 5.61X + 375.35	0.996	南京	Y = 5.67X + 283.41	0.993	扬州	Y = 6.72X + 264.31	0.985	台州	Y = 5.75X + 491.38	0.949
天津	Y = 7.58X − 402.04	0.987	杭州	Y = 5.49X + 485.32	0.977	镇江	Y = 5.62X + 255.82	0.986	丽水	Y = 3.79X + 146.56	0.879
石家庄	Y = 12.62X + 696.06	0.853	宁波	Y = 7.57X + 443.03	0.986	泰州	Y = 18.86X + 120.66	0.992	广州	Y = 8.45X + 739.61	0.952
唐山	Y = 25.48X + 1020.28	0.864	无锡	Y = 6.89X + 597.54	0.978	宿迁	Y = 16.19X + 175.11	0.905	深圳	Y = 25.94X − 909.84	0.937
秦皇岛	Y = 4.18X + 194.39	0.939	徐州	Y = 11.39X + 327.61	0.991	温州	Y = 6.54X + 569.88	0.939	珠海	Y = 8.97X + 35.16	0.974
保定	Y = 7.79X + 430.99	0.885	常州	Y = 7.61X + 305.31	0.981	嘉兴	Y = 1.73X + 217.44	0.824	佛山	Y = 20.93X + 396.677	0.929
张家口	Y = 5.71X + 285.96	0.869	苏州	Y = 8.91X + 517.78	0.987	湖州	Y = 3.97X + 318.07	0.926	江门	Y = 9.26X + 394.2	0.882
承德	Y = 5.97X + 151.57	0.905	南通	Y = 13.8X + 407.71	0.982	绍兴	Y = 6.45X + 507.09	0.957	肇庆	Y = 10.09X + 143.311	0.965
沧州	Y = 27.44X + 616.84	0.859	连云港	Y = 6.14X + 608.06	0.975	金华	Y = 5.62X + 394.71	0.941	惠州	Y = 16.07X + 124.13	0.989
廊坊	Y = 13.94X + 293.75	0.915	淮安	Y = 10.62X + 76.961	0.982	衢州	Y = 4.90X + 157.64	0.917	东莞	Y = 16.82X + 593.85	0.844
上海	Y = 7.51X − 797.75	0.981	盐城	Y = 21.07X + 43.82	0.978	舟山	Y = 3.07X + 75.25	0.966	中山	Y = 13.52X + 80.04	0.959

3. 旅游发展与经济发展的格兰杰检验

依据上述测算的结果，表明旅游发展与经济发展是显著的线性关系，那么二者是否是互哺关系，需要进行格兰杰因果关系的检验。引入 Eviews6.0 软件，分别对三大都市圈的国内旅游收入（TI）、国民生产总值（GDP）2 组变量的单位根进行 ADF 检验，检验方程的选取根据相应的数据图形来确定，采用 AIC 准则确定最佳滞后阶数。为了减小异方差性影响，实现线性化处理，对城市国内旅游收入和城市 GDP 指标取自然对数，分别记为 LTI 和 LGDP。为了避免时间序列的"伪回归"问题，我们先对序列进行平稳性检验，本书列出对 8 个典型城市的 GDP、旅游收入进行平稳性检验结果（如表 5-12 所示），其他城市按照此法进行检验，结果同步。从表 5-12 的检验结果来看，北京、上海、广州、深圳的 3 组序列都是一阶单整，天津、南京、杭州、宁波是二阶单整，LGDP 和 LTI 的均为同阶单整，这符合我们继续做下一步协整检验的条件。

协整检验根据检验对象可分为基于模型回归系数的 Johansen 协整检验和基于模型回归残差的 Engle - Granger 协整检验，本书主要是验证双变量间的协整关系，因此采用 Engle - Granger 法进行检验。根据 ADF 检验可知，城市经济规模与旅游收入符合进行协整检验前提，通过计算得到残差序列进行单位根检验。

为了进一步了解这种长期均衡关系中城市经济规模和旅游发展水平的因果关系，本书对这两组组变量进行了格兰杰因果关系检验。如果某一滞后期内一个变量对另一个变量存在显著的影响，则无须再做更长的滞后期检验了。按照这一原则，本书将滞后期选为 2，其检验结果如表 5-13 所示。

最终检验结果可知，旅游发展是城市经济规模扩大的有效原因，城市经济规模是促进旅游发展的有力基础，这与城市的旅游水平有关。这个检验结果与事实是基本相符合的。

5.3.2 旅游拉动消费与经济繁荣的推进机制

国内外诸多学者分别采用灰色关联、面板模型、投入产出、协整检验、VAR 模型、贡献率、拉动系数、卫星账户等模型方法[226~232]，探索旅游拉动消费与经济发展之间的长期稳定关系[233,234]。依据中国旅游发展的实际情况，新时期旅游消费被认为是激活国内消费需求、扩张消费领域、拉动经济增长

表 5－12 时间序列平稳性检验结果
Tab. 5－12 The results of ADF test

变量	检验形式 (C,T,K)	ADF 检验值	临界值 (1%)	临界值 (5%)	临界值 (10%)	结论
LGDP 北京	(C,T,1)	-3.97057	-2.93722	-2.00629	-1.59807	平稳
LTI 北京	(C,T,1)	-3.5648	-2.50119	-2.37446	-1.74632	平稳
LGDP 天津	(C,T,2)	-5.0896	-2.93722	-2.00629	-1.59807	平稳
LTI 天津	(C,T,2)	-4.02599	-2.53155	-2.017432	-1.545661	平稳
LGDP 上海	(C,T,1)	-5.18309	-4.58265	-3.32097	-2.80138	平稳
LTI 上海	(C,T,1)	-4.22621	-3.007571	-2.02158	-1.59643	平稳
LGDP 南京	(C,T,2)	-3.0295	-2.8861	-1.99587	-1.59909	平稳
LTI 南京	(C,T,2)	-3.45922	-3.00741	-2.02119	-1.59729	平稳
LGDP 杭州	(C,T,2)	-2.8861	-1.856	-1.99587	-1.59909	平稳
LTI 杭州	(C,T,2)	-7.75009	-3.014586	-2.06024	-1.58614	平稳
LGDP 宁波	(C,T,2)	-3.5029	-2.93722	-2.00577	-1.59443	平稳
LTI 宁波	(C,T,2)	-3.93207	-2.99033	-2.00663	-1.59711	平稳
LGDP 广州	(C,T,1)	-5.43827	-4.58265	-3.32097	-2.80138	平稳
LTI 广州	(C,T,1)	-4.20614	-3.00741	-2.02119	-1.59729	平稳
LGDP 深圳	(C,T,1)	-1.08821	-2.8861	-1.99587	-1.59909	平稳
LTI 深圳	(C,T,1)	-3.76654	-2.29762	-2.88596	-2.97337	平稳

表 5－13 Granger 因果关系检验结果
Tab. 5－13 The results of Granger causality test

城市	原假设	P 值	结论
北京	LGDP 不是 LTI 的 Granger 原因	0.0453	拒绝
北京	LTI 不是 LGDP 的 Granger 原因	0.0486	拒绝
天津	LGDP 不是 LTI 的 Granger 原因	0.0124	拒绝
天津	LTI 不是 LGDP 的 Granger 原因	0.0096	拒绝
上海	LGDP 不是 LTI 的 Granger 原因	0.0479	拒绝
上海	LTI 不是 LGDP 的 Granger 原因	0.0138	拒绝
南京	LGDP 不是 LTI 的 Granger 原因	0.0251	拒绝
南京	LTI 不是 LGDP 的 Granger 原因	0.0334	拒绝
杭州	LGDP 不是 LTI 的 Granger 原因	0.0182	拒绝
杭州	LTI 不是 LGDP 的 Granger 原因	0.0085	拒绝
宁波	LGDP 不是 LTI 的 Granger 原因	0.0419	拒绝
宁波	LTI 不是 LGDP 的 Granger 原因	0.0155	拒绝
广州	LGDP 不是 LTI 的 Granger 原因	0.0318	拒绝
广州	LTI 不是 LGDP 的 Granger 原因	0.0432	拒绝
深圳	LGDP 不是 LTI 的 Granger 原因	0.0316	拒绝
深圳	LTI 不是 LGDP 的 Granger 原因	0.0037	拒绝

的重要手段[235,236]，旅游消费不同于一般消费特征，具有自身属性，它属于宏观经济中最终消费需求的一部分，因此要揭示旅游消费与经济繁荣之间的复杂关系，需要揭开表象，以"消费理论和经济增长理论"为逻辑起点，从需求视角构建旅游消费拉动经济繁荣的概念模型，采用中介效用验证模型，定量测度旅游消费与经济增长之间的复杂关系。

旅游消费驱动经济增长的理论模型：

（1）旅游消费对经济增长的影响效用。依据宏观经济学基本理论，在现有生产力范围内，消费需求的增长能够直接引起消费品生产的增加。根据宏观经济恒等式：

$$GDP = C + I + E \tag{5}$$

其中，GDP、C、I、E分别表示国内生产总值、消费需求、投资需求和净出口需求，由式（5）可得：

$$\Delta GDP = \Delta C + \Delta I + \Delta E \tag{6}$$

式（6）表明，消费需求、投资需求以及净出口需求的增加导致国内生产总值的增加。当消费需求增加ΔC时，GDP就会增加ΔC，从而直接拉动经济增长。

（2）旅游消费对经济增长效用的模型构建。结合旅游消费对经济增长的影响效用分析，本书构建二者直接拉动效应与间接拉动效应理论模型并对模型进行推导[216]，如图5-3所示。

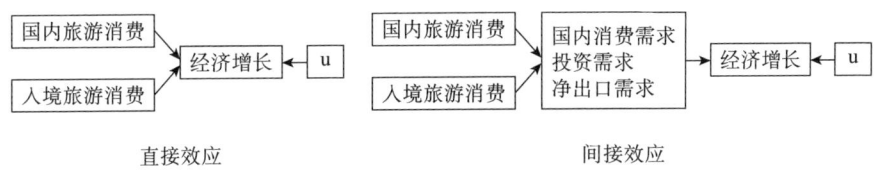

图 5-3　旅游消费对经济增长拉动效应模型

Fig. 5-3　The model of tourism consumption stimulating effect on economy growth

$$\ln GDP_t = a_0 + a_1 \ln DT_t + a_2 \ln IT_t + a_3 \ln GDP_{t-1} + D_t + u_{1t} \tag{7}$$

$$\ln C_t = b_0 + b_1 \ln DT_t + b_2 \ln IT_t + b_3 \ln C_{t-1} + D_t + u_{2t} \tag{8}$$

$$\ln I_t = c_0 + c_1 \ln DT_t + c_2 \ln IT_t + c_3 \ln I_{t-1} + D_t + u_{3t} \tag{9}$$

$$\ln EX_t = d_0 + d_1 \ln DT_t + d_2 \ln IT_t + d_3 \ln EX_{t-1} + D_t + u_{4t} \tag{10}$$

$$\ln GDP_t = e_0 + e_1 \ln DT_t + e_2 \ln IT_t + e_3 \ln C_t + e_4 \ln I_t + e_5 \ln EX_t + e_6 \ln GDP_{t-1} + D_t + u_{5t} \tag{11}$$

将公式（8）、（9）、（10）代入公式（11），则有以下方程：

$$\ln GDP_t = \delta_0 + (e_1 + e_3 b_1 + e_4 C_1 + e_5 d_1)\ln DT_t + (e_2 + e_3 b_2 + e_4 C_2 + E_5 d_2)\ln IT_t \\ + e_3 b_3 \ln C_{t-1} + e_4 c_3 \ln I_{t-1} + e_5 d_3 \ln EX_{t-1} + e_6 \ln GDP_{t-1} + D_t + u_{6t} \quad (12)$$

公式（7）是旅游消费对经济增长的直接作用；公式（8）是旅游消费对国内的消费需求的直接效应；公式（9）是旅游消费对投资需求的直接效应；公式（10）是旅游消费对净出口需求的直接效应。公式（8）、（9）、（10）代入公式（11）而形成的模型（12）则是旅游消费对经济增长的间接效应模型。

公式（12）中 DT_t、IT_t、C_t、GDP_t、EX_t、I_t、D_t 分别指代为国内旅游消费、入境旅游消费、投资需求、国内消费需求、经济增长、净出口需求和旅游政策；a_1、a_2、b_1、b_2、c_1、c_2、d_1、d_2 分别表示为国内旅游消费以及入境旅游消费对经济增长、国内消费需求、投资需求、净出口需求的直接拉动效应；$e_3 b_1 + e_4 c_1 + e_5 d_1$ 和 $e_3 b_2 + e_4 c_2 + e_5 d_2$ 测算的是国内旅游消费和入境旅游消费，通过中介变量国内消费需求、投资需求和净出口需求而对经济增长产生的中介效应；u_{1t}、u_{2t}、u_{3t}、u_{4t} 为随机干扰项。模型引入滞后变量是为了表示其滞后效应。

（3）模型实证分析。基于旅游消费对经济增长拉动的理论分析与公式模型的推导，因篇幅以及方法的同质性，本书以三大都市圈中长三角都市圈的26个城市为例进行分析，京津冀都市圈和珠三角都市圈的18个城市，可以此方法同样得到验证。数据系列包括：DT为国内旅游收入；IT为旅游外汇收入；C为居民消费和政府消费额加和计算为国内消费；I为固定资本；EX为净出口额数据；GDP为国民生产总值计算而得；D为旅游激励政策，采用虚拟变量处理办法。相关数据来源于《中国旅游统计年鉴》《区域统计年鉴》《中国城市统计年鉴》。由于此处是验证国内和入境旅游消费对经济增长的拉动效应，方向是单向的，因此对直接效应进行回归分析，对间接效应进行检验，变量各自选择滞后一期，并对原始变量进行对数化处理。

直接效应的回归结果：

通过计算，得出表5-14。通过表5-14，发现长三角都市圈旅游消费对经济增长的直接拉动效应明显，对国内消费的弹性分别为0.190422和0.172907，对净出口拉动的弹性分别为1.177372和1.269077；国内旅游和入境旅游消费对投资需求的作用在10%的水平下显著。总体回归结果良好。

表 5–14　长三角都市圈旅游消费对经济增长直接效应的回归结果

Tab. 5–14　Regression result of tourism consumption direct effect on economic growth about Yangtze River Delta

解释变量	模型1	模型2	模型3	模型4	模型5	模型6
lnGDP(-1)	0.816084* (16.69294)				0.163027 (1.009317)	
lnDT	0.360727* (3.967734)	0.190422* (2.695739)	0.392787** (0.543002)	1.177372*** (2.79939)	0.549074 (0.732155)	0.7539
lnIT	0.152344** (2.90076)	0.172907*** (1.367783)	0.507719*** (0.537605)	1.269077* (5.330986)	0.197782 (0.413764)	0.2957
lnC					0.140896* (0.417738)	
lnC(-1)		0.766049* (10.27693)				
lnI					0.519231*** (6.980575)	
lnI(-1)			1.598897* (27.03677)			
lnEX					0.407092** (3.559083)	
lnEX(-1)				0.674354** (2.940887)		
D	0.026084 (1.857302)	0.013767 (1.468879)	0.049663*** (1.967044)	0.153762 (0.699091)	0.007349 (0.876332)	
R^2	0.987991	0.986637	0.980769	0.965593	0.988394	
D-W	1.71034	2.196658	1.632077	1.291137	1.079438	

注：*，**，*** 分别表示 1%，5% 和 10% 的显著水平。

间接效应的检验：

通过对 6 个模型的回归分析，检验 $b_1=0$，$b_2=0$，$c_1=0$，$c_2=0$，$d_1=0$，$d_2=0$，$e_3=0$ 和 $e_4=0$，结果为间接效应的显著性。出于方法上的互补性，本书选择检验 $e_3b_1+e_4c_1+e_5d_1=0$ 和 $e_3b_2+e_4c_2+e_5d_2=0$，若原假设被拒绝，则间接效应为显著，否则不显著。以长三角都市圈的国内旅游消费为例，以索贝尔公式为计算基础，得到如下的近似公式：

$$M = S_{e_3b_1+e_4c_1+e_5d_1} =$$
$$\sqrt{(e_3sb_1)^2+(b_1se_3)^2+(e_4sc_1)^2+(c_1se_4)^2+(e_5sd_1)^2+(d_1se_5)^2} \quad (13)$$

在上述公式中,sb_1,sc_1,sd_1,se_4,se_5分别为b_1,c_1,d_1,e_4,e_5的标准差值,检验统计量为t=($e_3b_1+e_4c_1+e_5d_1$)/M。入境旅游消费的计算公式可以同上,将相应的标准差和估计参数替换即可得到其检验统计量。结合模型6中所得出的国内旅游和入境旅游的间接效应值,经公式(13)计算,间接效应的统计量分别为1.693376和4.192737,大于麦金农(MacKinnon)等人设定临界值0.97。因此,旅游消费对经济增长的间接效应同样是显著。按照此方法,可以进一步得出44个样本城市的间接效应统计量,大于麦金农临界值,在此不再赘述。

过上述分析,可见旅游消费对经济增长拉动作用,不管是直接效应还是间接效应,结果都是显著的。回到本书的起点问题上,旅游发展好的城市,对城市经济的直接拉动和间接拉动效应越明显,促进城市经济繁荣的动力越显著,最终驱动城市经济规模的扩大。

5.3.3 旅游促进就业与人口增加的潜在机制

新时期,我国经济发展面临新的常态,就业结构亟需做出新的调整,合理布局产业结构、优化发展服务业是解决问题的两大抓手。旅游业是国民经济发展的重要产业,也是劳动密集型的服务性行业,旅游就业属性区别于其他行业,具有门槛低、联动性强、容量大、需求面宽等显著特点。又好又快的发展旅游业,对于优化新时期产业结构、扩大就业具有助推功能,旅游就业的相关问题已成为国内外学者关注的焦点问题,包括从旅游就业的结构[237,238]、旅游就业效应[239-241]等到旅游就业的政策设置[242,243]、旅游就业类型[244]等问题的研究,一般采用投入产出法[245]、静态局部均衡分析法[246]、差值法[247]等。总体来看,研究从区域角度、国家层面以及产业视角等验证旅游就业的效应,并且结合中国国情,取得了较大进展,那么具体到典型区域典型城市的旅游就业效应的研究相对较少。本书从三大都市圈44个样本城市尺度,探索城市旅游就业的延展效应,即旅游就业既是调结构、促就业的手段,也是经济增长、人口增加的路径之一。

1. 旅游就业传导概念模型

本书的逻辑起点问题是要回答"旅游发展好的城市,对城市规模的影响",由于旅游是劳动密集型服务行业,旅游就业规模大的城市,表明该城市的旅游发展水平高,旅游就业需求相对于规模较小的城市要大,相应地会导致直接就业、联动就业以及潜在就业的需求,结构会更加灵活化、多元化。在城市经济大发展的背景当中,有序的制度保障,就业结构和就业规模得以进一步调整和优化,就业岗位多元化需要集聚更多人才,在人员流动的过程中,流动人口成为常住人口转化的前提,区域人口规模也随之增加。总体路径如图5-4所示,该模型是一般逻辑结构的体现。

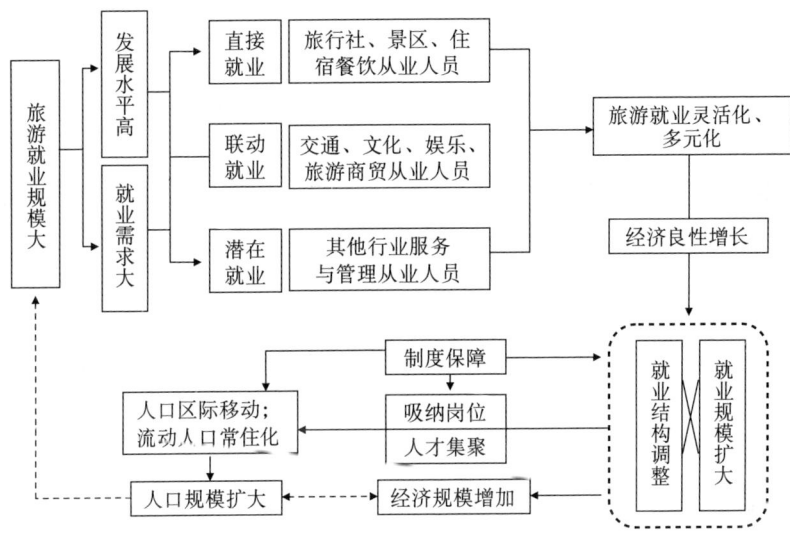

图 5-4 旅游就业促进经济规模、人口规模扩大的传导机制

Fig. 5-4 Transmission mechanism of tourism employment enlarges the economic scale and the population size

2. 旅游就业效应测度

上述概念模型是一般路径过程的体现,根本的在于旅游就业效应的程度,关于旅游就业对于经济、社会影响的研究已有验证,在此不再赘述,因此本书的重点是验证问题的根源,样本地44个城市旅游就业效应的程度,以及对经济、人口的弹性。统计指标包括就业乘数、就业对经济增长弹性以及对常住人口增长弹性,为了避免截面数据的特殊性,我们采用近5年的平均值。统计数据来源于2011—2015年的《中国城市统计年鉴》《中国旅游统计年鉴》《城市统计公报》。经过测度,结果显示如表5-15所示。

表 5 – 15　三大都市圈旅游直接就业与联动就业比重

Tab. 5 – 15　Proportion of direct employment and the linkage employment about three metropolitan areas

城市	就业比重 直接	就业比重 联动	城市	就业比重 直接	就业比重 联动	城市	就业比重 直接	就业比重 联动	城市	就业比重 直接	就业比重 联动
北京	5.76	25.30	南京	7.08	26.25	扬州	3.74	20.22	台州	2.41	8.58
天津	5.03	25.21	杭州	5.75	24.12	镇江	3.42	18.62	丽水	2.06	9.78
石家庄	2.32	12.96	宁波	3.16	23.25	泰州	2.07	15.89	广州	5.43	30.49
唐山	1.42	6.08	无锡	2.09	12.38	宿迁	1.54	2.89	深圳	6.97	32.31
秦皇岛	2.48	23.73	徐州	1.46	10.11	温州	2.71	16.35	珠海	5.72	12.35
保定	1.65	13.45	常州	4.19	13.58	嘉兴	3.28	17.74	佛山	5.50	23.61
张家口	2.92	13.21	苏州	5.64	13.40	湖州	2.81	16.96	江门	2.41	15.12
承德	2.11	13.52	南通	1.54	9.65	绍兴	3.16	18.53	肇庆	3.00	23.51
沧州	1.33	4.53	连云港	1.23	10.35	金华	2.88	16.74	惠州	5.22	30.40
廊坊	2.04	5.56	淮安	2.50	15.08	衢州	1.96	10.38	东莞	8.85	25.40
上海	5.89	34.70	盐城	2.94	16.98	舟山	19.75	39.32	中山	7.74	26.36

表 5 – 15 中，直接就业比重是城市直接旅游就业人数与第三产业总体就业人员的比值；联动就业比重是旅游关联就业人数与第三产业总体就业人员的比值，更加能够反映旅游业在服务行业中的地位。总体来看，城市规模较大的城市旅游就业占第三产业的比值相对较高。

表 5 – 16 中，旅游就业乘数指标是由单位旅游消费所带来的间接就业人数与直接就业人数之比（石培华，2003）。从表 5 – 16 中，我们可以看出，京津冀都市圈当中，北京、天津旅游就业对经济的弹性分别为 0.9 和 0.87，表示旅游就业率每增加一个点，将带动经济发展 0.9 个和 0.87 个点，旅游就业对常住人口的弹性分别为 0.72 和 0.66，意味着旅游就业率每增加一个点，将会给该城市带来 0.72 个和 0.66 个人口增加的可能，该都市圈中秦皇岛、承德等知名旅游城市的就业乘数较高，直接旅游就业每增加一个单位，联动就业将分别增加 9.56 和 6.40；长三角都市圈中，上海、南京、杭州、宁波、苏州等城市的旅游就业对经济发展的弹性较高，分别为 0.91、0.81、0.87、0.74 以及 0.90，旅游就业带动经济发展的能力较强，增加城市常住人口的可能性越高，分别为 0.69、0.58、0.61、0.54 以及 0.62，该都市圈中的连云港等港口城市的就业乘数偏高，原因在于服务贸易等份额的突出，导致联动就

业的人员相对较高；珠三角都市圈中，广州、深圳、东莞的旅游就业对经济发展的带动作用较强，分别为 0.87、0.96、0.64，导致常住人口增加的可能分别为 0.81、0.84 以及 0.56。

表 5 – 16　　　　　三大都市圈旅游就业乘数与就业弹性

Tab. 5 – 16　Tourism employment multiplier and employment elasticity about three metropolitan areas

城市	就业乘数	弹性 经济	弹性 人口	城市	就业乘数	弹性 经济	弹性 人口	城市	就业乘数	弹性 经济	弹性 人口	城市	就业乘数	弹性 经济	弹性 人口
北京	4.39	0.90	0.72	南京	3.71	0.81	0.58	扬州	5.41	0.51	0.25	台州	3.56	0.37	0.14
天津	5.01	0.87	0.66	杭州	4.19	0.87	0.61	镇江	5.44	0.44	0.41	丽水	4.74	0.26	0.09
石家庄	5.59	0.82	0.31	宁波	7.36	0.74	0.54	泰州	7.66	0.57	0.39	广州	5.61	0.87	0.81
唐山	4.28	0.78	0.73	无锡	4.17	0.55	0.37	宿迁	1.88	0.21	0.02	深圳	4.64	0.96	0.84
秦皇岛	9.56	0.93	0.87	徐州	6.93	0.59	0.29	温州	6.03	0.76	0.29	珠海	2.30	0.29	0.63
保定	8.16	0.68	0.12	常州	3.28	0.62	0.31	嘉兴	5.41	0.78	0.18	佛山	4.30	0.23	0.46
张家口	4.53	0.91	0.08	苏州	2.38	0.69	0.62	湖州	6.04	0.69	0.33	江门	3.73	0.52	0.27
承德	6.40	0.96	0.49	南通	6.25	0.68	0.34	绍兴	5.87	0.73	0.19	肇庆	4.05	0.11	0.31
沧州	3.41	0.81	0.01	连云港	8.44	0.49	0.29	金华	5.82	0.82	0.41	惠州	5.83	0.08	0.28
廊坊	2.73	0.36	0.27	淮安	6.03	0.22	0.05	衢州	5.29	0.58	0.11	东莞	2.87	0.64	0.56
上海	5.89	0.91	0.69	盐城	5.77	0.38	0.19	舟山	1.99	0.54	0.23	中山	3.40	0.59	0.43

结合目前三大都市圈的实际情况，旅游发展较好的城市，其旅游就业效应越发明显，旅游就业对城市经济和人口规模的扩大存在传导机制。

5.3.4　旅游文化传播与城市提升的媒介机制

著名的传播学家威尔伯·L. 施拉姆（Wilbur Schramm），在他的著作《传播是怎样运行的》中，认为当人们进行传播活动的时候，也是要与他人共享某些观点和态度，可以认为传播活动的基本三要素是信息拥有者、信息和信息的接收者。同样，文化传播也是种信息共享的过程，它是文化信息的传递以及文化信息系统的运行，旅游文化传播是文化传播的一种特殊有效形式，它自身表现为一定社会关系展现，其整个传播过程也是在一定的社会关系中完成的，是种双向互动的社会化行为，既有共通性质的信息符号，也具备传播者和互动接收者，旅游活动本身先天具备了文化传播的属性，旅游者在整个旅游活动过程中,即是旅游目的地信息的接收者,也是自身民族文化以及旅游目的地文化的传播者。随着旅游发展水平的快速提高,旅游文化逐渐成为传播学研究的热点[248,249],新时期,越来越多不同地域、国家、地区以及不同民族的文化,在旅游目的地形成不自觉的文化碰撞,实现多元文化的异地传播;同时旅游目的地为了提升知名度,通过多种载体对外进行旅游形象传播,实现旅游文化在客源地的自觉性传播。

在城市空间中,旅游文化深入到旅游活动过程的每个细胞,包括主空间的可视和可感文化以及客本体的行为、观念等文化,这两种文化在城市地理空间内不断交叉互动,不断被丰富,形成特有的传播途径(如图5-5所示)。旅游文化传播助推城市名气的提升,成为城市人口规模增加的驱动因子。

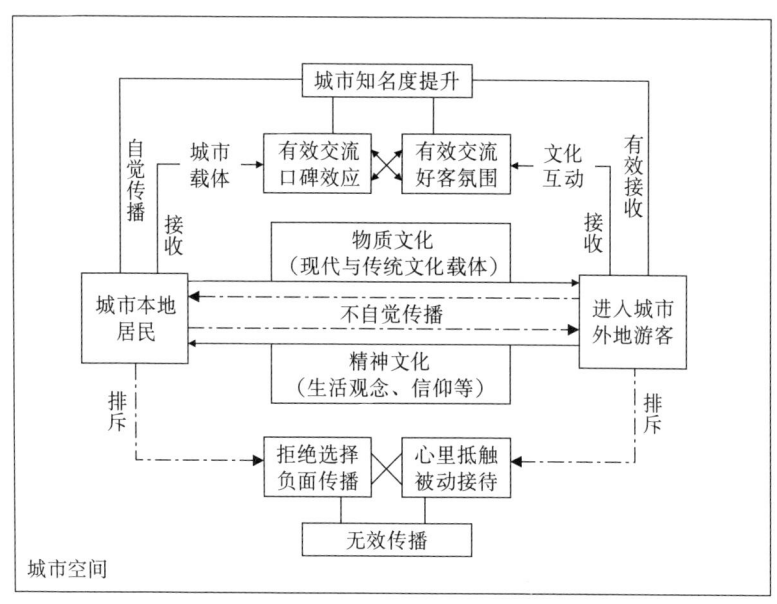

图 5-5 城市旅游文化主客传播路径

Fig. 5-5 Urban tourism culture propagation path between subject and object

5.4 不同规模城市旅游职能等级差异

本书基于城市地理学和组织管理学,引入6大因素揭示城市规模大小对旅游发展的作用，定量验证这些因素的合理性，分析三大都市圈的空间组织形式。"城市规模—旅游发展"理论模型中城市分布呈梯度结构，三大都市圈不同职能城市构成区域城市体系，在空间上呈网络分布，在结构上是核心"极化—扩散"阶段差异化的演变，核心城市担负聚集—辐射的功能，即聚集来自全国其他高级别城市，辐射是向次级中心的辐射，旅游职能等级的形成正是由这6个变量差异化导致的，也是形成都市圈层级结构的原因，表征着不同规模的城市在圈层内部承担的旅游职能以及旅游经济联系程度也有所差异。本部分内容重点回答第三个问题，即"城市规模—旅游发展"理论模型中城市分布为什么会呈梯度结构。

5.4.1 测度方法

1. 旅游职能等级

城市空间分布的梯度关系是由具有不同规模和不同职能的各种城市所构成的有机整体，本书基于"城市规模—旅游发展"的二维关系，对城市的旅游职能进行等级划分，即揭示由这6个指标差异所引起的三大都市圈城市旅游发展的梯度推移现象。城市宾馆饭店（RH_i）、城市交通（LR_i）、城市商业投资（IT_i）、城市地位（CL_i）、城市旅游资源禀赋（TRV_i）、城市知名度（CP_i）6个指标，其中城市宾馆饭店反映城市接待能力，城市交通体现城市的通达性，城市商业投资表示城市经济活跃度，城市地位反映城市聚集行政倾向、人才、信息技术的能力，旅游资源禀赋反映城市的旅游吸引力，城市知名度反映城市的美誉形象。

数据来源以及数据处理方法参考5.2中的因素整合方法，引入Origin9.0对数据系列进行处理，采取3D图以反映出三大都市圈样本城市的梯度结构，以A、B两组图直观反映，A组图是三大都市圈现实职能等级，B组图是区域本应合理的梯度关系和每层数量分布，图中不同颜色代表不同层级。其职能等级计算公式如下：

$$G_{Ei} = \frac{Grh_i + Glr_i + Git_i + Gcl_i + Gtrv_i + Gcp_i}{6}$$

其中　$Grh_i = \dfrac{rh_i}{\dfrac{1}{n}\sum_{i=1}^{n} rh_i}$　（G_{lri}、G_{iti}、G_{cli}、G_{trvi}、G_{cpi}公式类推）

2. 旅游经济联系度

在计算出不同规模城市旅游职能等级的基础上,按照城市不同职能层级测算城市之间的旅游经济联系度[250~253],计算公式如下:

$$R_{ij} = \frac{\sqrt{P_i V_i} \sqrt{P_j V_j}}{D_{ij}^b}$$

其中,R_{ij}是城市之间的旅游经济联系度,P_i和V_i分别是i城的旅游人次和旅游收入,P_j和V_j分别是j城的旅游人次和旅游收入,D_{ij}是i城到j城的交通距离,b值取一般较为常用的参数值2。

5.4.2 城市旅游职能等级

1. 京津冀都市圈

从图5-6中我们可以得出,结合A组图,京津冀都市圈旅游职能等级结构明显,梯度分布清晰,大致可以分为四级:第一级是北京市,作为首都,其首位性体现在各方面,旅游职能发挥属于首要核心;第二级是天津市,作为直辖市,是都市圈中城市职能的次级核心;第三级是石家庄、秦皇岛,石家庄是河北省会城市,秦皇岛属于东部沿海开发型旅游城市,第三级城市数量占总体20%;第四级是唐山、保定、张家口、承德、沧州、廊坊,城市数量占总体的70%。总体与城市规模分布层级大致一致,旅游职能越高的城市,一般也是城市规模较大的城市。

总体来看,京津冀都市圈城市旅游职能等级两级化现象较为明显,梯度落差较大,在第一、第二层级之间以及第二、三层级中表现尤为突出。B组图是该都市圈在城市结构和数量上的合理层级分布,参照B组图,该都市圈10个城市的职能等级分布以及每层次分布数量的现状距离合理结构还有差距:①第四级城市数量过多,扁平化趋向明显;②第一、第二级数量较少,首位性过于明显;③层级内部的城市间差距相对较大。

2. 长三角都市圈

从图5-7中我们可以分析得出,结合A组图,长三角都市圈城市旅游职能等级梯度结构依然明显,大致可以分为五级:第一级是上海市,作为直辖市以及东部沿海开放龙头城市,区域旅游职能的强核心性突出,首位性明显;第二级是杭州市和苏州市,是都市圈中城市旅游职能的次级核心,苏杭是具有历史传承性的旅游城市,区域旅游职能发挥属于次级核心,两个城市间的

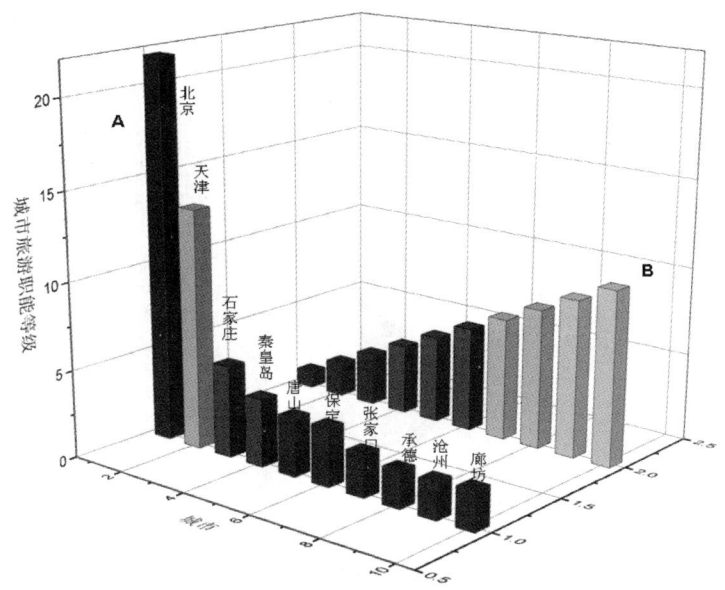

图 5-6 京津冀都市圈城市旅游职能等级
Fig. 5-6 City tourism function level of Beijing – Tianjin – Hebei Region

指标差距仅为 0.09，第二级城市数量占总数的 8%；第三级是南京市和宁波市，分别是省会城市和副省级城市，第三级城市数量占总体的 8%，与第二级差距明显；第四级是温州、无锡、徐州、南通、金华、常州、绍兴、台州、嘉兴，城市数量占总体的 36%；第五级是连云港、扬州、湖州、淮安、舟山、镇江、盐城、丽水、台州、衢州、宿迁，城市数量占总体的 44%。总体与城市规模分布层级大致一致，旅游职能越高的城市，一般也是城市规模较大的城市。

总体来看，长三角都市圈城市旅游职能等级多级化现象较为明显，梯度落差较大，尤其在第一、第二层级之间以及第二、三层级中表现尤为突出。B 组图是该都市圈在城市结构和数量上的合理层级分布，参照 B 组图，该都市圈 44 个城市的职能等级分布以及每层次分布数量的现状与合理结构还有差距：①第四级、第五级城市数量过多，扁平化趋向明显；②第一、第二、第三层级数量较少，第一层级首位性过于明显；③每层级城市分布的数量忽少忽多，分布不合理；④总体梯度分布层级有待于合理化。

3. 珠三角都市圈

从图 5-8 中我们可以分析得出，结合 A 组图，珠三角都市圈城市旅游职能等级梯度结构依然存在，大致可以分为四级：第一级是广州市和深圳市，

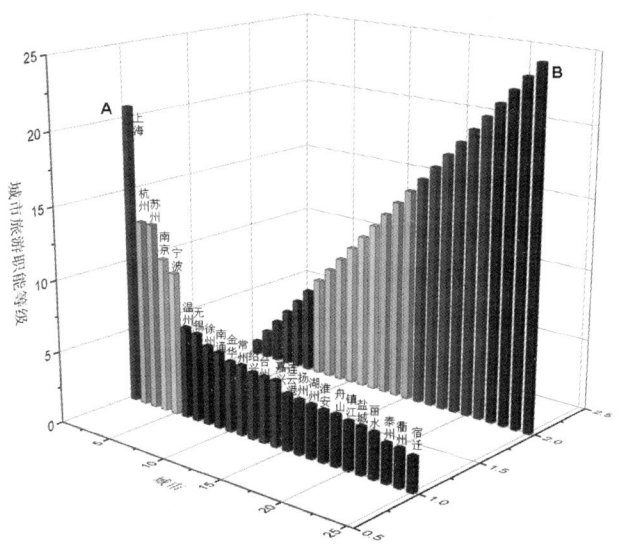

图 5-7 长三角都市圈城市旅游职能等级

Fig. 5-7 City tourism function level of Yangtze River Delta

广州是省会城市,深圳是副省级城市,也是我国第一个经济特区,区域旅游职能的核心性突出,深圳与广州的旅游职能差距较弱;第二级是东莞市,典型的港口城市和外贸口岸城市,与第一层级城市差距较大;第三级是佛山、珠海、惠州,第三级城市数量占总体的33.3%;第四级是江门、中山、肇庆,城市数量占总体的44.4%。总体与城市规模分布层级大致一致,旅游职能越高的城市,一般也是城市规模较大的城市。

总体来看,珠三角都市圈城市旅游职能等级两级化现象较为明显,梯度落差较大,尤其在第一、第二层级之间表现的尤为突出。B组图是该都市圈在城市结构和数量上的合理层级分布,参照B组图,该都市圈9个城市的职能等级分布以及每层次分布数量的现状与合理结构还有差距:①第三级、第四级城市数量过多,扁平化趋向明显;②第一层级首位性过于明显;③每层级城市分布的数量忽少忽多,分布不合理;④总体梯度分布层级有待于合理化。

综合来看,三大都市圈的旅游职能等级梯度结构明显,但分布各有特征:①京津冀都市圈和珠三角都市圈梯度结构两极化明显,长三角都市圈多极化倾向突出;②长三角都市圈和珠三角都市圈的层级分布数量有待于合理化;③三大都市圈层级内部城市数量分布都有待于调整,与合理化的梯度结构存在差距;④三大都市圈的城市旅游职能指标,表现出"极大者恒大,极小者

第 5 章 城市规模与旅游发展的双向互动机制

恒小"的特征,即城市规模大的城市,旅游职能地位越高。

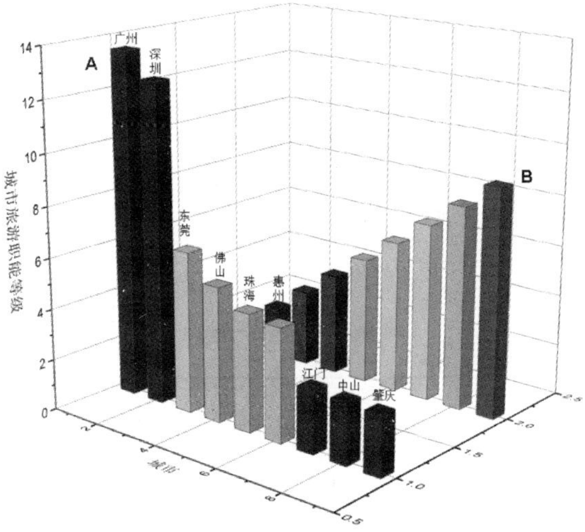

图 5 - 8 珠三角都市圈城市旅游职能等级
Fig. 5 - 8 City tourism function level of Pearl River Delta

5.4.3 城市旅游经济联系度

1. 京津冀都市圈

依据不同规模城市计算得出的旅游职能等级,结果显示京津冀都市圈包括四个层级,这四层级间的城市旅游经济旅游度以及层级内部城市间的旅游经济联系度,经过测算,得出数据特征值分布在 0~9,将此划分为 3 个数据分布段,$0 \leqslant R_{ij} < 3$ 为弱联系,$3 \leqslant R_{ij} < 6$ 为中联系,$6 \leqslant R_{ij} < 9$ 为强联系,具体如表 5 - 17 所示。

表 5 - 17　　　　　　京津冀都市圈旅游经济联系度
Tab. 5 - 17　Tourism economic ties of Beijing – Tianjin – Hebei Region

城市	1·2	1·3	1·4	1·5	1·6	1·7	1·8	1·9	1·10
R_{ij}	8.08	5.30	5.40	4.67	6.52	5.36	4.86	4.12	7.12
程度	强	强	强	中	强	强	中	中	强
城市	2·3	2·4	2·5	2·6	2·7	2·8	2·9	2·10	3·4
R_{ij}	4.14	5.84	4.24	4.81	4.08	3.52	5.06	6.75	1.67
程度	中	强	中	中	中	中	强	强	弱

续表

城市	3·5	3·6	3·7	3·8	3·9	3·10	4·5	4·6	4·7
R_{ij}	1.47	4.95	1.81	1.50	2.04	1.95	3.49	1.99	1.20
程度	弱	中	弱	弱	弱	弱	中	弱	弱
城市	4·8	4·9	4·10	5·6	5·7	5·8	5·9	5·10	6·7
R_{ij}	2.04	0.99	1.54	2.70	1.86	1.52	1.77	2.53	2.43
程度	弱	弱	弱	弱	弱	弱	弱	弱	弱
城市	6·8	6·9	6·10	7·8	7·9	7·10	8·9	8·10	avg.
R_{ij}	2.04	1.64	2.92	1.32	0.72	2.07	0.25	1.39	2.55
程度	弱	弱	弱	弱	弱	弱	弱	弱	偏弱

表5-17中，将北京、天津、石家庄、秦皇岛、唐山、保定、张家口、承德、沧州、廊坊分别按顺序编号1~10，其中如1·2表示北京与天津的旅游经济联系度。从整体测算数据来看，京津冀都市圈城市之间旅游经济联系度总体两极化现象明显，旅游经济联系度弱关联的城市数量居多数，整体平均偏弱。

结合城市旅游职能等级结构来看，如图5-9所示，第一级和第二级之间的旅游经济联系度最高为8.08；第一级和第三级之间旅游经济联系度最高为北京与秦皇岛的数值是5.4，这与秦皇岛的沿海区位性以及空间距离的地缘性有关；第一级和第四级之间最大是北京与廊坊的联系度为7.12，廊坊在城市规模与旅游发展方面发展不足，而与北京的联系度如此高，这与北京的极强首位性以及地理区位的近缘有关；第二级和第三级、第四级之间，天津与秦皇岛以及廊坊的旅游经济联系度分别为5.84、6.75；第三级和第四级之间，石家庄与保定的旅游经济联系度最高，为4.95；第四级内部之间最大值是秦皇岛和唐山的联系度，为3.49。

总体来看，城市之间的旅游经济联系度，城市规模大的城市对其他城市的辐射能力越强，此时越是靠近大城市的地区，被带动的可能性越大，但并不意味着被带动城市的规模也大，这与被带动城市的自身条件有关；地理空间区位虽然是关键因素，但不是决定性因子，如天津与秦皇岛的旅游经济联系度大于更靠近天津的唐山市；京津冀都市圈中，张家口与北京是强关联，与天津是中关联，与其他城市都为弱关联。

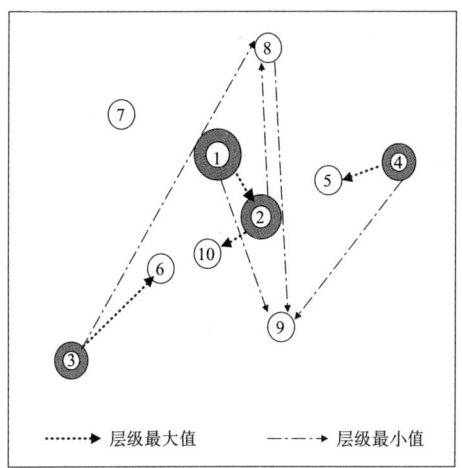

图 5-9　京津冀都市圈城市旅游经济联系分布

Fig. 5-9　Tourism economy conection distribution of Beijing - Tianjin - Hebei Region

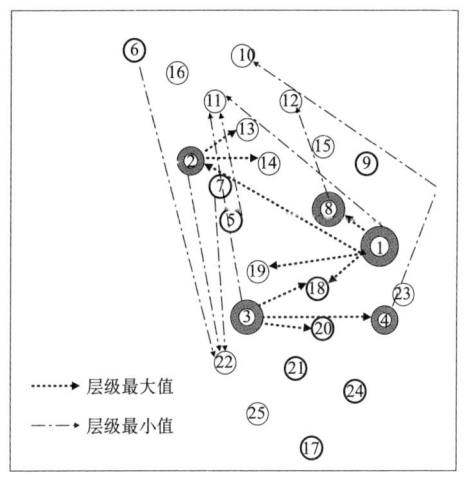

图 5-10　长三角都市圈城市旅游经济联系分布

Fig. 5-10　Tourism economy conection distribution of Yangtze River Delta

2. 长三角都市圈

长三角地区25个城市旅游职能层级测算结果显示有5个等级结构，这5层级间的城市旅游经济旅游度以及层级内部城市间的旅游经济联系度，经过测算，得出数据特征值仍然分布在0~9，将此划分为3个数据分布段，$0 \leq R_{ij} < 3$ 为弱联系，$3 \leq R_{ij} < 6$ 为中联系，$6 \leq R_{ij} < 9$ 为强联系，具体如表5-18所示。

表 5-18 长三角都市圈旅游经济联系度
Tab. 5-18 Tourism economic ties of Yangtze River Delta

城市	1·2	1·3	1·4	1·5	1·6	1·7	1·8	1·9	1·10	1·11	1·12	1·13	1·14	1·15	1·16	1·17	1·18
R_{ij}	5.93	6.86	5.36	7.45	3.26	6.37	8.52	3.38	2.47	2.12	2.67	4.51	5.55	3.27	2.72	3.96	7.77
程度	中	强	中	强	中	强	强	中	弱	弱	弱	中	中	中	弱	中	强

城市	1·19	1·20	1·21	1·22	1·23	1·24	1·25	2·3	2·4	2·5	2·6	2·7	2·8	2·9	2·10	2·11	2·12
R_{ij}	6.52	5.87	5.02	3.79	4.73	4.34	3.91	4.26	3.33	5.95	3.66	5.92	5.79	3.97	2.52	2.60	3.14
程度	强	中	中	中	中	中	中	中	中	中	中	中	中	中	弱	弱	中

城市	2·13	2·14	2·15	2·16	2·17	2·18	2·19	2·20	2·21	2·22	2·23	2·24	2·25	3·4	3·5	3·6	3·7
R_{ij}	6.41	7.33	4.49	3.25	2.33	3.74	5.05	3.34	2.94	1.83	2.80	2.55	2.18	6.26	5.70	2.04	4.14
程度	强	强	中	中	弱	中	中	中	中	弱	弱	弱	弱	强	中	弱	中

城市	3·8	3·9	3·10	3·11	3·12	3·13	3·14	3·15	3·16	3·17	3·18	3·19	3·20	3·21	3·22	3·23	3·24
R_{ij}	5.47	2.26	1.56	1.25	1.58	3.01	3.68	1.86	1.92	3.80	6.76	7.03	7.70	5.62	4.01	4.46	4.37
程度	中	弱	弱	弱	弱	中	中	弱	弱	中	强	强	强	中	中	中	中

城市	3·25	4·5	4·6	4·7	4·8	4·9	4·10	4·11	4·12	4·13	4·14	4·15	4·16	4·17	4·18	4·19	4·20
R_{ij}	4.04	3.71	1.36	2.95	4.16	1.31	0.71	1.82	2.02	2.15	2.46	2.58	1.01	3.65	4.40	4.45	6.03
程度	中	中	弱	中	中	弱	弱	弱	弱	弱	弱	弱	弱	中	中	中	中

城市	4·21	4·22	4·23	4·24	4·25	5·6	5·7	5·8	5·9	5·10	5·11	5·12	5·13	5·14	5·15	5·16	5·17
R_{ij}	3.87	2.71	5.90	4.35	2.82	2.13	2.62	8.19	8.85	2.78	1.73	1.35	2.05	4.17	6.00	2.81	2.17
程度	中	弱	中	中	弱	弱	弱	强	强	弱	弱	弱	弱	中	强	弱	弱

城市	5·18	5·19	5·20	5·21	5·22	5·23	5·24	5·25	6·7	6·8	6·9	6·10	6·11	6·12	6·13	6·14	6·15
R_{ij}	4.69	5.53	3.93	3.28	2.13	3.37	2.75	2.30	2.24	2.73	3.46	1.65	2.87	1.87	1.83	2.46	1.13
程度	中	中	中	中	弱	中	弱	弱	弱	弱	中	弱	弱	弱	弱	弱	弱

城市	6·16	6·17	6·18	6·19	6·20	6·21	6·22	6·23	6·24	6·25	7·8	7·9	7·10	7·11	7·12	7·13	7·14
R_{ij}	3.55	0.52	1.34	1.99	1.14	0.98	0.06	0.73	0.71	0.27	6.99	2.42	1.31	2.63	1.67	3.94	6.33
程度	中	弱	弱	弱	弱	弱	弱	弱	弱	弱	强	弱	弱	弱	弱	中	强

城市	7·15	7·16	7·17	7·18	7·19	7·20	7·21	7·22	7·23	7·24	7·25	8·9	8·10	8·11	8·12	8·13	8·14
R_{ij}	2.52	1.74	1.74	3.82	4.60	3.18	2.51	1.46	2.54	2.09	1.63	2.91	1.88	1.85	2.15	4.15	5.62
程度	弱	弱	弱	中	中	中	弱	弱	弱	弱	弱	弱	弱	弱	弱	中	中

城市	8·15	8·16	8·17	8·18	8·19	8·20	8·21	8·22	8·23	8·24	8·25	1avg	2avg	3avg	4avg	avg.	
R_{ij}	2.84	2.24	2.76	5.37	6.48	4.46	3.66	2.54	3.87	3.16	2.70	7.69	4.88	3.79	2.86	3.13	
程度	弱	弱	弱	中	强	中	中	弱	中	中	弱	强	中	中	中	中	

表 5-18 中，将上海、南京、杭州、宁波、无锡、徐州、常州、苏州、南通、连云港、淮安、盐城、扬州、镇江、泰州、宿迁、温州、嘉兴、湖州、绍兴、金华、衢州、舟山、台州、丽水分别按顺序编号 1~25，其中如 1·2 表示上海与南京的旅游经济联系度，限于数据量以及分析侧重，本书这里主要列出城市规模较大、旅游发展较好的一些高级别城市与其他城市的指标测度值。从整体测算数据来看，长三角都市圈相比较京津冀都市圈，城市之间旅游经济联系度总体扁平化现象明显，旅游经济联系度中弱关联的城市数量居多数。

结合该都市圈城市旅游职能等级结构来看，如图 5-10 所示，第一级和第二级之间的旅游经济联系度最高为 8.52；第一级和第三级之间旅游经济联系度最高为上海与南京的数值，是 5.93；第一级和第四级之间最大是上海与嘉兴的联系度为 7.77，同样，嘉兴市在城市规模与旅游发展方面相比较其他主要城市，发展不足，而与上海的联系度如此高，这与上海的区域极强首位性以及嘉兴的地理区位近缘有关；第一级和第五级之间，联系度最高的是上海与湖州，指标数值为 6.52；第二级和第三级之间，联系度最高值是杭州与宁波之间，指标数值为 6.26；第二级和第四级之间，杭州与绍兴的旅游经济联系度为 7.70，苏州与嘉兴的旅游经济联系度为 5.37；第二级和第五级之间，杭州与嘉兴的旅游经济联系度为 6.70，苏州与湖州的旅游经济联系度为 6.48；第三级和第四级之间，南京与扬州的指标值为 6.41，宁波与绍兴的联系度值为 6.03；第三级和第五级之间，南京与镇江的旅游经济联系度为 7.33，宁波与舟山的旅游经济联系度为 5.90；淮安市以及衢州市与大城市的关联性极高。

综合来看，城市之间的旅游经济联系度大致可以反映出：①城市规模大的城市对周边城市的辐射带动力越强，这些城市的级别也较高；②城市旅游资源禀赋以及城市地位因素，会弥补城市地理区位的不足，旅游经济关联度高的城市之间，不意味着都是规模较大的城市，这与关联城市的自身条件有关；③都市圈当中，高级别的城市在不同的地理空间中，形成不同的小圈层，一般来说，长三角都市圈主要核心城市之间的旅游经济联系度，有时也会弱于这些城市与周边典型旅游城市的联系度，如上海与苏州之间的联系度，大于其与南京的指标值；④旅游经济联系度较弱的地区，位于该都市圈的北部，图中弱关联箭头指向北部较多，这些城市也是距离主要核心城市较远，旅游发展较弱的地区。

3. 珠三角都市圈

依据珠三角都市圈不同规模城市数据,计算得出城市旅游职能等级,结果显示该都市圈包括4个层级,这4层级间的城市旅游经济旅游度以及层级内部城市间的旅游经济联系度,经过测算,得出数据特征值分布在 1~9,将此划分为 3 个数据分布段,$1 \leq R_{ij} < 3$ 为弱联系,$3 \leq R_{ij} < 6$ 为中联系,$6 \leq R_{ij} < 9$ 为强联系,具体如表 5-19 所示。

表 5-19　　　　　　　珠三角都市圈旅游经济联系度
Tab. 5-19　　　　　Tourism economic ties of Pearl River Delta

城市	1·2	1·3	1·4	1·5	1·6	1·7	1·8	1·9	2·3
R_{ij}	5.45	4.56	8.42	5.11	4.61	4.24	5.88	5.19	3.58
程度	中	中	强	中	中	中	中	中	中
城市	2·4	2·5	2·6	2·7	2·8	2·9	3·4	3·5	3·6
R_{ij}	3.74	3.73	2.31	4.15	6.19	3.91	3.20	3.71	1.87
程度	中	中	中	中	强	中	中	中	弱
城市	3·7	3·8	3·9	4·5	4·6	4·7	4·8	4·9	5·6
R_{ij}	2.05	3.42	5.97	4.55	3.63	2.54	4.01	3.96	2.99
程度	弱	中	中	中	中	弱	中	中	弱
城市	5·7	5·8	5·9	6·7	6·8	6·9	7·8	7·9	8·9
R_{ij}	2.06	3.60	4.57	1.10	2.25	1.91	3.98	2.21	3.90
程度	弱	中	中	弱	弱	弱	中	弱	中

表 5-19 中,将广州、深圳、珠海、佛山、江门、肇庆、惠州、东莞、中山分别按顺序编号 1~9,其中如 1·2 表示广州与深圳的旅游经济联系度。经过测算,发现该都市圈城市之间旅游经济联系度总体扁平化现象更加突出,旅游经济联系度中关联的城市数量居多数,整体平均为 3.85,属于中联系度。

结合该区域城市旅游职能等级结构来看,如图 5-11 所示,第一级和第二级之间的旅游经济联系度最高是深圳与东莞的旅游经济联系,指标值为 6.19;第一级和第三级之间旅游经济联系度最高是广州与佛山的数值,为 8.42,佛山市的城市规模指标以及旅游发展水平不足,但是与广州的联系度最大,这与佛山的地缘性以及自身的资源特色有关;第一级和第四级之间最大是广州与中山的联系度为 5.19;第二级和第三级、第四级之间,东莞与佛山以及中山的旅游经济联系度分别为 4.01、3.9;第三级和第四级之间,珠海与中山的旅游经济联系度最高,为 5.97;第四级内部之间最大值是江门和中山的联系度,指标值为 4.57。

总体来看,该都市圈的城市之间旅游经济联系度,能够反映出:①城市之间的中等联系度所占比重最大,结构呈扁平化;②主要核心城市的旅游经济联系度,出现弱于其与周边城市的指标数值,如广州与深圳间的指标值小于广州与佛山的数值;③职能等级的第二级城市东莞市位于广州和深圳的中间地带,对于联系度指标值影响较大,高于周边地区;④三级职能城市分布在主要核心城市周边,其中中山市与其他城市的旅游经济联系度出现最大值的现象最多,肇庆指标值出现最小值现象最多。

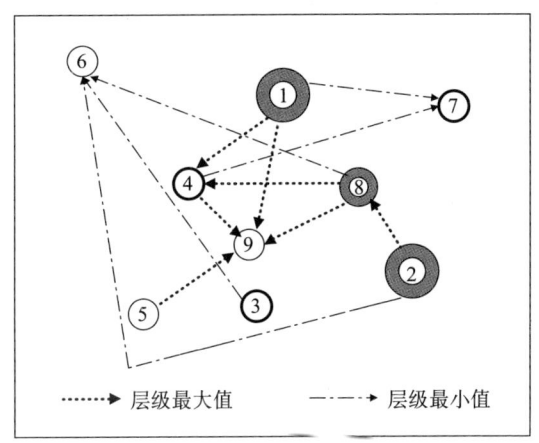

图 5-11 珠三角都市圈城市旅游经济联系度

Fig. 5-11 Tourism economy conection distribution of Pearl River Delta

综合来看,三大都市圈的城市旅游经济联系空间结构,分析结果表明:①东部沿海三大都市圈的"双核"结构以及"多核"结构从北到南逐步明显,京津冀都市圈的旅游经济联系度整体最弱,长三角都市圈居中,珠三角都市圈的旅游经济联系网络结构扁平化最突出;②结合城市旅游职能层级情况来看,第一层级城市的旅游经济影响力最大,也即城市规模大的城市,其对周边的旅游经济影响力也较大,但是主要核心城市之间的旅游经济联系度有时也会低于其与周边城市的指标数值,凸显地理区位的优势;如果周边城市的旅游资源等条件不具备,该城市即便是位于核心城市周边,也未必与之的经济联系度较高,都市圈中的城市职能定位有待于优化和调整;③京津冀都市圈极弱关联城市位于区域的南端和北端位置,长三角和珠三角都市圈的极弱关联城市主要位于区域的北部。

5.5 小结

本书前四章内容揭示了城市规模与旅游发展之间的三条关系规律，本章在前四章系统研究的基础上，结合前期所得出的结论，揭示这些规律的形成原因，围绕①城市规模较大的城市，或者行政级别较高的城市，旅游发展为什么较强；②旅游的不断增长，对城市规模的扩大有何驱动作用；③"城市规模—旅游发展"理论模型中城市分布为什么会呈梯度结构，这三个核心问题，首先在依据四大核心理论基础上，构建城市规模与旅游发展的因素模型，分析引入因素模型的缘由，分别针对三大问题作出定量性的研究，主要得出以下结论：

(1) 城市规模与旅游发展的相关性分析显示二者不是完全显著的线性关系，即部分城市相关系数较高，一些城市则表现出弱相关，进而本书进行了回归分析，发现二者之间模型为真的概率为负值，也就是说城市规模与旅游发展之间不存在线性因果关系。因此引入中介因素对城市规模与旅游发展之间的关系进行解释。

(2) 城市规模对旅游发展的作用因素，规模大的城市，这些作用因素机制越明显，这些机制主要包括：①城市人口增加与本地市场旅游需求增强机制；②基础设施建设与旅游通达度和接待能力提升机制；③经济环境建设与商业贸易增多机制；④城市地位与制度变迁和资源集聚机制；⑤历史文化底蕴与旅游资源禀赋增大机制；⑥城市知名度与旅游行为选择倾向增加机制。这六大机制共同作用城市的旅游发展。依据机制，选取衡量指标，分别解释因素作用选择的关联性和合理性，最终构建因素综合关系模型。有力解释了大城市更能促进旅游的发展，回答了本章起初提出的第一个问题。

(3) 旅游发展对城市规模的驱动，表现为旅游发展较好的城市，这些机制越明显，主要包括：①城市旅游服务经济与经济增长的支撑机制；②旅游拉动消费与经济繁荣的推进机制；③旅游促进就业与人口增加的潜在机制；④旅游文化传播与城市提升的媒介机制。这4大机制共同驱动城市规模的变化，本书分机制进行定量测量，结果较为显著。有力回答了本章提出的第二个问题。

(4)"城市规模—旅游发展"分布模型的层级梯度结构明显,在城市旅游职能方面表现的差异结构清晰,主要原因在于城市规模作用旅游发展的6大要素的差异,本书依据指标,将现状图与合理结构图进行分区域对比,三大都市圈各具特征,与区域合理布局结构还存在差异,表现出"极强者恒强,极弱者恒弱"的特征;在城市旅游职能层级的基础上,分析了三大都市圈的旅游经济联系度,总结出不同规模城市的旅游经济联系度不同,规模大的城市的旅游经济影响力较大,该研究部分有力回答了本章提出的第三个问题。

(5)对三大都市圈不同规模城市的旅游职能层级以及旅游经济联系度的研究,既可以解释模型中的双高现象,也能够回答模型特殊城市的特殊性原因。我们回到"城市规模—旅游发展"关系和分布模型关于一些特殊城市的问题上。在前期研究的基础上,我们将这些城市分为4类,这些城市的旅游职能层级或者在区域中的旅游经济联系度要则是居高,要则是居低,如沧州位于职能层级的第4层,与主要核心城市联系度指标值也偏低;徐州位于职能结构中的第4层,与南京、上海、杭州、苏州的旅游经济联系度也较低,处于不温不火态势,这与徐州在历史上的社会地位和资源地位不相符合;承德、秦皇岛等分别是旅游资源型和旅游区位型城市,以及宿迁等自身条件匮乏城市,其职能层级以及旅游经济联系度指标值与之相符合。正是由于这些城市在区域中的旅游职能或者与主要核心城市的旅游经济联系度较弱,诱发了其在整体分布模型的特殊化。

第 6 章

结论与展望

城市规模是现代区域结构研究的重要议题，旅游发展是新时期区域经济发展的重要引擎，正在影响着中国以及世界范围内的经济格局，城市规模与旅游发展之间具有互动关系，二者的匹配关系到都市圈结构的优化升级以及区域旅游的长效合作。现阶段随着旅游业的快速崛起，城市规模分布以及经济社会发展结构正在潜移默化的发生变化，城市规模问题以及旅游发展问题都是国内外关注的焦点，然而二者往往被分别予以研究，对二者的关系以及关系的时空演变问题，还存在更多探索空间。城市规模与旅游发展相互协调是一项复杂的系统工程，涉及城市地理学、旅游经济学、城市规划学、区域经济学以及系统科学等众多学科，对其展开系统研究，尽管要素众多，却是不可回避的重要命题。本书以我国东部三大都市圈为研究案例地，在过往研究的基础上，以"揭示现象、总结规律、解决问题"为研究框架，依据三大都市圈城市规模与旅游发展的共性特征，构建二维关系的概念模型、分布模型以及动态演变模型，揭示普适性规律；研究案例地城市规模与旅游发展关系的时空演变过程，明确二维关系现状及其动态分异规律，引入区位交通、资源禀赋、经济发展水平等中介作用因素，揭示新常态下城市规模与旅游发展的内在互动机制；探明城市规模和旅游发展的系统模式，划分职能等级，明确区域空间组织形式。

6.1 主要研究结论

本书以三大都市圈 44 个样本城市为研究对象，系统搜集相关城市规模数据以及旅游发展系列数据资料,依托中心地理论以及规模分布等理论,整合研究方法,主要完成了城市规模与旅游发展的位序关系分析、城市规模与旅游发展关系的演变过程分析以及关系形成的机制分析,通过系统研究,主要得出以下结论:

(1)依据指标系列数据,构建指标体系,从城市体系结构分布、集散、等级以及地位年际变化角度,分析三大都市圈城市的位序规模,在可行性分析的基础上,探索城市规模与旅游发展之间的二维关系,研究发现:

第一条规律,即三大都市圈高人口规模、高级别的城市,城市旅游发展水平也较高;高经济规模、高级别的城市,城市旅游发展水平也较高;高旅游发展水平、高级别的城市,城市人口规模也会较大;高旅游发展水平、高级别的城市,城市经济规模也较大。这种双高或者多高现象,对于高级别的城市是普适性的,这里所提到的高级别城市是指直辖市、省会、副省级、特区等类别的城市,而对于地级市、县级城市等一般普通类型的城市大致也是适用的,除了一些典型职能类型或者特殊地理区位性质的城市,本书将这些城市统一划分成四大类型,主要包括:①典型传统工业类型城市,如徐州等城市,工业发达,人口较多,旅游发展水平有待于提高,需要振兴式发展;②典型的旅游城市,因其高级别的资源禀赋价值享有盛名,如承德市等;③地理区位优势城市,依托地理位置上的极大优势,旅游业发展水平较高,如秦皇岛、珠海等市;④匮乏型城市,既没有特殊的城市职能也没有资源优势,如宿迁等城市。这些类型城市因其特殊属性导致城市规模与旅游发展的关系出现差异性。

本书所提出的模型,三大都市圈内部出现个别城市的差异性,不仅是对模型本身适用性的提高和补充,也为这些特殊类型的城市以及其他区域同等类型的城市提供了参考借鉴。

第二条规律,即"城市规模—旅游发展"金字塔结构中,位于塔尖的城市分布数量最少,城市级别最高;位于塔底的城市分布数量最多,城市级别一般最低;整体数量关系呈梯度变化。

依据规律,本书总结出三大都市圈"城市规模—旅游发展"的二维关系模型以及分布模型,如图6-1和图6-2所示。

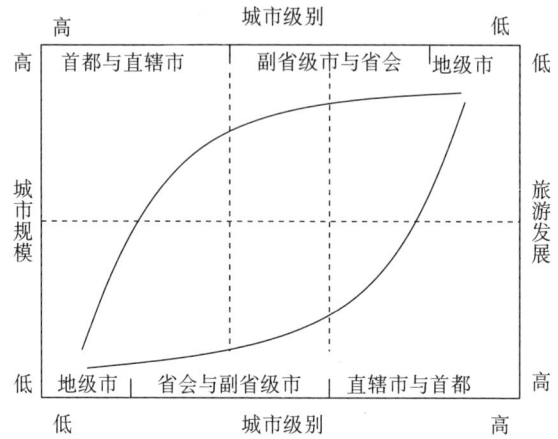

图 6-1 城市规模与旅游发展关系模型

Fig. 6-1 The model of the relationship between city size and tourism development

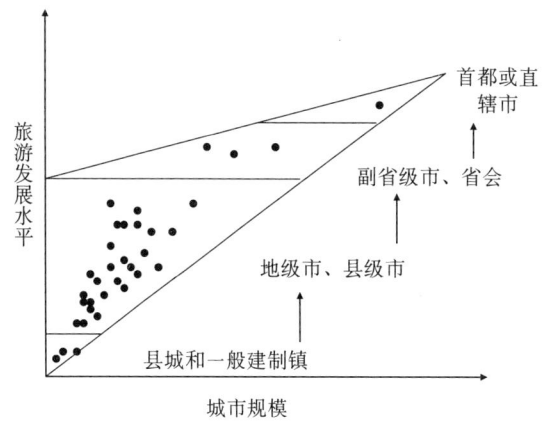

图 6-2 城市规模与旅游发展关系分布模型

Fig. 6-2 The distribution model of the relationship between city size and tourism development

（2）依据国家统计局以及国家旅游局等部门 1995—2014 年的统计数据，将 20 年来京津冀、长三角、珠三角都市圈 44 个城市的人口位序、经济发展位序、旅游位序划分时间段，在时间分段的基础上，深入展开二者演变轨迹的变化，发现在四个阶段的演变过程中：

京津冀都市圈城市规模与旅游发展的关系及演变表现为：第一阶段本区城市人口规模、经济规模与国内旅游发展分布主要在第Ⅰ、Ⅱ、Ⅳ类象限，第二阶段开始，经济规模与国内旅游发展分布在四个象限当中，即呈现出"核"形，表现为不同象限区的面积差异；京津冀都市圈城市人口规模和经济规模与入境旅游发展的关系表现为第一阶段本区城市人口规模、经济规模与入境旅游发展分布主要在第Ⅰ、Ⅱ、Ⅳ类象限，第二阶段至第四阶段，经济规模与国内旅游发展分布在四个象限当中，即呈现出"核"形，同样是不同象限区的面积差异。

长三角都市圈城市规模与旅游发展的关系及演变表现为：人口规模与国内旅游关系方面，四个阶段在四个象限区当中都有分布，整体呈现"核"式，表现为城市分布间距的减少，即不同象限区的面积差异，说明二维关系的紧凑性发展；本区人口规模与入境旅游发展之间，四个阶段在四个象限区当中都有分布，整体呈现"核"式，表现为城市分布间距的减少，出现团簇式发展倾向；经济规模与旅游发展方面，四个阶段的分布都经历了由在第Ⅰ、Ⅱ、Ⅳ象限的分布演变成四个象限的分布，国内旅游方面出现向第Ⅲ象限的过渡性转变，演变阶段呈现典型的团簇式分布，表现为不同级别城市的集聚，城市聚类现象明显，同时级别差异间的距离在扩大。

珠三角都市圈城市规模与旅游发展的关系以及演变表现为：人口规模与国内旅游发展的四个阶段主要分布在第Ⅰ、Ⅱ、Ⅳ象限，表现为城市分布间距的减少，即不同象限区的面积差异，说明二维关系的发展越发密切；经济规模与国内旅游四个阶段的演变，分布在第Ⅰ、Ⅱ、Ⅳ象限中，大致经历了第Ⅳ象限区向第Ⅱ象限区再向第Ⅰ象限区的转变过程；珠三角都市圈城市人口规模与入境旅游发展的关系以及演变表现为，四个阶段的演变大致经历了由第Ⅰ、Ⅱ、Ⅳ象限的分布转向在四个象限区当中都有分布，整体呈现"核"式，表现为城市分布间距的减少，四个阶段的演变，大致经历了第Ⅳ象限区向第Ⅲ象限区的转变，以及第Ⅳ象限区向第Ⅱ象限区再向第Ⅰ象限区的转变过程；本区经济规模与入境旅游发展之间，四个阶段在四个象限当中都有分布，大致经历了第Ⅳ象限区向第Ⅲ象限区的转变，再向第Ⅰ象限区的转变过程，同时高级别城市间距在缩小，高级别城市与较低级别城市的分布间距也出现减小的趋势。

根据研究内容，总结归纳出第三条规律（如图6-3所示），即Ⅰ类城市一般是直辖市、副省级城市以及省会城市或者旅游大市；Ⅳ类城市一般是地级市、县级市、城镇等；城市发展与旅游成长匹配，不断完善功能，规模扩大，在时间演变上Ⅳ类城市向Ⅲ类、Ⅱ类转变，表现为分布结构在发展过程中的阶段性。同时，四类城市空间分布面积不同：一般情况下，Ⅳ类城市分布面积最大，Ⅰ类城市分布面积较小；Ⅱ类、Ⅲ类城市一般有两种现象，一是Ⅳ类城市向Ⅱ、Ⅲ类城市的演变，再向Ⅰ象限的转变，二是城市规模指数高旅游发展水平不高的地区，或者是旅游发展水平较高，城市规模暂未与之匹配的地区。

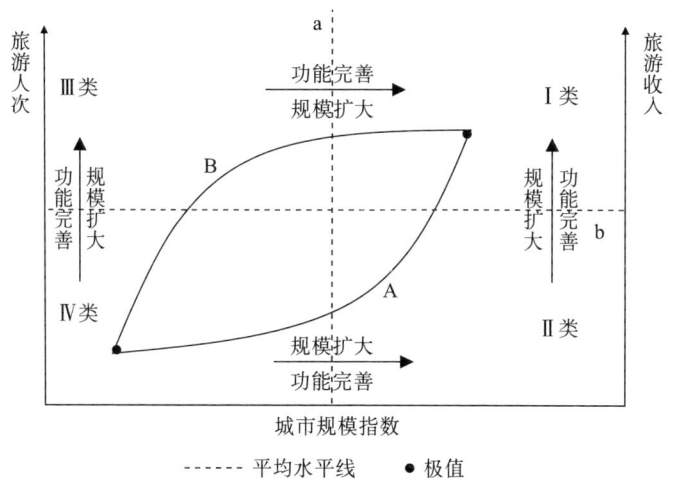

图 6-3 "城市规模—旅游发展"演变模型

Fig. 6-3 "City size – tourism development" evolution model

（3）引入中介变量，揭示城市规模与旅游发展关系的互动机制，结果发现：

第一，城市规模通过6大因素作用旅游发展，规模大的城市，这些作用因素机制越明显，这些机制主要包括：①城市人口增加与本地市场旅游需求增强机制；②基础设施建设与旅游通达度和接待能力提升机制；③经济环境建设与商业贸易增多机制；④城市地位与制度变迁和资源集聚机制；⑤历史文化底蕴与旅游资源禀赋增大机制；⑥城市知名度与旅游行为选择倾向增加机制。这六大机制共同作用于城市的旅游发展。

第二，旅游发展通过4大机制驱动城市规模的变化，旅游发展较好的城市，这些因素机制越明显：①城市旅游服务经济与经济增长的支撑机制；②旅游拉动消费与经济繁荣的推进机制；③旅游促进就业与人口增加的潜在机制；④旅游文化传播与城市提升的媒介机制。这4大机制共同驱动城市规模的变化，本书分机制进行定量测量，结果较为显著。

第三，三大都市圈的旅游职能等级差异，主要表现为6大因素指标的综合差异，相比较合理区域层级分布结构，案例地还存在调整的空间；在城市旅游职能层级的基础上，分析了三大都市圈的旅游经济联系度，总结出不同规模城市的旅游经济联系度不同，规模大的城市的旅游经济影响力较大，区域指向性也较为明显。

6.2 研究创新

本书的创新点体现在以下方面：

（1）从理论模型与实证一体化层面，总结我国东部地区三大都市圈城市规模与旅游发展的地域特征，提出"城市规模—旅游发展"的关系模型、分布模型以及演变模型，验证和丰富了相关城市规模分布理论，进而深化有关区域结构和旅游发展的研究路径和研究深度。

（2）突破传统城市规模单维度研究方式，以"城市规模—旅游发展"二维关系为命题起点，构建测量指标体系，从城市体系结构、集散分布、年际差异等角度，探索三大都市圈城市规模与旅游发展的关系以及时序空间分异规律，发现大城市通过6大因子的作用机制能够促进旅游更好的发展，旅游通过4大驱动因子作用城市规模的变化。总体为相关城市旅游研究提供新的视角。

（3）采取动静结合的分析结构，弥补单一分析不足。在静态分析中，发现城市规模与旅游发展关系的共性规律，同时个别城市因资源禀赋、地理区位等因素表现出差异性；在动态分析中，发现二者关系随着时间推移表现出"极强者恒强，极弱者恒弱，中间梯度分布"的现象，整体Ⅰ、Ⅱ、Ⅲ、Ⅳ类城市的阶段转变和象限分布规律性明显。全书采取适宜本书的数学建模、相关分析、定量测量的复合模式，揭示指标在时间序列范围内规律的稳定性，体现动静结合实证研究的合理性。

6.3 研究的不足及展望

本书以我国东部三大都市圈44个城市为案例地，系统收集城市规模、旅游发展、机制因素系列指标的相关资料和数据，整合研究方法，对案例地城市规模与旅游发展的关系进行了较为系统的研究，从一般现象中归纳总结出共性规律，解释互动机制，但研究中仍然存在不足之处值得讨论，在未来的研究过程中将需要进一步的补充、修正和解决。

(1) "城市规模—旅游发展"的关系模型、分布模型以及演变模型，是对京津冀、长三角、珠三角三大都市圈城市人口规模、经济规模与旅游发展实际情况的归纳总结，对这三大都市圈具有理论上和实践上的指导意义。但是这些模型能否适用于我国其他区域或者世界其他地区，是否具有普适性，还有待于进一步地论证，在以后的探索中应选取不同地域、性质差异明显的城市作为研究对象，在论证过程中将会多次对模型进行修正和完善，充分验证规律模型的普适性。

(2) 影响"城市规模—旅游发展"关系的机制，本书主要是基于要素禀赋角度，从双向驱动力关系切入，探索作用因素机制，从城市规模对旅游发展的6大作用因素以及旅游对城市规模影响的4大驱动机制，展开系统分析与验证，但是随着城市和旅游业的进步与发展，这种因素作用机制也是动态变化的，尤其是各变量影响系数的估算，本书对此将进行持续的关注和验证。

(3) 本书选择的案例城市是我国三大都市圈地级城市及以上级别城市，对此类区域空间展开了二维关系的探讨，而对一般县级市的关注较弱，本书未来将对县级以及一般乡镇等空间尺度进行调研补充，构建关联数据库；同时，本书关于二者关系的探索属于时空归纳分析，为日后城市规模与旅游发展的优化升级以及增长边界问题探索奠定了基础。

参考文献

[1] 罗文斌,谭荣.城市旅游与城市发展协调关系的定量评价——以杭州市为例[J].地理研究,2012,31(6):1103-1110.

[2] 范能船,珠海森.城市旅游学[M].上海:百家出版社,2002:2-3.

[3] 马晓龙,张辰宇.张家界城市职能判定及其对旅游发展的影响[J].经济地理,2014,34(5):167-173.

[4] 史育龙,周一星.戈特曼关于大都市带的学术思想评介[J].经济地理,1996,16(3):32-36.

[5] 陈才.环渤海旅游圈的形成与发展[J].人文地理,1999,14(2):15-18.

[6] 张振国,贾铁飞.长江三角洲地区旅游圈的构建[J].人文地理,2005,20(2):72-76.

[7] 李洪波,李悦铮.基于中部旅游圈的河南旅游业发展战略分析[J].河南学,2009,27(8):1019-1022.

[8] 孙根年,张毓.长江沿线10省区国内旅游的时间同步性及区域响应[J].经济地理,2009,(12):2102-2107.

[9] 周一星.论中国城市发展的规模政策[J].管理世界,1992,(6):160-165.

[10] 李仙德,宁越敏.城市群研究述评与展望[J].地理科学,2012,32(3):282-288.

[11] 史育龙,周一星.关于大都市带(都市连绵区)研究的论争及近今进展述评[J]国际城市规划,2009,24(1):160-166.

[12] 陆林.都市圈旅游发展研究进展[J].地理学报,2013,68(4):532-546.

[13] 朱付彪,陆林,於冉等.都市圈旅游空间结构演变研究——以长三

角都市圈为例[J].地理科学,2012,32(5):570-576.

[14] 吴健生,刘浩,彭建等.中国城市体系等级结构及其空间格局——基于DMSP/OLS夜间灯光数据的实证[J].地理学报,2014,69(6):759-770.

[15] 顾朝林,庞海峰.基于重力模型的中国城市体系空间联系与层域划分[J].地理研究,2008,27(1):1-12.

[16] 钟业喜,陆玉麒.基于铁路网络的中国城市等级体系与分布格局[J].地理研究,2011,30(5):785-794.

[17] 陆大道.论区域的最佳结构与最佳发展——提出"点—轴系统"和"T"型结构以的回顾与再分析[J].地理学报,2001,56(2):127-135.

[18] 国家统计司城市社会经济调查司.中国城市统计年鉴(1996-2015)[M].北京:中国统计出版社,2014.

[19] 国家旅游局.中国旅游统计年鉴(1996-2015)[M].北京:中国旅游出版社,1996-2015.

[20] 中国统计信息网.http://www.tjcn.org.com.

[21] 国家统计局国民经济综合统计司.中国区域经济统计年鉴(2000-2015)[M].北京:中国统计出版社,2000-2015.

[22] 袁方.社会研究方法教程[M].北京:北京大学出版社,2004:134.

[23] 陈向明.定性研究方法评介[J].教育研究与实践,1996,(3):62-68.

[24] 顾朝林,于涛方,李平.人文地理学流派[M].北京:教育科学出版社,2008:7-8.

[25] 王玮.浅谈归纳法和演绎法在地理教学中的应用[J].中学教学参考,2012(36):54.

[26] 邹毅,杨发建.运用归纳法和演绎法施教的比较研究[J].江西教育科研,2004,24(11):31-32.

[27] Goheen P. Urban edges at the end of the twentieth century: An introduction to the Canadian experience. University of Waterloo Press, 2000, (9): 3-17.

[28] K. J. 巴顿.城市经济学:理论与政策.中译本.北京:商务印书馆,1984:14.

[29] 许学强,周一星等.城市地理学[M].高等教育出版社,2009:16-17.

[30] 理查德·P. 格林,詹姆斯·B. 皮克.城市地理学[M].中国地理学会城市地理专业委员会译校.北京:商务印书馆,2011:127.

[31] 中国经济体制改革研究会日韩都市圈考察团. 日本都市圈启示录[J]. 中国改革, 2005, (3): 71-73.

[32] Gottman J. Megalopolis or the Urbanization of the Northeastern Seaboard[J]. Economic Geography, 1957, (33): 3.

[33] 张京祥, 邹军, 吴启焰等. 论都市圈地域空间的组织[J]. 城市规划, 2001, 25 (5): 19-23.

[34] 邹军, 王兴海, 张伟等. 日本首都圈规划构想的考察及其对中国都市圈规划的启示[J]. 国外城市规划, 2003, 18 (2): 34-36.

[35] 张伟. 都市圈的概念、特征及其规划探讨[J]. 城市规划, 2003, 27 (6): 47-50.

[36] 李国平. 首都圈——结构、分工与营建策略[M]. 北京: 中国城市出版社, 2004: 1-13.

[37] 朱付彪, 陆林. 珠江三角洲都市圈旅游空间均衡发展[J]. 自然资源学报, 2010, 25 (9): 1565-1576.

[38] 陆林, 汤云云. 珠江三角洲都市圈国内旅游者空间行为模式研究[J]. 地理科学, 2014, 34 (1): 10-18.

[39] 朱凯, 胡畔, 王兴平等. 我国创新型都市圈研究: 源起与进展[J]. 经济地理, 2014, 34 (6): 9-15.

[40] 古诗韵, 保继刚. 城市旅游研究进展[J]. 旅游学刊, 1999, (2): 15-20.

[41] 虞虎, 陆林, 朱冬芳等. 城市旅游到城市群旅游的系统研究[J]. 地理科学进展, 2012, 31 (8): 1087-1096.

[42] Pearce P. Fundamentals of tourist motivation Tourist Research: Critiques and Challenges [J]. London: Routledge, 1993: 13-34.

[43] 彭华. 关于城市旅游发展驱动机制的初步思考. 人文地理, 2000, 15 (1): 1-5.

[44] 许学强, 周一星等. 城市地理学[M]. 北京: 高等教育出版社, 2009: 129.

[45] 魏后凯. 中国城市行政级别与规模增长[J]. 城市与环境研究, 2014, 1 (1): 4-17.

[46] 蒲英霞, 顾朝林等. 长江三角洲地区城市规模分布的时空演变特征[J]. 地理研究, 2009, 28 (1): 161-172.

[47] 刘玲玲,周天勇. 对城市规模理论的再认识[J]. 经济经纬,2006,(1):112-115.

[48] 张志强. 城市增长的时空演进规律研究[M]. 北京:经济科学出版社,2012:57.

[49] Vance R B, Sutker S. "Metropolitan Dominance and Integration" In Cities and Society [J]. New York:The Free Press of Glencoe,1957.

[50] 谢文惠,邓卫. 城市经济学. 北京:清华大学出版社,2008:72.

[51] 许抄军. "两型社会"城市规模研究. 社会科学文献出版社,2014:73.

[52] 陈红霞. 土地集约利用背景下城市人口规模效益与经济规模效益的评价[J]. 地理研究,2012,31(10):1887-1894.

[53] 温洪涛,任传鹏. 企业绩效评价指标的无量纲化方法的改进[J]. 经济问题,2011,(6):61-65.

[54] 郭亚军,马凤妹,董庆兴. 无量纲化方法对拉开档次法的影响分析[J]. 管理科学学报,2011,14(5):19-28.

[55] T. R. 威利姆斯,张文合. 中心地理论[J]. 地理译报,1988,(3):1-5.

[56] Christaller W. Die Zentralen Orte in Sueddeutschland [J]. Jena:Gustau Fischer,1933.

[57] Chriastaller W. Central Places in South Germany [J]. New Jersey:Prentice Hall,1966.

[58] 许学强,周一星,宁越敏. 城市地理学[M]. 高等教育出版社,2008,(4):161-174.

[59] 张大卫. 克里斯塔勒与中心地理论[J]. 人文地理,1989,(4):68-72.

[60] Berry B J L, Garrison W L. The functional bases of the central place hierarchy. Econ Geogr,1958,(34):145-154.

[61] 樊杰,许豫东,W. Taubmann. 基于中心地理论对银川市服务功能的解析[J]. 地理学报,2005,60(2):248-256.

[62] 陆玉麒,袁林旺,钟业喜. 中心地等级体系的演化模型[J]. 中国科学:地球科学,2011,(8):1160-1171.

[63] 王士君,冯章献,刘大平等. 中心地理论创新与发展的基本视角和框架[J]. 地理科学进展,2012,31(10):1256-1263.

[64] Berry B J L, Parr J B. Market Centers and Retail Location. Englewood Cliffs [J]. NJ:Prentice Hall. 1988.

[65] Borchert J G. Spatial dynamics of retail structure and the venerable retail hierarchy [J]. Geo Journal, 45: 327 – 336.

[66] 陆大道. 区位论及区域研究方法[M]. 北京: 科学出版社, 1988.

[67] 周一星. 城市地理学[M]. 北京: 商务印书馆, 1999, 10: 254.

[68] 许学强, 周一星, 宁越敏. 城市地理学[M]. 北京: 高等教育出版社, 2008, (4): 124 – 128.

[69] 陆林. 人文地理学[M]. 北京: 高等教育出版社, 2006, (12): 87.

[70] Jefferson M. The Law of the Primate City [J]. Geographical Review, 1939, 29: 226 – 232.

[71] Ellison G. The Determinants of Geographic Concentration [J]. American Economic Review Papers and Proceedings, 1999 (2): 311 – 316.

[72] Friedam J. Regional development Policy: A Case Study of Venezuela [M]. MIT Press, 1996.

[73] Bertinelli L, Strobl E. Urban Concentration and Economic Growth in Developing Countries [J]. Urbanization Working Paper, 2003 (12): 221 – 232.

[74] 严重敏, 宁越敏. 我国城镇人口发展变化特征初探人口研究论文集[C]. 上海: 华东师范大学出版社, 1981: 20 – 37.

[75] 周一星. 城市地理学[M]. 北京: 商务印书馆, 1999, 10: 265.

[76] Edward T. Hall. The Hidden Dimension [M]. Anchor, 1988: 7.

[77] Murphy P, Pritchard M P, Smith B. The destination product and its impact on traveler perceptions [J]. Tourism Management, 2000, 21 (1): 43 – 52.

[78] Bruce P. Factors affecting bilateral tourism flows [J]. Annals of Tourism Research, 2005, 32 (3): 780 – 801.

[79] Garrod B, Fyall A. Managing heritage tourism [J]. Annals of Tourism Research. 2000, 27 (3): 682 – 708.

[80] Shaowen Cheng, ZhangJie, LU Shaojing, etal. Influenceof tourists' environmental tropisms on their attitudes to tourism and nature conservation in natural tourist destinations: Acase study of Jiuzhaigou National Park in China [J]. Chinese-Geographical Science, 2011, 21 (3): 377 – 384.

[81] 胡浩. 中国优秀旅游城市空间分布及其交通可达的地区差异分析[J]. 地理科学, 2013, 33 (6): 703 – 709.

[82] 汪德根, 牛玉, 王莉. 高铁对旅游者目的地选择的影响——以京沪

高铁为例[J]. 地理研究, 2015, 34 (9): 1770-1780.

[83] 中华人民共和国统计局 [EB/OL]. http://www.stats.gov.cn/tjsj/tjbz/.

[84] 魏小安, 冯宗苏. 中国旅游业: 产业政策与协调发展[M]. 北京: 旅游教育出版社, 1993: 20.

[85] 熊德平. 农村金融与农村经济协调发展研究[M]. 北京: 社会科学文献出版社, 2009: 43-53.

[86] 刘安国, 张越, 张英奎. 新经济地理学扩展视角下的区域协调发展理论研究——综述与展望[J]. 经济问题与探索, 2014, (11): 184-190.

[87] 黄静波, 肖海平, 李纯等. 湘粤赣边界禁止开发区域生态旅游协调发展机制——以世界自然遗产丹霞山为例[J]. 地理学报, 2013, 68 (6): 839-850.

[88] 林道辉, 沈学优, 刘亚儿. 环境与经济协调发展理论研究进展[J]. 环境污染与防治, 2002, 24 (2): 120-123.

[89] 杨芳勇. 从协调发展理论到科学发展观的继承与创新[J]. 中国南昌市委党校学报, 2008, 6 (1): 20-23.

[90] 孙海燕, 王富喜. 区域协调发展的理论基础探究[J]. 经济地理, 2008, (6): 928-931.

[91] 秦学. 论区域旅游合作模式的变化及其创新发展——以"泛珠三角"和"大珠三角"为例[J]. 云南民族大学学报(哲学社会科学版), 2006, 23 (1): 98-102.

[92] 陈培磊, 苏玉卿. 基于共生理论的畲族村落特色农业与乡村旅游协调发展思考[J]. 台湾农业探索, 2014, (1): 54-57.

[93] 高材林. 共生经济决定合作创新行为[J]. 国际经济合作, 1995, (7): 54-55.

[94] 李鹏, 岳敏敏. 区域旅游合作机理的经济学分析与实践研究[J]. 消费导刊, 2007, (6): 61-62.

[95] 靳诚, 徐菁, 陆玉麒. 长三角区域旅游合作演化动力机制探讨[J]. 旅游学刊, 2006, 21 (12): 43-47.

[96] 张慧霞, 刘斯文. 中部地区区域旅游合作[J]. 经济地理, 2006, 26 (4): 714-716.

[97] 秦学. 旅游业跨区域联合发展的理论与实证研究——机理、模式与协调机制[D]. 华东师范大学, 2004.

[98] 吴军. 中国区域旅游合作时空演化特征分析[J]. 旅游学刊, 2007,

22 (8): 35-41.

[99] Walter C. The principle of centre area in Southern Germany [M]. Translated by Chang Zhengwen etal. Beijing: The Commercial Press, 1998.

[100] Jefferson M. The Law of the Primate City [J]. Geographical Review, 1939, 29 (2): 226-232.

[101] Berry B J L. City Size Distribution and Economic Development [J]. Economic Development and Cultural Change, 1961, 9 (4): 573-588.

[102] Henderson J V. The types and sizes of cities [J]. American Economic Review, 1974, 64 (4): 640-656.

[103] Richardson H W. Theory of the Distribution of City Sizes: Review and Prospects [J]. Systems of Cities, 1978, 12 (5): 169-184.

[104] 周志鹏, 徐长生. 龙头带动还是均衡发展——城市首位度与经济增长的空间计量分析[J]. 经济经纬, 2014, 31 (5): 20-25.

[105] Ellison G. The Determinants of Geographic Concentration [J]. American Economic Review Papers and Proceedings, 1999, (2): 311-316.

[106] Capello R, Camgni R. Beyond Optimal City Size: An Evaluation of Alternative Urban Growth Patterns. Urban Studies, 2000, (9): 1479-1496.

[107] Cale B T. Managing Customer Value: Creating Quality and Service That Customers Can See [M]. Maxwell Macmillan Canada: Free Press, Maxwell Macmillan International, 1994.

[108] Auerbach F. Das Gesetz der Bevölkerungs konzentration [J]. Petermanns Geographische Mitteilungen, 1913, (59): 73-76.

[109] Singer H W. The courbe des populations: a parallel to Pa-reto's law [J]. Economic Journal, 1936, (46): 254-263.

[110] Simon H. On a Class of Skew Distribution Functions [J]. Biometrika, 1955, (44): 425-440.

[111] 沈体雁, 劳昕. 国外城市规模分布研究进展及理论前瞻——基于齐普夫定律的分析[J]. 世界经济文汇, 2012, (5): 95-111.

[112] Allen. The courbe des populations: a further analysis [J]. Bulletin of the Oxford University Institute of Statis-tics, 1954, (16): 179-189.

[113] Vining R. A description of certain spatial aspects of an economic system [J]. Economic Development and Cultural change, 1955, (3): 147-195.

[114] Madden C J. Some indicators of stability in the growth of cities in the United States [J]. Economic Development and Cultural change, 1956, (4): 236-452.

[115] Beckman M J. City hierarchies and distribution of city size [J]. Economic Development and Cultural change, 1958, (6): 243-248.

[116] Berry B J L. City size distribution and economic development [J]. Economic Development and Cultural change, 1961, (9): 573-587.

[117] Vapnarsky C A. On rank size distribution of cities: an ecological approach [J]. Economic Development and Cultural change, 1969, (17): 584-595.

[118] Nordbeck S. Urban Allometric Growth [J]. Geografiska Annaler, 1971, (53): 54-67.

[119] Kenneth R, Resnick M. The size distribution of cities: An examination of the pareto law and primacy [J]. Journal of Urban Economics, 1980, 8 (2): 165-186.

[120] 求煜英. 中国分省首位度研究 [D]. 华东师范大学, 2014.

[121] 许学强, 叶嘉安. 我国城市化的省际差异 [J]. 地理学报, 1986, (1): 8-22.

[122] 汪明峰. 中国城市首位度的省际差异研究 [J]. 现代城市研究, 2001, (3): 27-30.

[123] 雷仲敏, 康俊杰. 城市首位度评价：理论框架与实证分析 [J]. 城市发展研究, 2010, 17 (4): 33-38.

[124] 卢学法, 申绘芳. 杭州城市首位度的现状及对策研究 [J]. 浙江统计, 2008, (6): 32-34.

[125] 王家庭. 城市首位度与区域经济增长——基于24个省区面板数据的实证研究 [J]. 经济问题探索, 2012, (5): 35-40.

[126] 程开明, 庄燕杰. 中国中部地区城市体系规模分布及演进机制探析 [J]. 地理科学, 2013, 33 (12): 1421-1427.

[127] 周一星. 市域城镇体系规划的内容、方法及问题 [J]. 城市问题, 1986, (1): 5-10.

[128] 顾朝林. 中国城镇体系等级规模分布模型及其结构预测 [J]. 经济地理, 1990, (3): 54-56.

[129] 王法辉. 我国城市规模分布的统计模式研究 [J]. 城市问题, 1989, (1): 14-20.

[130] 孙祥栋,郑艳婷,张亮亮.基于集聚经济规律的城市规模问题研究[J].中国人口·资源与环境,2015,25(3):74-81.

[131] 周一星.论中国城市发展的规模政策[J].管理世界,1992,(6):160-165.

[132] 秦尊文.论城市规模政策与城市规模效益[J].经济问题,2003(10):1-3.

[133] 许抄军.基于环境质量的中国城市规模探讨[J].地理研究,2009,28(3):792-802.

[134] 魏后凯.中国城镇化进程中两极化倾向与规模格局重构[J].中国工业经济,2014,(3):18-30.

[135] 王小鲁.中国城市化路径与城市规模的经济学分析[J].经济研究,2010,(10):20-32.

[136] 方创琳.中国城市发展方针的演变调整与城市规模新格局[J].地理研究,2014,33(4):674-686.

[137] 蒲英霞,马荣华,马晓冬等.长江三角洲地区城市规模分布的时空演变特征[J].地理研究,2009,28(1):161-172.

[138] 张虹鸥,叶玉瑶,陈绍愿.珠江三角洲城市群城市规模分布变化及其空间特征[J].经济地理,2006,26(5):806-809.

[139] Wall G. Scale effects on tourism multipliers [J]. Annals of Tourism Research, 1997, 24 (2): 446-450.

[140] Ryan C, Glendon I. Application of leisure motivation scale to tourism [J]. Annals of Tourism Research, 1998, 25 (1): 169-184.

[141] Andriotis K. Scale of hospitality firms and local economic development evidence from Crete [J]. TourismManagement, 2002, 23 (4): 333-341.

[142] Cheyne J, Ryan C. Proceedings of the Conference on Tourism Down Under [J]. Palmerston North: Massey University, 1994: 5-8.

[143] 保继刚,甘萌雨.改革开放以来中国城市旅游目的地地位变化及因素分析.地理科学,2004,24(3):365-370.

[144] 王晓峰.中国出境旅游人口规模的增长、原因及趋势[J].人口学刊,2006,(6):12-15.

[145] 李连璞,曹明明,杨新军."资源、规模和效益"同步错位关系及路径转化——31个省(区、直辖市)旅游发展比较研究[J].旅游学刊,2006,21(12):81-84.

[146] 朱竑,吴旗韬.中国省际及主要旅游城市旅游规模[J].地理学报,2005,60(6):41-49.

[147] 靳诚,徐菁,陆玉麒.长三角城市旅游规模差异及其位序规模体系的构建[J].经济地理,2007,04:676-680.

[148] 柳百萍.安徽省城市旅游规模差异及其规模分布[J].地理研究,2011,30(8):1520-1527.

[149] 赵磊,王永刚,张雷.江苏旅游规模差异及其位序规模体系研究[J].经济地理,2011,31(9):1566-1572.

[150] 戈冬梅,吴玉鸣.江西旅游规模差异及其位序规模体系分析[J].旅游学刊,2008,23(9):44-48.

[151] 刘军胜,马耀峰.河南省城市入境旅游规模与位序差异化[J].经济地理,2012,32(6):150-155.

[152] 曾鹏,罗艳.中国十大城市群旅游规模差异及其位序规模体系的比较[J].统计与决策,2012,(24):60-63.

[153] 徐红罡.城市旅游与城市发展的动态模式探讨[J].人文地理,2005,20(1):6-9.

[154] 金世胜,汪宇明.大都市旅游功能及其规模影响的测度[J].旅游学刊,2008,23(4):72-76.

[155] 陈建设,朱翔,徐美.基于分形理论的区域旅游中心地规模与空间结构研究——以湖南省为例[J].旅游学刊,2012,27(9):34-39.

[156] 段冰.基于分形理论的长江三角洲地区旅游中心地规模与空间结构研究[J].河南大学学报(自然科学版),2015,45(2):181-186.

[157] 杨国良,张捷,刘波等.旅游流流量位序—规模分布变化及其机理——以四川省为例[J].地理研究,2007,26(4):662-672.

[158] 陈刚强,李映辉.中国区域旅游规模的空间结构与变化[J].旅游学刊,2011,26(11):84-89.

[159] 陈刚强,许学强.中国入境旅游规模空间分布变化及因素分析[J].地理科学,2011,24(5):613-619.

[160] Murry K C. The use of land for recreation [J]. Annals of theAssociation of American Geographers, 1930, 20 (1): 7-20.

[161] Greer T, Wall G. Recreational hinterlands: A theoretical andempirical analysis [A]. Department of Geography Publication Series, University of Water-

loo, 1979: 227 - 245.

[162] 胡千慧, 陆林. 旅游用地研究进展及启示[J]. 经济地理, 2009, 29 (2): 313 - 319.

[163] Hammes D L. Resort development impact on labor and landmarket [J]. Annals of Tourism Research, 1994, 21 (5): 729 - 744.

[164] Gunn C A. Vacationscape: Designing Tourists Regions [M]. Austin: University of Texas, 1988: 110 - 150.

[165] Weaner D B. Model of urban tourism for small Caribbean islands [J]. Geographical Review, 1993, 83 (20): 134 - 140.

[166] Douglas G. Tourist districts in Paris: structure and functions [J]. Tourism Management, 1998, 19 (1): 49 - 65.

[167] Marcouiller D W, Kim K, Deller S C. Natural amenities, tourism and income distribuyion [J]. Annals of Tourism Research, 2004, 31 (4): 1031 - 1050.

[168] Gladstone, Fainstein. Tourisn in US global Cities: a Comparison of New York and Log Angeles [J]. Joural ofUrban Affairs, 2001, 23 (1): 23 - 40.

[169] Berg V L, Borg J, Meer J. UrbanTourism: Performance and Strategies in Eight European Cities [M]. Euricur Series, Ashgate: Aldershot, 1995: 2 - 7.

[170] Jansen - Verheke M. Leisure, recreation and tourism in inner cities: Explorative Case Studies [J]. Netherlands Geo - graphical Studies, 1985, (58): 109 - 111.

[171] Barros C P. Measuring efficiency in the hotel sector [J]. Annals of Tourism Research, 2005, 32 (2): 456 - 477.

[172] 虞虎, 陆林, 朱冬芳. 长江三角洲城市旅游与城市发展协调性及影响因素[J]. 自然资源学报, 2012, (10): 1746 - 1757.

[173] 罗文斌, 谭荣. 城市旅游与城市发展协调关系的定量评价——以杭州市为例[J]. 地理研究, 2012, 31 (6): 1103 - 1110.

[174] 保继刚, 梁增贤. 基于层次与级别的城市旅游供给分析框架[J]. 人文地理, 2011, (6): 1 - 9.

[175] 王奕祺, 吴晋峰, 任瑞萍等. 港澳与台湾入境旅游流时间特征对比及成因分析[J]. 资源科学, 2012, 34 (2): 373 - 380.

[176] 理查德·P. 格林, 詹姆斯·B. 皮克. 城市地理学[M]. 中国地理学会城市地理专业委员会译校. 北京: 商务印书馆, 2011: 98.

[177] Lundgren, J. O. J. Tourist impact/island entrepreneurship in the Carib-

bean[C]. Conference paper quoted in Mathiesonm, Tourism: Economic, Physical and Social Impacts. Long–man, 1982.

[178] 李红波,张小林,李悦铮. 基于点—轴理论的辽宁沿海经济带旅游空间结构研究[J].经济地理,2011,31(1):156-161.

[179] 陈浩,陆林,郑嬗婷. 基于旅游流的城市群旅游地旅游空间网络结构分析——以珠江三角洲城市群为例[J].地理学报,2011,66(2):257-266.

[180] 庞闻,马耀峰. 关中天水经济区核心—边缘旅游空间结构解析[J].人文地理,2012,(1):152-155.

[181] 沈惊宏,陆玉麒,韩立钦等. 基于"点—轴"理论的皖江城市带旅游空间布局整合[J].经济地理,2012,32(7):43-49.

[182] 程晓丽,祝亚雯. 基于点—轴理论的皖南国际旅游文化示范区旅游空间结构研究[J].地理科学,2013,33(9):1082-1088.

[183] 陈超,马海涛,陈楠等. 中国农民旅游流网络重心轨迹的演化[J].地理研究,2014,33(7):1306-1314.

[184] Douglas P. Tourist Development. A Geographic a Analysis [M]. Longman Press, 1995: 1-25.

[185] Dredge, Dianne. Destination place planning and design [J]. Annalsof Tourism Research, 1999, 26 (4): 772-791.

[186] 曹芳东,黄震方,吴江等. 城市旅游发展效率的时空格局演化特征及其驱动机制——以泛长江三角洲地区为例[J].地理研究,2012,31(8):1431-1444.

[187] 方叶林,黄震方,王坤等. 不同时空尺度下中国旅游业发展格局演化[J].地理科学,2014,34(9):1025-1032.

[188] 冯学钢,黄和平,邱建辉. 我国入境旅游流季节性特征及其时空演变研究——基于22个热点旅游城市面板数据的实证分析[J].华东经济管理,2015,(6):1-9.

[189] 薛领,翁瑾. 我国区域旅游空间结构演化的微观机理与动态模拟研究[J].旅游学刊,2010,25(8):26-33.

[190] 郭文,王丽,黄震方. 旅游空间生产及社区居民体验研究——江南水乡周庄古镇案例[J].旅游学刊,2012,27(4):28-38.

[191] 陈超,刘家明,马海涛等. 中国农民跨省旅游网络空间结构研究[J].地理学报,2013,68(4):547-558.

[192] 汪德根,陈田,陆林等.区域旅游流空间结构的高铁效应及机理——以中国京沪高铁为例[J].地理学报,2015,70(2):214-233.

[193] 杨友宝,王荣成,李秋雨等.东北地区旅游资源赋存演化特征与旅游业空间重构[J].经济地理,2015,35(10):194-201.

[194] 曹芳东,黄震方,余凤龙等.国家级风景名胜区旅游效率空间格局动态演化及其驱动机制[J].地理研究,2014,33(6):1151-1166.

[195] 王兆峰.入境旅游流与航空运输网络协同演化及差异分析——以西南地区为例[J].地理研究,2012,31(7):1328-1338.

[196] 卞显红.城市旅游空间结构研究[J].地理与地理信息科学,2003,19(1):105-108.

[197] 张洪,夏明.安徽省旅游空间结构研究——基于旅游中心度与旅游经济联系的视角[J].经济地理,2011,(12):2116-2121.

[198] 朱付彪,陆林,於冉等.都市圈旅游空间结构演变研究——以长三角都市圈为例[J].地理科学,2012,32(5):570-576.

[199] 方叶林,黄震方,李东和等.中国省域旅游业发展效率测度及其时空演化[J].经济地理,2015,35(8):189-195.

[200] 李山,王铮.适度旅游圈时空规模的可计算模型[J].地理学报,2009,64(10):1255-1266.

[201] 李山,王铮,钟章奇.旅游空间相互作用的引力模型及其应用[J].地理学报,2012,67(4):526-544.

[202] 陈建设,朱翔.县域旅游空间布局模型构建研究[J].经济地理,2012,32(12):163-168.

[203] 吴国清.大型节事对城市旅游空间发展的影响机理[J].人文地理,2010,(5):137-141.

[204] 刘泽华,李海涛,史春云等.短期旅游流时间分布对区域旅游空间结构的响应——以云南省黄金周旅游客流为例[J].地理学报,2010,65(12):1624-1632.

[205] 冯立新,杨效忠,姚慧等.骨干交通设施对区域旅游空间格局的影响——以渤海海峡跨海通道为例[J].经济地理,2011,31(2):189-194.

[206] 汪德根.武广高速铁路对湖北省区域旅游空间格局的影响[J].地理研究,2013,32(8):1555-1564.

[207] 孙根年,杨忍,姚宏.基于重心模型的中国入境旅游地域结构演

变研究[J].干旱区资源与环境,2008,22(7):150-157.

[208] 邵诚.跨国旅游偏好的计量经济学分析.发展研究,2006,21(8):62-65.

[209] Shan J, Wilson K. Causality between trade and tourism: Empirical evidence from China. Applied Econom – ics Letters, 2001, (8): 279-283.

[210] Kulendran N, Kenneth W. Is there a relaTIonship between internaTIonal trade and internaTIonal travel? Applied E – conomics, 2002, (32): 1001-1009.

[211] 孙根年.大国优势与中国旅游业的高速持续增长[J].旅游学刊,2008,23(4):29-34.

[212] 马丽君,孙根年,王洁洁.15年来中日出入境旅游对双边贸易的影响[J].经济地理,2010,30(4):672-677.

[213] 王洁洁,孙根年.中韩出入境旅游对进出口贸易推动作用的实证分析[J].软科学,2010,24(8):30-35.

[214] 万绪才,王厚廷,傅朝霞.中国城市入境旅游发展差异及其影响因素[J].地理研究,2013,32(2):337-346.

[215] 陈云松,吴青熹,张翼.近三百年中国城市的国际知名度:基于大数据的描述与回归[J].社会,2015,5(35):60-77.

[216] 苏建军,张毓,孙根年.中国旅游消费对经济增长的拉动效应与贡献度分析[J].消费经济,2016,32(1):34-40.

[217] 苏建军,孙根年,徐璋勇.旅游发展对我国投资、消费和出口需求的拉动效应研究[J].旅游学刊,2014,39(2):25-35.

[218] 石培华.中国旅游业对就业贡献的数量测算与分析[J].旅游学刊,2013,18(6):45-50.

[219] 洪颖,王晨娜.城市新移民:旅游劳务移民及相关理论方法[J].云南师范大学学报(哲学社会科学版),2011,43(3):144-150.

[220] 杨钊,陆林.旅游移民研究体系及方法初探[J].地理研究,2008,27(4):949-962.

[221] 张佑印,顾静,马耀峰等.北京入境旅游流分级扩散模式及动力机制分析[J].人文地理,2012,(5):120-127.

[222] 袁忠.旅游发展与文化传播[J].经济与管理,2005(3):56-59.

[223] 魏后凯.中国城市行政级别与规模增长[J].城市与环境研究,2014,1(1):4-17.

[224] 国家统计司城市社会经济调查司. 中国城市统计年鉴（2014）[M]. 北京：中国统计出版社，2014.

[225] 达闻微指数平台. 知名城市搜索频次［EB/OL］. http：//www.womvalue.com，2016 - 1 - 27.

[226] Dritsakis, N. Tourism as a Long – Run Economic Growth Factor：an Empirical Investigation for Greece Using Causality Analysis［J］. Tourism Economics，2004，10（3）：305 – 316.

[227] Ongan S, Demiroz D M. The Contribution of Tourism to the Long – Run Turkish Economic Growth［J］. Ekonomicky Casopis/Journal of Economics，2005，53（9）：80 – 94.

[228] Soukiazis, Proenca. Tourism as an Alternative Source of Regional Growth in Portugal：a Panel Data Analysis at NUTS II and III Levels［J］. Portuguese Economic Journal，2008（1）：43 – 61.

[229] 李江帆，李美云. 旅游产业与旅游增加值的测度[J]. 旅游学刊，1999（5）：16 – 18.

[230] 李志青. 旅游业产出贡献的经济分析——上海市旅游业的产出贡献和乘数效应[J]. 上海经济研究，2001，(12)：66 – 69.

[231] 孙根年，候芳芳. 旅游消费增长对拉动国民消费的贡献：以浙江为例[J]. 旅游学刊，2010，25（10）：31 – 35.

[232] 苏建军，徐璋勇，赵多平. 国际货物贸易与入境旅游的关系及其溢出效应[J]. 旅游学刊，2013，28（5）：43 – 53.

[233] 苏建军，孙根年，徐璋勇. 旅游发展对我国投资、消费和出口需求的拉动效应研究[J]. 旅游学刊，2014，29（2）：25 – 35.

[234] 白津夫. 旅游消费拉动经济大有可为[J]. 中国经济周刊，2007（7）：30 – 31.

[235] 李宁. 国内旅游——激活内需新途径[J]. 中国对外贸易，2000（2）：40 – 41.

[236] 尹世杰. 旅游消费——我国即将来临的消费热点[J]. 财贸经济，1998（9）：44 – 48.

[237] Leiper N. A conceptual analysis of tourism – supported employment which reduces the incidence of exaggerated, misleading statistics about jobs［J］. Tourism Management，1999（20）：605 – 613.

[238] 石培华. 中国旅游业对就业贡献的数量测算与分析[J]. 旅游学刊, 2003, 18 (6): 45-51.

[239] Wilkinson P F, Pratiwi W. Gender and tourism in an Indonesian village [J]. Annals of Tourism Research, 1995, 22 (2): 283-299.

[240] 厉新建. 中国旅游就业效应分析与制度创新[J]. 北京第二外国语学院学报, 2004 (5): 29-35.

[241] 郭为, 厉新建, 许珂. 被忽视的真实力量: 旅游非正规就业及其拉动效应[J]. 旅游学刊, 2014, 29 (8): 70-79.

[242] 汪宇明. 旅游促进社会就业增长的战略思考[J]. 经济地理, 2003, 23 (3): 401-404.

[243] 冯学钢. 上海旅游就业容量及拓展对策研究[J]. 华东师范大学学报 (哲学社会科学版), 2004, 36 (3): 109-116.

[244] 何颖怡, 麻学锋. 产业生成视角的旅游内部就业层次分析——以张家界为例[J]. 旅游学刊, 2013 (5): 153-159.

[245] 左冰. 中国旅游产出乘数及就业乘数的初步测算[J]. 云南财贸学院学报, 2002, 18 (2): 30-34.

[246] 张佰瑞. 北京旅游就业效应和就业乘数分析[J]. 北京社会科学, 2010 (1): 38-41.

[247] 郭为, 厉新建, 许珂. 被忽视的真实力量: 旅游非正规就业及其拉动效应[J]. 旅游学刊, 2014, 29 (8): 70-79.

[248] 李蕾蕾. 跨文化传播及其对旅游目的地地方文化认同的影响[J]. 深圳大学学报 (人文社会科学版), 2000, (2): 95-100.

[249] 肖乐. 跨文化交际视阈下的旅游文化传播[J]. 湖南社会科学, 2012, (6): 182-184.

[250] 顾朝林, 庞海峰. 基于重力模型的中国城市体系空间联系与层域划分. 地理研究, 2008, 27 (1): 1-12.

[251] 卞显红, 沙润. 长江三角洲城市旅游空间相互作用研究[J]. 地域研究与开发, 2007, 26 (4): 62-67.

[252] 曹芳东, 吴江, 徐敏等. 长江三角洲城市一日游的旅游经济空间联系测度与分析[J]. 人文地理, 2010, 25 (4): 109-114.

[253] 虞虎, 陈田, 陆林等. 江淮城市群旅游经济网络空间结构与空间发展模式[J]. 地理科学进展, 2014, 33 (2): 169-180.